Torsten Groß, Susanne Huth, Birgit Jagusch,
Ansgar Klein, Siglinde Naumann (Hrsg.)

Engagierte Migranten

Teilhabe in der Bürgergesellschaft

Torsten Groß, Susanne Huth, Birgit Jagusch,
Ansgar Klein, Siglinde Naumann (Hrsg.)

Engagierte Migranten

Teilhabe in der Bürgergesellschaft

**WOCHEN
SCHAU
VERLAG**

Bibliografische Information der Deutschen Nationalbibliothek

Die Deutsche Nationalbibliothek verzeichnet diese Publikation in der Deutschen Nationalbibliografie; detaillierte bibliografische Daten sind im Internet unter http://dnb.d-nb.de abrufbar.

Die Reihe „Engagement und Partizipation in Theorie und Praxis" wird herausgegeben von Manfred Bauer, Michael Bergmann, Dr. Serge Embacher, Dr. Frank W. Heuberger, PD Dr. Ansgar Klein, Prof. Dr. Thomas Olk (†), Andreas Pautzke, Dr. Thomas Röbke, Carola Schaaf-Derichs und Brigitta Wortmann im Auftrag des BBE.

Gefördert vom

Bundesministerium
für Familie, Senioren, Frauen
und Jugend

© WOCHENSCHAU Verlag
Dr. Kurt Debus GmbH
Schwalbach/Ts. 2017

www.wochenschau-verlag.de
Alle Rechte vorbehalten. Kein Teil dieses Buches darf in irgendeiner Form (Druck, Fotokopie oder in einem anderen Verfahren) ohne schriftliche Genehmigung des Verlages reproduziert oder unter Verwendung elektronischer Systeme verarbeitet werden.

Redaktion/Lektorat: Johanna Neuling
Umschlaggestaltung: Ohl-Design
Gesamtherstellung: Wochenschau Verlag

Gedruckt auf chlorfrei gebleichtem Papier
ISBN 978-3-7344-0406-1 (Buch)
ISBN 978-3-7344-0407-8 (E-Book)

Inhalt

Manuela Schwesig
Grußwort 9

Torsten Groß, Susanne Huth, Birgit Jagusch, Ansgar Klein, Siglinde Naumann
Einleitung der Herausgeberinnen und Herausgeber 12

1. Kapitel
Zuwanderungs- und Integrationspolitik der vergangenen 20 Jahre in Deutschland – ein Überblick

Ansgar Klein
Einführung 21

Dietrich Thränhardt
Einwanderung, Einwanderungsdiskurs, Einwanderungsengagement 25

Marissa B. Turac
Flüchtlinge und Engagement in Deutschland
Geschichte der Migration aus Gründen der Flucht in der Bundesrepublik Deutschland 32

Sebastian Beck
Migrantenmilieus als Schlüssel zur Stadtgesellschaft von morgen 45

Katrin Hirseland
Engagement- und Integrationsförderung
Die wachsende Rolle von Migrantenorganisationen 53

Roland Roth
Politische Partizipation von Migrantinnen und Migranten 61

2. Kapitel
Migrantenorganisationen

Torsten Groß
Einführung 77

Uwe Hunger, Stefan Metzger
Von der Verleugnung zur Akzeptanz?
Selbstverständnis und Fremdwahrnehmung von Migrantenorganisationen
im Wandel 80

Cemalettin Özer, Katharina Neubert
Die Rolle der Migrantendachverbände in der Bürgergesellschaft in
Deutschland 86

Carmen Colinas
Die Neuen Deutschen Organisationen 93

Marion Wartumjan
Themen und Bereiche des bürgerschaftlichen Engagements von
migrantischen Unternehmerverbänden
Herausforderungen für die Engagement- und Integrationspolitik 100

Stefan Kreutzberger, Kevin Borchers, Jennifer Ichikawa
Entwicklungspolitisches Engagement von Migrantenorganisationen auf
kommunaler Ebene 107

3. Kapitel
Interkulturelle Öffnung

Birgit Jagusch
Einführung 115

Stefan Gaitanides
Interkulturelle Öffnungsprozesse 118

Heiko Klare
„Im Vordergrund steht vor allem die Minimierung von Konfliktpotenzial"
Rassismuskritik und Antidiskriminierung als Conditio sine qua non der
Interkulturellen Öffnung 125

Inhalt 7

Sergio Andrés Cortés Núñez, Evîn Kofli
Zusammenarbeit zwischen Wohlfahrtsverbänden und
Migrantenorganisationen 132

Robert Werner
Interkulturelle Öffnung in der Jugendverbandsarbeit
Umgestaltung von Engagementstrukturen für neue Zielgruppen 140

Veronika Fischer
Familienbildung – Orte gelebter Diversität?
Der Beitrag bürgerschaftlichen Engagements von Migrantenorganisationen
zur Interkulturellen Öffnung der Familienbildung 147

Annita Kalpaka, Andreas Foitzik
Migrationsgesellschaftliche Anforderungen an Fort- und Weiterbildung
Schlaglichter auf ein Konzept 154

4. Kapitel
Engagementbereiche

Susanne Huth
Einführung 163

Silvester Stahl
Sport 167

Mehmet Alpbek
Schule und Kindertageseinrichtungen 173

Christoph Klapproth
Feuerwehr 179

Susanne Huth
Lotsen-, Paten- und Mentorenprojekte 185

Tülin Kabis-Staubach, Reiner Staubach
Beteiligung im Stadtteil 192

Juliane Meinhold
Der Bundesfreiwilligendienst mit Flüchtlingsbezug 199

5. Kapitel
Engagementformen, -kontexte und -förderung

Siglinde Naumann
Einführung 209

Karin Weiss
Engagementförderung im Kontext gesellschaftlicher Rahmenbedingungen
und staatlichen Handelns
Migrantenorganisationen in Ost- und Westdeutschland 211

Uli Glaser
Koordination bürgerschaftlichen Engagements in der Flüchtlingshilfe
Vernetzung in der Kommune – das Beispiel Nürnberg 218

Gudrun Kirchhoff, Bettina Reimann
Vielfalt – Herausforderung und Chance für Klein- und Mittelstädte 225

Michael May
AMIQUS – Ältere Migrantinnen und Migranten im Quartier
Unterstützung und Initiierung von Selbsthilfe und Selbstorganisation 232

Ansgar Drücker
Jugend und junges Erwachsenenalter 239

Carina Großer-Kaya, Özcan Karadeniz
Väter auf dem Weg
Erfahrungen und Herausforderungen der interkulturellen Väterarbeit 245

Autorinnen und Autoren 251

*Manuela Schwesig, Bundesministerin für Familie,
Senioren, Frauen und Jugend*

Grußwort

Liebe Leserinnen und liebe Leser,

Menschen, die sich engagieren und teilhaben, gestalten unsere Gesellschaft mit. Sie sind bereit, Verantwortung zu übernehmen – und das macht man nur, wenn man das Gefühl hat, dazuzugehören und etwas bewirken zu können. Ich bin froh, in einem engagierten Land mit einer vielfältigen, starken und selbstbewussten Zivilgesellschaft zu leben! Zu dieser Zivilgesellschaft gehören auch die Menschen, die nach Deutschland einwandern, und ihre Organisationen. Über 40 Prozent der Menschen ab 14 Jahren engagieren sich freiwillig, deutlich mehr als noch vor 15 Jahren. Unter den Menschen mit Migrationshintergrund, die in Deutschland geboren sind, ist der Anteil der Engagierten ähnlich hoch wie bei den Menschen ohne Migrationshintergrund. Der aktuelle Freiwilligensurvey zeigt ein differenziertes Bild der Vielfalt und der dynamischen Entwicklung des bürgerschaftlichen Engagements in Deutschland.

Was die hohe Engagementbereitschaft ganz konkret bedeutet, wie sie ganz konkret aussieht, hat die beeindruckende Hilfsbereitschaft und Organisationsfähigkeit im Sommer 2015 gezeigt: Unzählige Engagierte hießen die zu uns geflüchteten Menschen willkommen und unterstützten die Verwaltung bei der Bewältigung dieser großen Herausforderung. Unter den Helferinnen und Helfern sind viele Menschen, deren Familien selbst ihr Land verlassen mussten oder aus anderen Gründen nach Deutschland gekommen sind. Das Engagement für Flüchtlinge konnte und kann auf einem starken und soliden Fundament aufbauen: Engagement hat seinen Stellenwert im Sport, in der Kinder- und Jugendarbeit, bei der Unterstützung von Menschen mit Beeinträchtigungen, in der Pflege, im Kulturbereich, beim Umweltschutz – um nur einige Bereiche zu nennen, in denen Bürgerinnen und Bürger Zeit und Herzblut schenken.

Dieses Engagement ist oft nicht sichtbar und mag für viele Engagierte alltäglich sein. Selbstverständlich ist es nicht. Es ist etwas ganz Besonderes. Und obwohl bürgerschaftliches Engagement im Kern auf Eigeninitiative, Selbstbestimmung und Unabhängigkeit beruht: Teilhabe und Engagement müssen ermöglicht und

---

Bildnachweis Frau Schwesig: Bundesregierung/Denzel

ermutigt werden. An dieser Stelle steht die Politik mit in der Verantwortung. Das Bundesfamilienministerium, innerhalb der Bundesregierung federführend zuständig für Fragen des bürgerschaftlichen Engagements, hat seine Engagementpolitik in den letzten Jahren neu aufgestellt: Gemeinsam mit der Zivilgesellschaft haben wir eine Engagementstrategie erarbeitet, die auf Vertrauen, auf der dauerhaften Förderung tragfähiger Strukturen und auf der ausdrücklichen Unterstützung des Engagements für Demokratie und Vielfalt beruht. Unser Land braucht Engagement; unsere vielfältige Gesellschaft ist geprägt von Engagement; unsere Demokratie lebt von Engagement.

Menschen, die nach Deutschland fliehen oder sonst wie einwandern, kommen also in ein von Engagement geprägtes Land. Manche fliehen aus Diktaturen und haben sich genau das gewünscht. Manche haben sich bereits in ihrer Heimat engagiert. In jedem Fall ist Engagement ein Weg, Teil dieser Gesellschaft zu werden und sich mit den eigenen Fähigkeiten einzubringen. Engagement ist ein Weg der Teilhabe und ein Weg der Integration. Unsere Gesellschaft wiederum profitiert von den Fähigkeiten und den Erfahrungen, die Migrantinnen und Migranten mitbringen. Zivilgesellschaft muss offen sein für alle und alle zum Engagement einladen, im eigenen Interesse wie im Interesse der Menschen, die in Deutschland eine Zukunft suchen.

Dabei können Migrantenorganisationen eine große Hilfe sein. Sie sind oft erste Anlaufstellen für einwandernde oder geflüchtete Menschen. Sie unterstützen bei Übersetzungen, teilen Migrations- und Integrationserfahrungen, zeigen Verständnis und machen Mut. Die Migrantenorganisationen sind für uns wichtige Partner, deren Arbeit ich sehr schätze. Ich bin sehr froh, dass wir zum Beispiel für die Umsetzung des Patenschaftsprogramms „Menschen stärken Menschen" unter anderem die Türkische Gemeinde in Deutschland (TGD), den Zentralrat der Muslime in Deutschland (ZDM) und die Türkisch Islamische Union der Anstalt für Religion (DITIB) gewinnen konnten. Bürgerinnen und Bürger können in dem Programm als Patinnen und Paten geflüchtete Menschen oder eine Familie bei der Bewältigung des Alltags unterstützen. Mit einer Vormundschaft oder als Gastfamilie können sie geflüchteten Kindern und Jugendlichen helfen. Die Verbände stellen den Kontakt von Mensch zu Mensch her und bauen damit Vorurteile ab.

Das Potenzial von Migrantenorganisationen ist enorm, und mein Eindruck ist, dass viele Organisationen dieses Potenzial mehr und mehr selbst entdecken, entwickeln und selbstbewusst damit in die Öffentlichkeit treten. Die Anforderungen und Erwartungen, die aktuell an sie gestellt werden, gerade im Zusammenhang der Hilfe für Flüchtlinge, übersteigen aber teilweise ihre Möglichkeiten. Sie wünschen sich daher mehr Unterstützung von anderen Organisationen der Zivilgesellschaft, aber auch von der Politik. Ein Beispiel: Geflüchtete Frauen und Frauen mit Migrationserfahrung oder -hintergrund wollen sich mit ihren Fragen und

Grußwort

Anliegen an Frauen wenden, die ähnliche Erfahrungen gemacht haben und die sie verstehen. Dafür haben sich Vereine und Gruppen von Migrantinnen organisiert, die sich für andere Migrantinnen engagieren. Sie sind eine große Unterstützung, damit die Frauen hier Anschluss finden. Deshalb habe ich die Gründung des Dachverbandes der Migrantinnenorganisationen „DaMigra" unterstützt. Der Verband setzt sich für die rechtliche, politische und gesellschaftliche Gleichstellung von Migrantinnen und die Schaffung einer Interessenvertretung der Migrantinnen auf Bundesebene ein. Das ist ein wichtiger Schritt in Richtung Selbstorganisation und Teilhabe der Frauen. Eine starke Zivilgesellschaft bedeutet in diesem wie in vielen anderen Bereichen also nicht nur effektive, bedarfsgerechte Hilfe nah bei den Menschen, sondern auch Stärkung von Gleichberechtigung und Teilhabe: zentrale Werte unseres demokratischen Landes.

Wenn heute von Integration und von der Aufnahme geflüchteter Menschen die Rede ist, steht oft der Arbeitsmarkt im Mittelpunkt. Zu Recht wird betont, dass wir nicht die Fehler der Vergangenheit wiederholen dürfen. Chancen für Frauen auf dem Arbeitsmarkt sind Integrationschancen für ganze Familien. Kinder und Jugendliche müssen schnell Zugang zu Bildung und Ausbildung finden. Aber es lohnt sich, mindestens mit einem Auge auch auf das bürgerschaftliche Engagement und die Zivilgesellschaft zu schauen. Ich finde es ganz wichtig, dass auch geflüchtete Menschen mit guter Bleibeperspektive im Bundesfreiwilligendienst mit Flüchtlingsbezug aktiv werden können. Freiwilliges Engagement, Teilhabe, Chancen in unserem Land und Integration stehen nämlich in einem engen positiven Zusammenhang. Eingewanderte und geflüchtete Menschen helfen sich selbst, und sie helfen einander. Sie werden aufgenommen von vielen ehrenamtlich Aktiven für eine Willkommenskultur in unserem Land. Sie haben vielfältige Interessen und Fähigkeiten. Sie wollen etwas zurückgeben und sich für die Gesellschaft engagieren, in der sie jetzt leben und etwas leisten. Engagement ist ein guter Weg in unsere Gesellschaft.

Der vorliegende Sammelband zeigt Zusammenhänge zwischen politischen Rahmenbedingungen und den Integrationsleistungen von bürgerschaftlichem Engagement auf. Er bietet darüber hinaus den Migrantenorganisationen eine Plattform, ihre eigenen Perspektiven und Erfahrungen einzubringen. Spannende, vielfältige Perspektiven, aus denen man viel über Migration, aber auch über unser Land, lernen kann! Ich gratuliere dem Bundesnetzwerk Bürgerschaftliches Engagement (BBE), dem Bundesamt für Migration und Flüchtlinge (BAMF) und den beteiligten Organisationen, Autorinnen und Autoren ganz herzlich zur erfolgreichen Umsetzung dieser Idee. Allen Leserinnen und Lesern wünsche ich eine anregende Lektüre.

Manuela Schwesig

Torsten Groß, Susanne Huth, Birgit Jagusch, Ansgar Klein, Siglinde Naumann
Einleitung der Herausgeberinnen und Herausgeber

Teilhabe und die Ermöglichung von Partizipation sind auch Zeichen von Zugehörigkeit und positiver Bezugnahme auf die Gesellschaft. Menschen mit Migrationshintergrund[1] engagieren sich seit Beginn ihrer Zuwanderung nach Deutschland in den verschiedensten gesellschaftlichen Bereichen. Wenngleich sich viele Engagementformen lange Zeit weniger sichtbar und jenseits der öffentlichen und medialen Wahrnehmung vollzogen, sind engagierte Menschen mit Migrationshintergrund nicht mehr aus den Arenen des bürgerschaftlichen Engagements wegzudenken und zentrale Akteur_innen. Dabei gilt es stets, die Rahmenbedingungen des Engagements so zu gestalten, dass sie Chancengerechtigkeit ermöglichen und Zugangsbarrieren ausräumen.

Dieser multiperspektivische Blick, der das Augenmerk auf freiwilliges und bürgerschaftliches Engagement von Menschen mit Migrationshintergrund, auf Interkulturelle Öffnung sowie die Rolle von Migrantenorganisationen im Prozess gesellschaftlicher Teilhabe und Integration lenkt, steht von Beginn an im Zentrum der Arbeitsgruppe „Migration, Teilhabe, Vielfalt" des Bundesnetzwerks Bürgerschaftliches Engagement (BBE). Mit ihrer Gründung im Jahr 2003 hat sich die Arbeitsgruppe die Aufgabe gestellt, „die Bedeutung bürgerschaftlichen Engagements von MigrantInnen als einen besonderen Integrationsfaktor herauszustellen und ihr durch konkrete Planung Geltung zu verschaffen," wie es aus dem Protokoll des Vorbereitungstreffens am 10. März 2003 hervorgeht.

Seither versteht sich die Arbeitsgruppe als offenes Forum für den Fachdiskurs um Zuwanderung, gesellschaftliche Teilhabe, Integration und bürgerschaftliches Engagement und verfolgt als zentrale Anliegen:

---

1 Die Beschreibung von Gruppen führt häufig zu einem Dilemma, dem die Herausgeber_innen sich durchaus bewusst sind: „Wie beschreibe ich die Gruppe, der ich zugehöre? Wie beschreibe ich die Anderen? Und wo ist diese Trennung wirklich nötig?" (Neue deutsche Medienmacher 2015, S. 6). Denn problematisch werden Bezeichnungen dann, wenn sie „das Bild einer homogenen Gruppe [...] erzeugen" (ebd.), obwohl dies gar nicht der Fall ist, und/oder als Fremdzuschreibungen Ausgrenzung und Diskriminierung Vorschub leisten. Die Bezeichnung von Menschen, die selbst bzw. deren Eltern oder Großeltern nach 1949 nach Deutschland zugewandert sind, werden in der offiziellen Statistik als „Menschen mit Migrationshintergrund" (vgl. Statistisches Bundesamt 2015, S. 4 ff.) bezeichnet. Zum Teil werden auch die Begriffe „Migrationsgeschichte(n)" oder „Zuwanderungsgeschichte" benutzt. „Migrant_innen" sind streng genommen nur solche Personen, die über eine eigene Wanderungserfahrung verfügen.

Einleitung der Herausgeberinnen und Herausgeber 13

- die Organisationsentwicklung der Verbände und engagementfördernden Infrastrukturen,
- die Einbindung von Migrantenorganisationen sowie
- die Identifikation von Schnittstellen zwischen dem Integrations- und dem Engagementbereich.

Die politische Entwicklung auf Bundesebene hat seit der Anerkennung von Einwanderung als gesellschaftlicher wie politischer Realität in verschiedenen Regierungskonstellationen die Integration der Menschen, die mit Migrationshintergrund in der Bundesrepublik leben, gefördert und tut dies bis heute. Die Integrationsprogramme und die Nationalen Aktionspläne setzen hier an. Neben der herausragenden Bedeutung, die dem Spracherwerb, der Bildung und dem Arbeitsmarkt als Motoren der Inklusion dabei eingeräumt werden, ist es mittlerweile unstrittig, dass auch das bürgerschaftliche Engagement von und mit Menschen mit Migrationshintergrund sozialintegrative Funktionen erfüllt und der gesellschaftlichen Teilhabe und Integration Vorschub leisten kann.

Angesichts der aktuellen Fluchtbewegungen können wir hingegen bei der Diskussion um die Zuwanderungsgesetzgebung erneut Tendenzen der Schließung und einer deutlichen Anhebung von Schwellen feststellen, wenngleich seitens der Bundesregierung weiterhin am Anspruch einer menschenrechtlich fundierten Asylpolitik festgehalten wird.[2] In diesem Zusammenhang zeigt sich zudem, wie bedeutsam das Zusammenspiel von zivilgesellschaftlichen Akteur_innen und staatlichen Stellen bei der Ermöglichung von Teilhabe und Inklusion ist. Dabei leisten auch Migrantenorganisationen einen wertvollen Beitrag und stellen ihre Ressourcen und Kompetenzen in der Arbeit mit Geflüchteten zur Verfügung. Ohne die hohe Anzahl bürgerschaftlich engagierter Personen mit und ohne Migrationshintergrund wären die Herausforderungen, die mit dem Zuzug der Geflüchteten einhergingen, schlecht zu bewältigen gewesen.

Gleichzeitig lassen sich auf politisch-gesellschaftlicher Ebene noch zahlreiche Baustellen identifizieren, die einem gleichberechtigten Engagement und einer Anerkennung der Menschen mit Migrationshintergrund entgegenstehen: Formen struktureller Diskriminierung, Alltagsrassismus und die Konfrontation mit Stereotypen und Vorurteilen gehören leider nach wie vor zum Alltag des Lebens in dieser Gesellschaft. Um Engagement in der Einwanderungsgesellschaft nachhaltig zu fördern, gilt es entsprechend, auch diese Schattenseiten des Alltags zu fokus-

---

2 Bislang existiert keine solidarische europäische Flüchtlingspolitik und die Zuwanderung von Geflüchteten ist innenpolitisch ein zentrales Thema, das auch nationalistische und rechtspopulistische Akteur_innen für ihre Zwecke instrumentalisieren, indem sie es angstbesetzt inszenieren. Diese Entwicklung wird durch individuell oder terroristisch motivierte Gewalttaten und deren mediale Auswirkungen noch verstärkt.

sieren, zu skandalisieren und nach Wegen der Schaffung von positiven Gegenhorizonten zu suchen.

Innerhalb dieser multikomplexen Zusammenhänge von Anerkennung, Einwanderung, bürgerschaftlichem Engagement, Diskriminierung und Förderung von Engagement ist die Arbeitsgruppe „Migration, Teilhabe, Vielfalt" angesiedelt. Neben einzelnen Projekten und verschiedenen thematischen Schwerpunktsetzungen veranstaltet die Arbeitsgruppe – in enger Partnerschaft mit dem Bundesamt für Migration und Flüchtlinge (BAMF) und weiteren Fördermittelgebern – seit dem Jahr 2006 Fachtagungen mit Migrantenorganisationen, in denen verschiedene Facetten aus der Arbeit der Migrantenorganisationen aufgegriffen und fachlich vertieft werden.

Dabei stand immer die Bedeutung des Engagements für den gesellschaftlichen Integrationsprozess im Mittelpunkt. Das im BBE realisierte Tagungsformat lässt für die Sichtweisen und Interessen der Migrantenorganisationen und ihrer Vertreter_innen systematisch viel Raum und erfährt daher auf deren Seite große und nachhaltige Anerkennung. Neben Migrantenorganisationen gehören stets auch Teilnehmende aus den Bereichen der Politik, Verwaltung und etablierten (Wohlfahrts-)Organisationen zum Publikum der Tagungen, um dem Aspekt der Interkulturellen Öffnung Rechnung zu tragen. Ziel der Tagungen ist es damit auch immer, öffentliche Sichtbarkeit und Anerkennung für das Engagement der Migrantenorganisationen zu fördern und ihnen durch die Tagungen eine Plattform der Repräsentation zu bieten. Deshalb wurden die Tagungen möglichst eng an den je aktuellen Bedarfen und Themen der Migrantenorganisationen konzipiert und versucht, der Möglichkeit des Austauschs zwischen den Organisationen genügend Raum zu lassen. Folgenden Themen widmeten sich die Tagungen bisher:[3]

- Qualifizierungs- und Weiterbildungsbedarfe von Migrantenselbstorganisationen (2006)
- Integrationsförderung durch Weiterbildung (2007)
- Kompetenzen – Ressourcen – Potentiale und Förderkonzepte in Ost und West (2008)
- Zur Vernetzung von Kompetenzen, Ressourcen und Potentialen (2009)
- Integrationsförderung durch Elternvereine und Elternnetzwerke (2011)
- Inklusion durch Partizipation (2012)
- Migrantenorganisationen im Spiegel der Generationen (2013)
- Migration – Unternehmen – Engagement (2015)

Der vorliegende Sammelband verdeutlicht die Beziehungen zwischen politischen Rahmenbedingungen, gesellschaftlichen Entwicklungen und der integrativen

---

3 Die Tagungsdokumentationen stehen unter http://www.b-b-e.de/publikationen/publikationen-migration/ zum Download zur Verfügung.

Einleitung der Herausgeberinnen und Herausgeber

Funktion des bürgerschaftlichen Engagements und bildet den Stand der Fachdiskurse ab. Dabei werden die im Rahmen der Tagungen bearbeiteten Themenstellungen berücksichtigt und die Erfahrungen und Perspektiven der Migrant_innen wie auch die Sicht der Migrantenorganisationen auf die integrations- wie engagementpolitischen Diskurse aufgegriffen.

Der Band gliedert sich in fünf Kapitel, in denen sich Praxisbeiträge ebenso wie theoretisch-empirische Beiträge finden. Das erste Kapitel widmet sich in einem Überblick der „Zuwanderungs- und Integrationspolitik der vergangenen 20 Jahre in Deutschland". Es geht – angesichts der jüngeren Entwicklungen – auch um die durch Flucht verursachte Einwanderung, um so die aktuellen Herausforderungen für gesellschaftliche Teilhabe und Integration von Migrant_innen zu verdeutlichen. Die weiteren Beiträge befassen sich mit Studien zu Migrantenmilieus in den Stadtgesellschaften, mit der Förderung von Migrantenorganisationen durch das BAMF sowie mit Fragen der politischen Partizipation, „die es als eigene Integrationsarena für Zugewanderte erst noch zu entdecken und auszugestalten" gilt.

Im Mittelpunkt des zweiten Kapitels stehen „Migrantenorganisationen", die in jüngster Zeit vermehrt von Politik und (Fach-)Öffentlichkeit wahrgenommen und anerkannt werden. Damit einher geht ein Wandel im Selbstverständnis und in der Fremdwahrnehmung von Migrantenorganisationen, wobei der Zugang zu und die Ausstattung mit Ressourcen noch deutlich verbessert werden müssten, damit Migrantenorganisationen mehr sozialintegrative Wirksamkeit erlangen. Die Beiträge zeigen ferner, dass die Voraussetzungen für eine gleichberechtigte Teilhabe von Migrantenorganisationen noch nicht gegeben sind, beleuchten die Potenziale migrantischer Unternehmer_innen und deren Verbände, thematisieren die gesellschaftspolitischen Rahmenbedingungen und werfen einen Blick auf die Rolle von Migrantenorganisationen in der kommunalen Entwicklungspolitik.

Das dritte Kapitel widmet sich dem Schwerpunkt „Interkulturelle Öffnung", verstanden als ein Prozess, aber auch als eine „sozialpolitische Haltung", die auf vielfältige Veränderungen abzielt, um allen Menschen gleich welcher Herkunft Partizipationsmöglichkeiten zu bieten. Dabei werden die Eckpfeiler von Interkultureller Öffnung ebenso beleuchtet wie die Bedeutung von Kooperation zwischen etablierten Einrichtungen und Migrantenorganisationen. Die Beiträge fokussieren weiterhin auf die Notwendigkeit der Beseitigung von Diskriminierung und Rassismus und auf damit verbundene Anforderungen. Ein Beitrag setzt sich mit Prozessen der Interkulturellen Öffnung in Wohlfahrtsverbänden auseinander, ein weiterer mit dem Beitrag, den die Familienbildung zur Förderung bürgerschaftlichen Engagements in der Migrationsgesellschaft leisten kann. Abgerundet wird das Kapitel durch einen Artikel, der Qualifizierungsangebote und Weiterbildungsmaßnahmen für haupt- und ehrenamtliche Akteure ins Zentrum rückt.

Im vierten Kapitel geht es um das Engagement von Menschen mit Migrationshintergrund, die bislang in vielen „Engagementbereichen" unterrepräsentiert sind. Neuere Ergebnisse legen nahe, dass neben sozioökonomischen Faktoren wie Bildung und Erwerbsstatus auch der Migrationsstatus von Bedeutung für das freiwillige Engagement ist. Betrachtet werden die Bereiche, in denen die meisten freiwillig Engagierten mit Migrationshintergrund tätig sind: der Sport sowie Schule und Kindertageseinrichtungen. Dabei werden Zugangsbarrieren zu traditionellen Partizipationsmöglichkeiten sowie die Selbstorganisation in Form von ethnischen Sportvereinen und Migrantenelternvereinen in den Blick genommen. Die folgenden Beiträge widmen sich Ansätzen zur Mitgliedergewinnung in den Feuerwehren sowie Lotsen-, Paten- und Mentorenprojekten, der Aktivierung und Beteiligung im Stadtteil und dem Bundesfreiwilligendienst (BFD) mit Flüchtlingsbezug.

Das abschließende Kapitel beschäftigt sich mit „Engagementformen, -kontexten und -förderung". Zunächst geht es um Förderkonzepte der Bundesländer für Migrantenorganisationen in Ost- und Westdeutschland. Anschließend werden die Vernetzung kommunaler Flüchtlingsarbeit und das ehrenamtliche Freiwilligen- und Angebotsmanagement sowie Gelingensfaktoren für eine erfolgreiche Integrationspolitik für Geflüchtete in Klein-und Mittelstädten im ländlichen Raum analysiert. Der vierte Beitrag verlagert die Perspektive und fokussiert auf Selbsthilfe und Selbstorganisation älterer Migrant_innen im Quartier. In den letzten beiden Beiträgen geht es schließlich um weitere lebensweltlich geprägte Engagementformen. Betrachtet werden zum einen die Bedeutung von Vereinen junger Menschen mit Migrationshintergrund und zum anderen Erfahrungen und Herausforderungen der interkulturellen Väterarbeit.

Die Herausgeber_innen möchten sich an dieser Stelle herzlich bei all den engagierten Menschen bedanken, die sich für sozialen Zusammenhalt, für ein friedliches Miteinander, für gesellschaftliche Teilhabe und Integration einsetzen. Im Rahmen der Tagungen des BBE durften wir zahlreiche Migrantenorganisationen und engagierte Einzelpersonen kennenlernen, die maßgeblich zur Gestaltung der Einwanderungsgesellschaft beitragen und wesentliche Impulse zur Entwicklung eines konstruktiven Miteinanders in unserer Gesellschaft leisten. Ihre Ideen und ihr Engagement haben viele der in diesem Band versammelten Beiträge inspiriert. Auch die Mitglieder der AG „Migration, Teilhabe, Vielfalt" des BBE haben die Entstehung dieses Buches eng begleitet. Ihnen sei an dieser Stelle ebenfalls herzlich gedankt.

Ein ganz besonderer Dank gebührt natürlich den Autor_innen, die durch ihr Mitwirken diesen Band überhaupt möglich gemacht haben. Trotz der engen zeitlichen Vorgaben haben die Autor_innen bemerkenswerte Beiträge verfasst, die helfen, die Komplexität der Zusammenhänge rund um die Themen bürgerschaftliches Engagement, gesellschaftliche Teilhabe und Integration in der Einwanderungsgesellschaft abzudecken.

Ein besonderer Dank gilt dem Bundesministerium für Familie, Senioren, Frauen und Jugend, das die Erstellung des vorliegenden Buches durch eine Förderung ermöglichte, sowie dem Bundesamt für Migration und Flüchtlinge für die jahrelange Unterstützung und Kooperation bei den Tagungen des BBE mit Migrantenorganisationen.

Nicht zuletzt möchten wir uns bei unserer Lektorin Johanna Neuling für die engagierte und zuverlässige Zusammenarbeit bedanken.

Literatur

Neue deutsche Medienmacher 2015: Glossar der Neuen deutschen Medienmacher. Formulierungshilfen für die Berichterstattung im Einwanderungsland, Online: http://www.neue-medienmacher.de/download/NdM_Glossar_www.pdf (27.07.2016).

Statistisches Bundesamt 2015: Fachserie 1 Reihe 2.2, Bevölkerung und Erwerbstätigkeit, Bevölkerung mit Migrationshintergrund. Wiesbaden, Online: https://www.destatis.de/DE/Publikationen/Thematisch/Bevoelkerung/MigrationIntegration/Migrationshintergrund2010220147004.pdf?__blob=publicationFile (27.07.2016).

1. Kapitel

Zuwanderungs- und Integrationspolitik der vergangenen 20 Jahre in Deutschland – ein Überblick

Ansgar Klein
Einführung

Deutschland muss mittlerweile als ein etabliertes Einwanderungsland gelten. Unser einführendes Kapitel gibt einen Überblick über die Einwanderungsgeschichte der Bundesrepublik und geht – angesichts jüngerer Entwicklungen – besonders auf die durch Flucht verursachte Einwanderung ein. Sichtbar werden so auch die aktuellen Herausforderungen einer umfassenden Inklusion der eingewanderten Menschen.

Dietrich Thränhardt blickt zurück auf die großen Integrationsherausforderungen in Deutschland nach dem Zweiten Weltkrieg. Es galt zwölf Millionen Heimatvertriebene nach 1945 aufzunehmen, die meist durch Zwangszuweisung in ihre neuen Aufenthaltsorte gekommen waren. Seit 1955 bemühte sich die alte Bundesrepublik systematisch um den Zuzug von Arbeitskräften, denen zumeist Zeitverträge angeboten wurden. Anwerbeverträge wurden mit Italien, Spanien, Griechenland, der Türkei und Portugal geschlossen. Doch die sogenannten „Gastarbeiter" blieben, betreut von den Wohlfahrtsverbänden und später wachsend auch durch Migrantenorganisationen.

Die Aufnahme von Geflüchteten ist zudem immer wieder erfolgt. In Westdeutschland sind hier etwa zu nennen: die deutschstämmigen „Aussiedler" aus den Ostgebieten Europas, die Flüchtlinge nach den Bürgerprotesten gegen die kommunistischen Regime in Ungarn 1956 und Prag 1968, die ca. vier Millionen Menschen, die zwischen 1949 und 1989 aus der DDR geflohen sind, Bürgerkriegsflüchtlinge aus Vietnam, aus Bosnien, Kroatien, Kosovo, Iran oder Irak und jüngst vor allem aus Syrien.

Marissa B. Turac gibt einen Überblick über die Geschichte fluchtbedingter Migration in Deutschland. Weltweit gilt das nach den Erfahrungen des Nationalsozialismus im Grundgesetz verankerte individuelle Grundrecht auf Asyl als beispielhaft. Doch die Geschichte des Asylrechts in Deutschland seit den 1990er-Jahren ist eine Geschichte der Einschränkungen in Zuwanderungsrecht wie Soziallleistungen. Die Flüchtlingspolitik in Europa ist angesichts des aktuellen Fluchtgeschehens mit Blick auf den Krieg in Syrien und andere Ländern der Welt wie auch auf Hunger und Armut infolge von Kriegen und Klimawandel überfordert. Das Schengen Abkommen und die Dublin-Verordnungen haben die Lasten vor allem die südeuropäischen Grenzregionen v. a. in Italien, Griechenland und Spanien abgewälzt. Dies ist gescheitert, doch ist eine solidarische Flüchtlingspolitik der EU-Mitgliedsländer, die an die Stelle der offensichtlich ungeeigneten bisherigen Regeln treten könnte, noch nicht in Sicht. Nur eine solche europäische Flüchtlingspolitik dürfte dazu in der Lage sein, mit den vielen Millionen Menschen, die in den kommenden Jahrzehnten allein aus Gründen von gravierenden Umweltveränderungen ihre Heimat verlassen müssen (Klimaflucht), im Sinne des selbst auferlegten menschenrechtlichen Standards umzugehen. Es entwickeln sich vor diesem Hintergrund auch Formen der Selbstorganisation und des Engagements von Geflüchteten. Deutlich wird der Bedarf an guten Rahmenbedingungen und an politischen Partizipationsrechten, aber auch an nachhaltigen begleitenden Infrastrukturen, die dieses Engagement vor Ort begleiten und unterstützen können.

Kristallisationspunkt der Einwanderung sind die Städte. *Sebastian Beck* rekapituliert die vom vhw Bundeverband für Wohnen und Stadtentwicklung 2007 und 2008 durchgeführten Studien zu Migrantenmilieus in den Stadtgesellschaften. Dort hat mittlerweile im Durchschnitt jede/r Fünfte einen Migrationshintergrund und wir treffen auf Stadtteile mit einem Migrationsanteil von über 50 Prozent. Die soziologische Analyse macht deutlich, dass sich die Migrant_innen nicht nach ethnischen Gesichtspunkten, sondern nach Milieus unterscheiden. Sichtbar werden so auch die soziokulturellen Gemeinsamkeiten mit der Mehrheitsbevölkerung und die Bedeutung des *bridging social capital*, eines Brücken bauenden zivilgesellschaftlichen Handelns.

Unterschieden werden können vier Milieusegmente mit z. T. mehreren Untergruppen: Das bürgerliche Migrantenmilieu war mit 28 Prozent zum Zeitpunkt der Untersuchung das größte Milieu (adaptives bürgerliches Milieu davon 16 Prozent, statusorientiertes Milieu 12 Prozent). Das traditionsverwurzelte Migrantenmilieu umfasste 23 Prozent der Eingewanderten (davon das religiös-verwurzelte Milieu 7 Prozent und das traditionelle Arbeitermilieu 16 Prozent), das ambitionierte Migrantenmilieu 24 Prozent (davon das multikulturelle Performermilieu 13 Prozent und das intellektuell-kosmopolitische Milieu 11 Prozent) und die prekären Migrantenmilieus 24 Prozent (das Entwurzeltenmilieu mit 9 Prozent und das hedonistisch-subkulturelle Milieu mit 15 Prozent).

Diese Milieus weisen deutliche Deckungsbereiche mit dem für Einheimische geltenden Milieumodell auf. Während das meiste lokale Engagement über ethnische Grenzen hinweg verläuft – und dies selbst in den traditionellen Migrantenmilieus –, konzentriert sich der Anteil derer, die sich bewusst von der deutschen Kultur abwenden und abschotten, auf ein Milieu: das religiös verwurzelte Milieu. Nachweislich schlechter ist freilich die Wohnsituation der Menschen mit Migrationshintergrund. Bildungs- wie auch Engagementpolitik können als die wahren Treiber der Integrationspolitik gelten.

Die Politik hat den Wandel im Selbstverständnis Deutschlands als Einwanderungsland auf der Ebene der Engagement- und Integrationsförderung nachvoll-

Einführung 23

zogen. *Katrin Hirseland* wirft einen Blick insbesondere auf die Förderung von Migrantenorganisationen durch das Bundesamt für Migration und Flüchtlinge (BAMF). Eine besondere Bedeutung kommt dabei der sogenannten „Strukturförderung" zu: Der Aufbau der dringend erforderlichen Professionalität in der zivilgesellschaftlichen Selbstorganisation für bundesweit tätige Migrantenorganisationen wurde im BAMF in systematischer Rückkopplung mit dem Feld vorangetrieben. Aktuell kommt bei der Projektförderung des BAMF den Lotsen- und Mentoren- bzw. Begegnungsprojekten ein hoher Stellenwert zu. Die Strukturförderung soll erneut ausgeschrieben werden und richtet sich dann an Organisationen in der aktiven Flüchtlingsarbeit. Hier geht es um die großen Themen der Integrationsarbeit (Erstorientierung, Arbeitsmarkt- und Bildungsintegration, Engagement etc.). Angestrebt wird eine Entwicklung tragfähiger Strukturen und Netzwerke, doch kann dies aus Sicht des BAMF nicht als dauerhafte Förderung, sondern soll als Hilfe zur Eigenständigkeit verstanden werden. Der Einbezug in die dauerhaften Fördermöglichkeiten – analog zu anderen Organisationen der Zivilgesellschaft – bleibt auf der Agenda der Förderpolitik.

Die politische Partizipation ist, so *Roland Roth*, als eigene Integrationsarena für Zugewanderte erst noch zu entdecken und auszugestalten. Die Verweigerung politischer Bürgerrechte und ein institutionelles Repräsentationsdefizit von Einwanderern *(diversity gap)* sind leider in Deutschland weit verbreitet. Fortschritte sind vor allem auf lokaler Ebene und in den Stadtstaaten festzustellen. Zudem gibt es viel Bewegung im Feld der „indirekten" Beteiligung von Einwanderern, etwa bei den assoziativen, deliberativen und zivilgesellschaftlichen Formen der Beteiligung. Doch können, so Roland Roth, diese Engagementformen, auch wenn sie die Zonen demokratischer Alltagsgestaltung erweitern, die vorenthaltenen politischen Bürgerrechte nicht kompensieren.

Im europäischen Vergleich nimmt Deutschland bei der politischen Partizipation einen mittleren Platz ein. Auf der Habenseite stehen elementare politische Bürgerrechte wie die Versammlungs- und Vereinigungsfreiheit für Zugewanderte, eine Vielzahl kommunaler Vertretungen und Beiräte auf Landesebene, die zunehmende Anerkennung von Migrantenorganisationen und eine liberalisierte Einbürgerungspraxis. Negativ zu Buche schlägt das immer noch verweigerte Kommunalwahlrecht für Drittstaatenangehörige. Der politische Bürgerstatus ist oft verwahrt. So enthalten Grundgesetz, Landesverfassungen und Gemeindeordnungen in vielen Regelungen die Unterscheidung von „Einwohnern" und „Bürgern". Die nicht deutschen Einwohner_innen sind in der Folge von einer Vielzahl politischer Beteiligungsmöglichkeiten ausgeschlossen. Demgegenüber müssen Ausländerbeiräte oder Integrationsräte als ein nachrangiger Ersatz gelten. Die deutschen Einbürgerungsvoraussetzungen scheinen weiterhin recht restriktiv ausgestaltet zu sein (in der Regel achtjährige Aufenthaltsdauer, Einbürgerungstest,

Vermeidung doppelter Staatsangehörigkeit etc.). Im deutschen Bundestag repräsentieren 37 Abgeordnete mit Migrationshintergrund (5,9 Prozent der Abgeordneten) einen Bevölkerungsanteil von 19 Prozent.

Die folgenden Kapitel zu Migrantenorganisationen, zu Prozessen der Interkulturellen Öffnung und die Vorstellung einzelner Engagementbereiche sowie Förderkulissen machen deutlich: Die Zuwanderungs- und Integrationspolitik steht vor neuen Herausforderungen, wird aber auch durch bereits erreichte Standards der Förderpolitik wie auch durch gute Beispiele und durch ein wachsendes Bewusstsein der künftigen Förderbedarfe unterstützt.

Dietrich Thränhardt

Einwanderung, Einwanderungsdiskurs, Einwanderungsengagement

1. Wechselnde Perzeptionen über Einwanderergruppen

Deutschland ist inzwischen ein etabliertes Einwanderungsland, zwanzig Prozent der Einwohner_innen haben einen Migrationshintergrund. Wie in den USA und anderen Ländern waren die Einwanderungswellen immer wieder mit starken positiven und negativen Emotionen verbunden. Neue Einwanderungsgruppen wurden mit Ängsten und Abwehr assoziiert, die Erinnerung dann aber später harmonisiert – im Gegensatz zu jeweils neuen Gruppen, die wiederum fremd und problematisch schienen.

Flüchtlinge aus Syrien werden heute vielfach mit ähnlichen Stereotypen belegt wie Aussiedler früher. Aussiedler gelten 2016 als erfolgreiche und gut integrierte Einwanderungsgruppe, viele von ihnen äußern sich ihrerseits besonders kritisch gegenüber der neuen Flüchtlingszuwanderung. Kaum vorstellbar ist noch, was „Die Welt" 2003 schrieb: „Aussiedler haben sich zu einem bundesweiten Problem entwickelt. Der Strom reißt nicht ab." Der Kriminologe Christian Pfeiffer sah damals voraus, Aussiedler würden in den nächsten „Jahrzehnten stark benachteiligt bleiben und kaum integriert sein". „Nur wenige von ihnen sind leistungsethisch orientiert." Sie hätten „männlichkeitsherrliche" Traditionen, die viele auch in Zukunft gewaltgeneigt machen würden (Zitate nach Dörries 2014; Schneide 2003).

Perzeptionen von Einwanderern haben ein gewisses Eigenleben gegenüber der Realität. Vielfach geht der Erregungsbogen mit wachsendem Zeitverlauf und der Ankunft neuer Einwanderungsgruppen nach unten. Es gibt aber auch Gruppen, die permanent unter Diskriminierung leiden, etwa die Nachkommen der versklavten Schwarzen in den USA oder die Roma in Europa. Andererseits werden Integrationsdefizite bei Gruppen nicht wahrgenommen, wenn das nicht zum nationalen oder europäischen Selbstverständnis passt. Das ist etwa bei der italienischen Einwanderungsgruppe in Deutschland der Fall, die zwar inzwischen schon in dritter Generation hier lebt, deren Bildungserfolge aber nach wie vor prekär sind. Die Statistiken darüber werden gelegentlich mit Erstaunen zur Kenntnis genommen und dann vergessen, weil sie nicht zum Selbstverständnis der heutigen EU-Deutschen passen (Pichler 2011).

Wechselnde Stereotypenbildungen gegenüber Migrantengruppen gehören zur Veränderung des nationalen und europäischen Selbstverständnisses. Die Charakteristiken sagen ex negativo etwas über den erstrebten Zustand der eigenen Gesellschaft aus: Bildung wird gegen Unbildung ausgespielt, Gleichberechtigung der Geschlechter gegen Unterdrückung der Frau, Aufgeklärtheit gegen Fanatismus. Dieser Zusammenhang macht auch verständlich, warum gerade Neubekehrte sich besonders stark abgrenzen. So nutzen einige CDU/CSU-Politiker_innen heute besonders schrill das Thema Gleichberechtigung der Frau zur Abgrenzung gegenüber Migrant_innen. Sie machen vergessen, dass gleiche Rechte über Jahrzehnte Schritt für Schritt gegen ihre Partei durchgesetzt werden mussten. Schon Ernest Renan, der klassische Theoretiker des Nationalismus, hatte bemerkt, dass Nationen Teile ihrer Geschichte vergessen. Zusammenhänge werden aus dem Gedächtnis abgetrennt, wenn sie nicht mehr in das aktuelle Eigenbild hineinpassen. Ethnozentrismus lebt von der Abgrenzung von anderen.

2. Die Heimatvertriebenen nach 1945

In der Flüchtlingskrise im Herbst 2015 berichteten die Medien immer wieder über ehemalige Heimatvertriebene, inzwischen alt geworden, die helfen wollten, weil sie sich an ihre eigene Situation als Kinder nach dem Krieg erinnert fühlten. Bei Flucht und Vertreibung war ihnen wenig geblieben, oft nur ein Koffer, und sie trafen vielfach auf wenig Verständnis bei den Einheimischen, die weiter in ihrer Heimat lebten und zwölf Millionen Menschen aufnehmen mussten, meist durch Zwangseinweisung (Kossert 2009). Werden eigene Erinnerungen durch Hilfe an andere verarbeitet, so kann das etwas Befreiendes haben.

In den ersten Jahrzehnten des Kalten Krieges fanden die Vertriebenen große Aufmerksamkeit. Seit der Rede des amerikanischen Außenministers Byrnes in Stuttgart 1946 wurden ihnen auch immer wieder unrealistische Hoffnungen auf Rückkehr in ihre Heimat gemacht. Alle Vertriebenen erhielten zunächst – durch Anordnungen der Besatzungsbehörden und 1949 nach dem Grundgesetz – die Staatsangehörigkeit, auch wenn sie aus Polen oder Rumänien stammten. 1953 gelang es der Vertriebenenpartei BHE, in den Bundestag einzuziehen. Ein Lastenausgleichsgesetz brachte eine gewisse Entschädigung für die materiellen Verluste. Die Vertreibung stand stark im Bewusstsein oder Öffentlichkeit und der Politik. Mit der Entspannungspolitik seit 1969 ging diese Epoche zu Ende, das Vertriebenenministerium wurde abgeschafft. Jede Erwähnung deutscher Opfer und Verluste wurde später in der Öffentlichkeit als unpassende Aufrechnung empfunden. Deutsche Historiker wandten sich von dem Thema ab, neuere relevante Darstellungen stammen von amerikanischen, britischen und polnischen Historikern (Naimark 2008; Douglas 2012; Piskorski 2010).

Nachdem die Besatzungsmächte in den ersten Nachkriegsjahren Flüchtlingsorganisationen verboten hatten, wurden 1949 Landsmannschaften und Verbände gegründet. Sie gewannen rasch Millionen Mitglieder und bildeten einen Raum für gemeinsame Erinnerungen und die Bewältigung der Situation. Hier konnte man den Dialekt oder die Sprachmelodie der alten Heimat hören und sprechen, ohne aufzufallen. Für die folgende Generation hatte all das wenig Bedeutung, sie fand sich ganz überwiegend als Bürger ihrer neuen Heimat. Die Mitgliederzahlen gingen stark zurück. Für die „Erlebnisgeneration" waren sie von großer Bedeutung gewesen – emotional und für die Durchsetzung von Gleichstellung und materieller Kompensation.

3. Die „Gastarbeiter"

Tausende Vertriebene lebten noch in Baracken, als die Bundesrepublik 1955 mit Italien das erste Abkommen zur Anwerbung ausländischer Arbeitskräfte abschloss. Als 1961 die Berliner Mauer gebaut wurde und kaum mehr Flüchtlinge aus der DDR kommen konnten, nahmen die Anwerbungen Fahrt auf. Die ausländischen Arbeiter_innen erhielten meist zweijährige Verträge und viele kehrten nach einigen Jahren zurück. Der Vertrag mit Italien entstand aber im Kontext der europäischen Integration und damit der Perspektive der freien Arbeitsplatzwahl und rechtlichen Gleichberechtigung, die schrittweise durchgesetzt wurde und heute in der EU gesichert ist. Auch die nächsten Abkommen wurden mit Ländern abgeschlossen, die eine EU-Beitrittsperspektive hatten: Spanien und Griechenland 1960, Türkei 1961, Portugal 1964. Hinzu kamen zahlenmäßig begrenzte Abkommen mit Marokko und Südkorea 1963, Tunesien 1965 und schließlich ein Abkommen mit dem kommunistischen Jugoslawien 1968 im Zuge der beginnenden Ostpolitik.

Die deutschen Betriebe hatten großes Interesse am Verbleib eingearbeiteter Arbeitskräfte, ebenso wie die Arbeiter_innen selbst, die wegen der höheren Löhne und besseren Arbeitsbedingungen nach Deutschland gekommen waren. Deswegen kam es rasch zur Niederlassung und zur Gründung von Familien. Bereits 1974 wurden 108.000 „ausländische" Kinder in Deutschland geboren, das entsprach 17 Prozent aller Geburten. Nach dem Anwerbestopp 1973 kehrten viele Italiener_innen, Spanier_innen und Griech_innen in ihre Herkunftsländer zurück. Andererseits nutzten viele Türk_innen die Möglichkeit des Familiennachzugs, der die einzige Chance blieb, um nach Deutschland zu gelangen, da die Beitrittsperspektive der Türkei immer ferner rückte.

Der Arbeitsplatz war die Basis der Angeworbenen. Die Gewerkschaften sorgten für gleiche Löhne und Arbeitsbedingungen und warben mit Erfolg um Mitglieder unter den Migrant_innen. 1972 änderte der Bundestag das Betriebsverfassungsgesetz und alle Beschäftigten bekamen das aktive und passive Wahlrecht zu den Betriebsräten. Das führte zu betrieblicher Inklusion, heute gibt es allein im Bereich der IG Metall 400 Betriebsratsvorsitzende ausländischer Herkunft. Betriebsrat und Unternehmen sind verpflichtet, niemanden aufgrund seiner Herkunft oder Nationalität zu benachteiligen.

Die Bundesregierung finanzierte Sprachprogramme. Caritas, Diakonie und Arbeiterwohlfahrt (AWO) richteten Beratungsdienste in den Sprachen der Angeworbenen ein, die Katholische Kirche organisierte muttersprachliche Gemeinden mit Geistlichen aus den Herkunftsländern. 1984 gründete die türkische Religionsbehörde auf Bitte der Bundesregierung die Türkisch-Islamische Union der Anstalt für Religion (DITIB) zur religiösen Betreuung der muslimischen Türken. In Berichten erfolgreicher Migrant_innen der zweiten Generation wird immer wieder hervorgehoben, dass sie als Kinder von Nachbarn und vor allem Nachbarinnen aufgenommen und insbesondere mit der deutschen Sprache vertraut gemacht worden sind (Lang et al. 2016, S. 60 f.; Daimagüler 2011; Özdemir 2009; Şimşek 2013). Schnell bildeten sich auch Unterstützungsgruppen, ausgehend von studentischen Initiativen, die nach einem Aufruf von Bundeskanzler Brandt für Hausaufgabenhilfe 1970 gegründet worden waren. Sie bildeten 1979 den Verband der Initiativgruppen in der Ausländerarbeit (VIA).

Die informellen und formellen Vereine und Verbände der Migrant_innen selbst waren in der Öffentlichkeit lange Zeit wenig sichtbar. Aufsehen erregte 1983 der Ansatz der Berliner Ausländerbeauftragten John, Selbsthilfe statt Betreuung zu fördern (Weiss und Thränhardt 2005). Es dauerte aber noch Jahrzehnte, bis sich dies bundesweit durchsetzte und auch die Öffentlichkeit zur Kenntnis nahm, dass eine breite Partizipation von Migrant_innen in Vereinen aller Art existierte – allgemeinen ebenso wie besonderen (Halm und Sauer 2007).

Während die soziale Integration in Deutschland besser gelang als in vielen Nachbarländern, gab es lange Zeit wenig Einbürgerung und politische Integration. Die Regierung Kohl hielt bis 1998 an der Doktrin fest, Deutschland sei „kein Einwanderungsland". Erst 1999 reformierte die rot-grüne Koalition das Einbürgerungsrecht und schuf das Geburtsrecht der deutschen Staatsbürgerschaft für Kinder, wenn ein Elternteil seit acht Jahren legal in Deutschland lebt. Im Gegensatz zu den Heimatvertriebenen wurden die „Gastarbeiter" immer wieder als kulturell andersartig dargestellt: Traditionell im Gegensatz zu modern, familienbewusst und kinderreich im Gegensatzsatz zu individualistisch, patriarchalisch im Gegensatz zu emanzipiert. Bezeichnend ist der Name des ersten einschlägigen Forschungsschwerpunkts der Volkswagenstiftung: „Das Eigene und das Fremde".

Einwanderung, Einwanderungsdiskurs, Einwanderungsengagement

4. Flüchtlinge und Asyl

1956 und 1968 hatte die Bundesrepublik großzügig Flüchtlinge aus Ungarn und aus der Tschechoslowakei aufgenommen, die vor kommunistischer Unterdrückung flohen. Zahlenmäßig waren das wenige – vor allem im Vergleich zu den vier Millionen Deutschen, die 1949-1989 aus der DDR flohen. Als aber 1980 – im Zusammenhang mit der Staats- und Wirtschaftskrise in der Türkei – eine große Fluchtbewegung einsetzte und auch der Familiennachzug zunahm, kam es zu negativen Reaktionen und zu einer Politisierung. Die CDU/CSU nutzte das Ausländerthema zur Kritik an der Regierung Schmidt, verlangte einen Stopp der Einwanderung und setzte schließlich 1984 ein „Rückkehrförderungsgesetz" durch, das hauptsächlich auf türkische Einwanderer zielte. Seitdem sind Flüchtlinge immer wieder Thema politische Kontroversen geworden. 1992 sprach der damalige Bundeskanzler Kohl angesichts von 438.000 Asylgesuchen von einer „Staatskrise". Die CDU/CSU startet eine aggressive Kampagne und machte die SPD für den starken Zustrom von Asylsuchenden verantwortlich. In dieser Atmosphäre kam es zu Brandanschlägen auf Migrant_innen mit Dutzenden von Toten. Ende 1992 gaben SPD und FDP der Forderung der CDU/CSU nach, das Grundgesetz zu ändern und das Asylrecht zu modifizieren.

Andererseits wurden kurz danach Bürgerkriegsflüchtlinge aus Bosnien, Kroatien und später aus dem Kosovo großzügig aufgenommen. Deutschland avancierte – gemeinsam mit Österreich und der Schweiz – zum Hauptaufnahmeland. Viele Flüchtlinge kamen bei Verwandten unter, die aus den Kriegsgebieten stammten. Nach Beendigung der Kampfhandlungen kehrten die meisten Flüchtlinge in ihre Heimatländer zurück, zum Teil auch unter Druck der Behörden.

Eine völlig neue Quantität und Qualität der Aufnahmebereitschaft wurde 2015 erreicht. Die Bundeskanzlerin hatte sich schon in ihrer Neujahrsansprache 2015 gegen den „Hass im Herzen" gewandt, der sich in der Pegida-Bewegung ausbreitete. Unter dem Eindruck der großen Hilfsbereitschaft der Bevölkerung, des Elends der syrischen Flüchtlinge, ihrer unmenschlichen Behandlung in Ungarn und den tragischen Todesfällen an der Grenze in Schlepper-Lastwagen entschied Angela Merkel im September 2015, die Grenzen für Flüchtlinge zu öffnen.

Allein im Jahr 2015 erreichten mehr als eine Million Flüchtlinge Deutschland, und zwar weitgehend unkontrolliert. Die Entscheidung der Bundeskanzlerin erfolgte im Kontext einer großen öffentlichen Aufnahmebereitschaft und eines ganz breiten bürgerschaftlichen Engagements. Vielerorts organisierten aktive Bürgerinnen und Bürger ihre Arbeit selbst. In kritischen Tagen übernahmen sie in einigen Orten Funktionen, für die eigentlich die Behörden zuständig waren. Kirchen, Gewerkschaften, Sportvereine, Firmen und viele andere Gruppen und Einzelne beteiligten sich. Fast alle Kommunen und Bundesländer schafften es, die

Flüchtlinge rasch unterzubringen. Auch die meisten Medien unterstützten die Aufnahmebereitschaft, ganz im Gegensatz zur Situation 1992. Während sich alle anderen Parteien hinter die Bundeskanzlerin stellten und der grüne Ministerpräsident Kretschmann erklärte, für sie zu beten, brach zwischen CDU und CSU ein erbitterter öffentlicher Konflikt auf. Dies trug dazu bei, dass das Thema in der Öffentlichkeit ständig kontrovers diskutiert wurde und es zu einer emotionalen Gegenmobilisierung kam.

Hohes Erregungspotenzial zeigte sich bei den Pegida-Demonstrationen in Dresden, die gegen Islam, gegen Einwanderung, die „Lügenpresse" und die etablierten Parteien gerichtet waren. Die Alternative für Deutschland (AfD) radikalisierte sich und errang mit Kritik an der Flüchtlingspolitik Erfolge in Landtagswahlen. In Deutschland hat sich damit eine wählerstarke rechtspopulistische Partei etabliert. Gleichzeitig ereigneten sich immer mehr Brandanschläge gegen Flüchtlingsunterkünfte.

5. Perspektiven

Die Integration der Flüchtlinge ist eine große Zukunftsaufgabe. Sie wird dadurch erschwert, dass das Bundesinnenministerium die Asylanträge nur schleppend bearbeiten lässt und immer wieder im Abwehrmodus reagiert, während die Bundeskanzlerin „Wir schaffen das" proklamiert. Gleichzeitig sind legale Zugänge über die Botschaften faktisch verschlossen, weil die Visumsanträge Jahre dauern. Viele Flüchtlinge werden lange von Sozialtransfers abhängig sein, weil zu wenige Sprachkurse bereit stehen und sich die Integration in die Arbeitswelt schwierig gestaltet (Thränhardt 2015).

Diese Situation entbehrt nicht der Ironie, denn Angela Merkel hat in ihrer Zeit als Oppositionsführerin immer wieder die „Einwanderung in die Sozialsysteme" gegeißelt und vergangene Integrationsversäumnisse kritisiert. Offensichtlich ist die Anwerbung der „Gastarbeiter" aber besser organisiert worden als die Aufnahme der Flüchtlinge seit 2014. Gleichwohl hat Deutschland die Ressourcen, um die Integration zum Erfolg zu führen und die Bürgergesellschaft ist in weiten Teilen motiviert, daran zu arbeiten.

Wichtig für den Erfolg ist ein realistischer Blick auf die Aufgaben und eine engagierte und pragmatische Herangehensweise. In vielen Kommunen und Bürgerinitiativen geschieht das durchaus. Sehr wichtig ist es, die Initiative der Migrant_innen zu ermöglichen und zu fördern und sie nicht einzuschränken, beispielsweise durch lange Lagerunterbringung. Immer wieder erschweren allerdings Fehlperzeptionen und Ideologisierungen die konstruktive Zusammenarbeit. Wissenschaftler_innen sind dabei leider nicht unbeteiligt gewesen. Ein Beispiel ist der Siegeszug des Begriffs „Parallelgesellschaft". Es ist zwar empirisch nachgewiesen worden, dass der Begriff die Situation in Deutschland nicht angemessen beschreibt (Halm und Sauer 2007), gleichwohl hat das Konzept die Köpfe erobert.

Literatur

Daimagüler, Mehmet 2011: Kein schönes Land in dieser Zeit. Das Märchen von der gescheiterten Integration. Gütersloh.
Dörries, Bernd 2014: Heimatkunde. In: Süddeutsche Zeitung 208, 10.09.2014.
Douglas, R. M. 2012: Ordnungsgemäße Überführung. Die Vertreibung der Deutschen nach dem Zweiten Weltkrieg. München.
Halm, Dirk/Sauer, Martina 2007: Bürgerschaftliches Engagement von Türkinnen und Türken in Deutschland. Wiesbaden.
Halm, Dirk/Sauer, Martina 2009: Erfolge und Defizite der Integration türkeistämmiger Einwanderer. Entwicklung der Lebenssituation 1999 bis 2008. Essen.
Kossert, Andreas 2010: Kalte Heimat. Die Geschichte der deutschen Vertriebenen nach 1945. München.
Lang, Christine/Pott, Andreas/Schneider, Jens 2016: Unwahrscheinlich erfolgreich. Sozialer Aufstieg in der Einwanderungsgesellschaft. Osnabrück.
Naimark, Norman M. 2008: Flammender Hass. Ethnische Säuberungen im 20. Jahrhundert. Frankfurt.
Özdemir, Cem 2009: Meine Kindheit. In: Süddeutsche Zeitung 245, 24.10.2009.
Pichler, Edith 2010: Junge Italiener zwischen Inklusion und Exklusion. Berlin.
Pitkorski, Jan M. 2010: Die Verjagten. Flucht und Vertreibung im Europa des 20. Jahrhunderts. München.
Schneide, Stefanie 2003: Fremde Heimat Deutschland. Gewalt, Drogen, Mord – und immer wieder Russlanddeutsche. In vielen Kommunen fragt man sich: Misslingt die Integration der jungen Aussiedler? Eine Reportage aus Lahr in Baden und der jüngste Fall aus Berlin. In: Die Welt, 20.08.2003.
Şimşek, Semiya/Schwarz, Peter 2013: Schmerzliche Heimat. Deutschland und der Mord an meinem Vater. Berlin.
Thränhardt, Dietrich 2015: Die Arbeitsintegration von Flüchtlingen in Deutschland. Humanität, Effektivität, Selbstbestimmung. Gütersloh.
Weiss, Karin/Thränhardt, Dietrich 2005: SelbstHilfe. Wie Migranten Netzwerke knüpfen und soziales Kapital schaffen. Freiburg.

Marissa B. Turac
Flüchtlinge und Engagement in Deutschland
Geschichte der Migration aus Gründen der Flucht in der Bundesrepublik Deutschland

1. Entwicklung des Asylrechts in der Bundesrepublik Deutschland

Die Erfahrungen aus zwei Weltkriegen haben nach 1945 zu einem individuellen Recht auf Asyl geführt. Mit Verankerung des Grundrechts auf Asyl für politisch Verfolgte im Grundgesetz, der Unterzeichnung der Genfer Flüchtlingskonvention 1951 und dem ergänzenden Protokoll 1967 erkannte die Bundesrepublik Deutschland die menschenrechtlichen Vereinbarungen der Vereinten Nationen an, distanzierte sich zugleich von der nationalsozialistischen Vergangenheit und rückte näher an die Weltgemeinschaft heran. Das im internationalen Vergleich weitreichende Recht auf Asyl, das 1949 mit Blick auf die Teilung Deutschlands und Millionen deutsche Flüchtlinge und Vertriebene verabschiedet wurde, hatte bis in die 1990er-Jahre Gültigkeit (vgl. Oltmer 2016).

Die unter dem Begriff Asylkompromiss bekannt gewordene Reform des Artikels 16 Grundgesetz, seit Juli 1993 rechtskräftig, schränkte das bis dahin weitreichende bundesdeutsche Grundrecht auf Asyl dann jedoch massiv ein. Wer über ein EU-Land oder einen sicheren Drittstaat einreist, hat seitdem keinen Anspruch auf Asyl. Die geografische Lage der Bundesrepublik Deutschland, umgeben von EU-Staaten, die die Genfer Flüchtlingskonvention unterschrieben hatten, und Schengen-Ländern, ermöglichte nur noch denjenigen einen Anspruch auf Asyl, die auf dem Luft- oder Seeweg in die Bundesrepublik Deutschland einreisten (vgl. Bundeszentrale für politische Bildung 2015). Eine Einreise auf dem Landweg war demnach gesetzeswidrig und nur noch illegal möglich. Darüber hinaus wurde u. a. mit dem Asylbewerberleistungsgesetz ein eigenständiges Sozialleistungssystem geschaffen. Des Weiteren wurde das Flughafenverfahren eingeführt, wonach Asylanträge im Transitbereich von Flughäfen im Eilverfahren durchgeführt werden konnten, es wurden auch Residenzpflicht und Arbeitsverbote eingeführt (vgl. Engler und Schneider 2015).

Im Zuge des Zuwanderungsgesetzes 2005 ist das Recht auf Asyl auf nichtstaatlich Verfolgte ausgeweitet worden. Zudem wurde Menschen subsidiärer Schutz gewährt, denen im Herkunftsland Gefahr für Leib und Leben drohen, und Abschiebungsverbote für Erkrankte vereinbart, deren Behandlungmöglichkeiten im Herkunftsland nicht – oder nur unzureichend – gewährleistet werden können (vgl. Bundeszentrale für politische Bildung 2015). Mit Novellierung des Zuwanderungsgesetzes 2007 wurden geduldeten Flüchtlingen unter bestimmten Voraussetzungen Zugänge in den Bildungs-, Arbeits- und Ausbildungsmarkt ermöglicht.

Im Rahmen der hohen Zuwanderung von Bürgerkriegsflüchtlingen aus Syrien sowie als Reaktion auf Menschenrechtsorganisationen und Flüchtlingsinitiativen hat der Bundestag 2014/2015 die Arbeitsmarkt- und Aufenthaltsregelung von Flüchtlingen aufgeweicht. Es kam zu einer Verkürzung des nachrangigen Arbeitsmarktzugangs von neun auf drei Monate, zum Wegfall der Vorangprüfung nach 15 Monaten für Asylbewerber und Geduldete, zur Öffnung der Integrationskurse für Geduldete mit Bleibeperspektive, zur Heraufsetzung der Handlungsfähigkeit junger Flüchtlinge von 16 auf 18 Jahre sowie zur Aufhebung der Residenzpflicht, die jedoch mittlerweile in Teilen wieder eingeführt wurde (vgl. BMI 2014). Gleichzeitig wurde die Liste der sicheren Herkunftsstaaten erweitert. Dazu zählen derzeit die Mitgliedsstaaten der Europäischen Union, Albanien, Bosnien und Herzegowina, Ghana, Kosovo, Mazedonien, Montenegro, Senegal und Serbien (BAMF 2016). Diese Handhabung ermöglicht eine rechtliche Rückführung von Flüchtlingen in die jeweiligen Länder. Die politische Diskussion zur Erweiterung der sicheren Herkunftsstaaten um die Maghreb-Länder ist zurzeit vertagt.

2. Vergemeinschaftung und Herausforderungen in der europäischen Flüchtlingspolitik

Die europäische Harmonisierungspolitik führte in den 1990er- und 2000er-Jahren zu einer Vergemeinschaftung der Flüchtlingspolitik auf europäischer Ebene, indem das Schengen-Abkommen ausgeweitet und durch die Dublin-Verordnungen flankiert wurde. Damit verbunden waren u. a. die Aufhebung der Binnengrenzen für Angehörige des Schengenraums, eine Absicherung der europäischen Aussengrenzen sowie konkrete Absprachen zum Umgang mit Asylbegehrenden, wie Rückführungsprinzip oder das Territorialprinzip, wonach die Zuständigkeiten für Asylverfahren den Staaten obliegen, die die Asylbegehrenden zuerst betreten. Hierfür wurde ein elektronisches Informationssystem zur Erfassung von Asylbewerber_innen und irregulärer Migration beschlossen (vgl. Lavanex 2015).

Die Drittstaatenregelung in Verbindung mit dem Dublin-Abkommen geht überwiegend zulasten der südeuropäischen Grenzregionen, vor allem von Italien, Griechenland oder Spanien, die in den vergangenen 15 Jahren verstärkt von Flüchtlingen aus dem nordafrikanischen Raum – und zuletzt aus der Türkei –

unter lebensbedrohlichen Bedingungen über das Mittelmeer angesteuert werden. Seitdem haben zehntausende Flüchtlinge die Überfahrt nicht überlebt und ein Ende scheint nicht in Sicht zu sein.

Im Umgang mit Bürgerkriegsflüchtlingen aus Syrien kommt die Mehrzahl der europäischen Nationen ihrer Verpflichtung nicht nach, Geflüchtete aufzunehmen. Eine europäische Einigung in dieser Frage ist auf absehbare Zeit nicht zu erwarten, nachdem Ungarn, Österreich und Mazedonien ihre Grenzen geschlossen haben, um den Zuzug von Flüchtlingen zu unterbinden.

Europas Grenzpolitik vor der nordafrikanischen Küstenregion scheint zumeist auf Kontroll- und Sicherungsmaßnahmen abzuzielen. Dennoch wird es künftig nicht ausreichen, mit der bisherigen Asylpraxis fortzufahren. Aktuellen Berichten zufolge geht der UNHCR (United Nations High Commissioner for Refugees) von 65 Millionen Flüchtlingen weltweit aus, die Hauptlast tragen Entwicklungsländer (vgl. UNHCR 2016). Angesichts des Klimawandels und zunehmender Naturkatastrophen, wie Dürren oder Überflutungen, die verstärkt Hunger und Armut nach sich ziehen, einer Zunahme politischer Krisenherde weltweit sowie einer stetig wachsenden Weltbevölkerung, ist künftig von einem weiteren Anstieg der Flüchtlingszahlen auszugehen.

Insofern werden für die Zukunft perspektivisch und nachhaltig ausgerichtete Konzepte und Lösungen zum Umgang mit der weltweit wachsenden Migrationsbewegung notwendig sein. Die Bekämpfung von Fluchtursachen kann ein Baustein im Gesamtgefüge des weltpolitischen Geschehens sein, indem Lebens- und Überlebensbedingungen in den Herkunftsländern der Flüchtlinge verbessert werden und die politische Sicherheitslage gewährleistet wird. Aktuell ist das freilich nicht zu erwarten. Auch eine Verbesserung der Lebens-, Arbeits- und Bildungsbedingungen in den vielen weltweiten Flüchtlingslagern kann nur einen von vielen Lösungsansätzen darstellen. Hierfür braucht es eine Weltgemeinschaft, die sich ihrer Verantwortung bewusst und daher bereit ist, für die wachsende Zahl von Flüchtlingslagern finanzielle Mittel zur Verfügung zu stellen. Eine kurzsichtige, auf innenpolitische Befindlichkeiten und auf Abschottung gerichtete Politik wird Europa nicht voranbringen. Im Gegenteil: Die künftigen Herausforderungen brauchen ein starkes und geeintes Europa.

3. Fluchtzuwanderung in Deutschland nach 1945

Die ersten 20 Jahre nach Kriegsende 1945 waren in der Bundesrepublik zumeist durch deutsche Flüchtlinge geprägt. Bis 1949 flüchteten 12,5 Millionen Deutsche in die vier Besatzungszonen Deutschlands oder wurden aus den Ost- und Minderheitsgebieten vertrieben. Von 1949 bis zum Mauerbau 1961 verließen mindestens 2,7 Millionen Deutsche die Deutsche Demokratische Republik (DDR) in Richtung Bundesrepublik Deutschland. Nicht zu vergessen sind die neun Millionen Überlebenden der nationalsozialistischen Arbeits-, Konzentrations- und Vernichtungslager, die sich 1945 in den Besatzungszonen aufhielten (vgl. Engler und Schneider 2015) und nach und nach in ihre Heimatländer zurückgeführt bzw. neuangesiedelt wurden oder in den Besatzungszonen verblieben.

Von 1949 bis Ende der 1960er-Jahre sind in der Bundesrepublik ca. 70.000 Asylanträge eingegangen, von denen die Mehrzahl politisch begründet und meist positiv beschieden wurde. Die Antragsteller_innen stammten überwiegend aus den Ostblockländern (vgl. Bundeszentrale für politische Bildung 2015; Engler und Schneider 2015), v. a. Ungarn, Polen oder der Tschechoslowakei. Diese flohen vor den restriktiven Bestimmungen der sozialistischen Machthaber, die die individuellen und freiheitlichen Rechte ihrer Bürger_innen immer weiter einschränkten.

Das Ende des Vietnamkrieges, der Militärputsch in der Türkei 1980/81, der Systemwechsel im Iran sowie die innenpolitischen Konflikte angesichts der Solidarność-Bewegung in Polen führten zu einer verstärkten Flüchtlingszuwanderung aus den genannten Staaten. In den Jahren 1979-1981 wurden ca. 200.000 Asylanträge gestellt. Unter dem Begriff der sogenannten Boatpeople nahm die Bundesrepublik zwischen 1978 und 1986 40.000 vietnamesische Flüchtlinge auf, darunter einige aus Laos und Kambodscha. Mit dem Status der Kontingentflüchtlinge versehen, der eigens dafür geschaffen wurde, brauchten sie kein Asylverfahren zu durchlaufen, ihnen waren ein dauerhafter Aufenthalt sowie eine Arbeitserlaubnis sicher. Mitte der 1980er-Jahre stieg die Quote der Asylbewerber_innen durch die Fluchtzuwanderung von Tamilen aus Sri Lanka sowie von Kurden aus der Türkei, dem Iran und Irak weiter an (vgl. Engler und Schneider 2015).

Die Migrationsbewegung in die Bundesrepublik Deutschland war in den 1990er-Jahren durch den Bürgerkrieg in Jugoslawien und die Öffnung des Eisernen Vorhangs gekennzeichnet. Die Mehrzahl der Flüchtlinge stammte in dieser Zeit aus Ost- und Süd-Europa, viele kamen aus Rumänien und Jugoslawien. Zu einer weiteren Zuwanderergruppe zählten ab den 1990er-Jahren jüdische Kontingentflüchtlinge aus der ehemaligen Sowjetunion: Bis Ende 2013 wurden 215.000 Menschen registriert (ebd.). Während die Asylbewerberzugangsstatistik des Bundesamtes für Migration und Flüchtlinge 1992 rund 439.000 Asylanträge aufwies, waren es 1993 noch 322.600 und 2007 ca. 19.000 Anträge. Der Rückgang der Asylanträge in der Bundesrepublik ab 1993 steht in engem Zummenhang mit dem Asylkompromiss von 1992/93 und der Vergemeinschaftung der europäischen Asylpolitik (vgl. Bundeszentrale für politische Bildung 2015).

In den 2000er-Jahren flüchteten Menschen aus den Kriegsgebieten Afghanistans und aus den von innerstaatlichen Konflikten geprägten Ländern Irak und Iran nach Deutschland. Nach 2010 kam es zu verstärkten politischen Konflikten im Nahen Osten, etwa durch die Terrormiliz Islamischer Staat, bis schließlich der Kriegsausbruch in Syrien 2011 zu einer massenhaften Flucht von Syrer_innen in die benachbarten Länder Syriens und zuletzt und anhaltend nach Europa führte (ebd). Seitdem sind die Flüchtlingszahlen in der Bundesrepublik wieder angestiegen.

2015 sind etwas über eine Million Flüchtlinge nach Deutschland gekommen, die Mehrzahl aus Syrien. Zu den weiteren Herkunftsländern zählen Serbien, Eritrea, Afghanistan und Irak. Seit der Schließung der Flüchtlingsrouten über Mazedonien, Ungarn, Österreich und dem Flüchtlingsabkommen mit der Türkei, sind die Flüchtlingszahlen in Europa, mit Ausnahme von Griechenland und Italien, drastisch zurückgegangen.

Die Migration in die Bundesrepublik aus politischen, wirtschaftlichen oder humanitären Gründen ist in den vergangenen Jahrzehnten nicht konfliktfrei verlaufen. Zu Beginn der 1990er-Jahre wurde die Asyldebatte durch rassistische Anfeindungen und Gewalt begleitet, wie wir sie auch heute wieder erleben. Flüchtlingsheime und Wohnungen von Zuwandererfamilien wurden in Brand gesteckt, es kam zu Todesfällen. In dieser Zeit hat die Zivilgesellschaft eine wichtige Rolle zum Schutz der Flüchtlinge in den Heimen übernommen, indem sie in Flüchtlingsunterkünften u.a. Nachtwachen abhielt.

4. Engagement von Geflüchteten und Engagement für Geflüchtete

4.1 Engagement für Geflüchtete

Die Welle der Hilfsbereitschaft für Geflüchtete hat 2015 eine enorme mediale Aufmerksamkeit erfahren. Das Engagement im Flüchtlingsbereich ist jedoch kein neues Phänomen. Der Zivilgesellschaft kommt in der Flüchtlingsarbeit eine wichtige Funktion zu. Traditionelle verankert ist die Flüchtlingsarbeit im Wohlfahrtssystem, in der Arbeit von Menschenrechts- und Flüchtlingsorganisationen und -initiativen, in den Kirchen und bei einer Vielzahl ehrenamtlich engagierter Gruppen und Einzelpersonen, die zur Verbesserung der rechtlichen und sozialen Lebensbedingungen von Geflüchteten beitragen.

Die Engagementbereiche konzentrieren sich in der Regel u.a. auf rechtliche Unterstützung, praktische Hilfen, Kultur und Freizeitangebote, Übersetzungstätigkeiten, ehrenamtliche Vormundschaften sowie integrationsfördernde Maßnahmen im Bildungs-, Ausbildungs-, Arbeits- und Wohnungsmarkt (vgl. Mies-van Engelshoven 2010, S. 28f.). Große Herausforderungen im ehrenamtlichen und freiwilligen Engagement für Geflüchtete ergeben sich durch die Lebensrealität der Flüchtlinge, die oftmals mit Perspektivlosigkeit, hoher psychosozialer Belastung, isolierter Unterbringung und Diskriminierungserfahrung einhergeht. Häufig fehlt es Ehrenamtlichen an professioneller Distanz, dem richtigen Umgang mit Ambiguität, rechtlichen Kenntnissen, Hintergrundwissen und Informationen zu den Herkuntsländern der Geflüchteten wie auch an Interkultureller Kompetenz (vgl. Weiss 2012, S. 9; Turac 2015, S. 4 f.). Insofern sind professionelle, qualifizierende und begleitende Maßnahmen für das ehrenamtliche Engagement im Flüchtlingsbereich unabdingbar, um den Betroffenen Unterstützungsperspektiven zu gewährleisten, aber auch, um einem paternalistisch und defizitär ausgerichtetem Engagementverständnis, das überwiegend auf Hilfs- und Fürsorgeaspekte abzielt, entgegenzuwirken (Turac ebd., S. 5) und einen ressourcenorientierten Ansatz in der Flüchtlingsarbeit durchzusetzen. Das heißt im Einzelnen: Begegnung auf Augenhöhe zwischen Flüchtlingen und Hilfeleistenden, Flüchtlinge als Individuen mit Stärken und Schwächen wahrnehmen, ihre Ressourcen und Potenziale in den Blick nehmen, fördern, ausbauen und nutzen, Abhängigkeitsverhältnisse zwischen Engagierten und Flüchtlingen vermeiden, Autonomie und Selbstachtung von Flüchtlingen respektieren, um einen gleichberechtigten und egalitären Arbeitsansatz im Engagement für Geflüchtete zu realisieren. Denn als „Brückenbauern" kommt zivilgesellschaftlich engagierten Akteuren, insbesondere unter den aktuellen Gegebenheiten, eine zunehmend wichtige, gesellschaftlich integrative Funktion zu.

Im Zuge der hohen Fluchtzuwanderung in 2014 und 2015 hat sich eine Vielzahl von Vereinen, Initiativen, Gruppen und Einzelpersonen zur Unterstützung von Flüchtlingen gebildet. Zusammen mit den helfenden Verbänden haben diese einen wesentlichen Beitrag zur Erstversorgung der Zuwander_innen geleistet und leisten ihn noch. Hier bedarf es jedoch regional ausgerichteter Vernetzungsstrategien, um die Integrationskraft innerhalb der neuen und alten Unterstützerstrukturen zu bündeln und weiterzuentwickeln. Mit diesem Ziel hat die Arbeitsgemeinschaft der Ausländerbeiräte in Rheinland-Pfalz 2015 zwei regional angesiedelte Seminare unter Einbeziehung der neu gebildeten Flüchtlingskoordinationsstellen durchgeführt. Zum einen, um die Vernetzung zwischen unterschiedlichen Akteuren in der Flüchtlingsarbeit zu verbessern und um Informationen über neuere Entwicklungen in die Engagementpraxis hineinzutragen. Zum anderen, um Handlungsperspektiven von Migrationsräten und Teilhabeperspektiven für Flüchtlinge vorzustellen (vgl. AGARP 2015). Solche Projekte sind jedoch meist zeitlich begrenzt. Sie müssten auf politischer Ebene strategisch ausgerichtet und verstetigt werden. Dazu mehr unter Gliederungspunkt fünf.

4.2 Engagement von Geflüchteten

Auch wenn sie kaum sichtbar und die politischen und sozialen Rahmenbedingungen für das ehrenamtliche Engagement von Geflüchteten bislang unzureichend sind, haben sich in den zurückliegenden 20 Jahren unterschiedliche Formen des ehrenamtlichen Engagements von Geflüchteten herausgebildet. Steinhilper beschreibt die Selbstermächtigung und Mobilisierung von Geflüchteten, die während der vergangenen 20 Jahre zu politischen Protesten für ein humanitäres Asylsystem, für mehr Bewegungsfreiheit und eine gleichberechtigte Teilhabe am gesellschaftlichen, kulturellen, wirtschaftlichen und politischen Leben geführt haben (vgl. Steinhilper 2016).

Seit den 1990er-Jahren sind daraus nachhaltige Strukturen in Form von Netzwerken und Initiativen entstanden, wie die „Karavane für die Rechte der Flüchtlinge und MigrantInnen", „The Voice Refugee Forum," „Jugendliche ohne Grenzen" oder „Women in Exile" (ebd.). Ihr bis heute andauerndes politisches Engagement mobilisiert Menschen, für die Belange Geflüchteter einzutreten, und weitet den Blick auf die Mitverantwortung der Industrieländer an „der Produktion von Fluchtgründen unter anderem durch Agrarsubventionen, Klimawandel, Rüstungsexporte oder die Kooperation mit autoritären Regimen" (ebd.).

Weitere gesellschaftspolitische Engagementfelder von Geflüchteten im Sinne eines Empowermentansatzes sind in den Beiräten für Migration und Integration bzw. bei den Integrationsräten u. a. in Rheinland-Pfalz und Hessen anzutreffen. In diesen Bundesländern haben Geflüchtete mit unsicherem Aufenthaltsstatus sowohl ein aktives als auch ein passives Wahlrecht, das aber bislang selten von diesen genutzt wird, weil es in der Breite der Flüchtlings- und Migrantencommunity, aber auch bei den professionellen und zivilgesellschaftlichen Akteuren in der Flüchtlingsarbeit noch zu wenig bekannt ist. Des Weiteren haben die betreffenden Integrationsräte Flüchtlinge als potenzielle Kandidat_innen und Wähler_innen erst seit kurzem im Blick. Für eine stärkere gesellschaftspolitische Partizipation von Geflüchteten wäre eine Ausweitung der hessischen und rheinland-pfälzischen Beteiligungsmodelle auf weitere Bundesländer wünschenswert, zumal diese Formen der Beteiligung Flüchtlingen Mitsprache- und Mitgestaltungsperspektiven auf kommunal- und landespolitischer Ebene ermöglichen und somit eine integrative Kraft entfalten könnten.

In den vergangenen fünf Jahren haben zudem Interkulturelle Öffnungsprozesse der etablierten Sozial- und Jugendverbände zu einer stärkeren Fokussierung auf die Belange von Flüchtlingen und zur Entwicklung neuer Netzwerk- und Beteiligungsstrukturen für Flüchtlinge und deren Organisationen und Initiativen geführt.[1] In Bezug auf Flüchtlinge sind die interkulturellen Fortschritte innerhalb dieser Strukturen entwicklungsfähig.

---

[1] Vgl. hierzu u. a. die Hinweise auf der Website des Bundesnetzwerks Bürgerschaftliches Engagement (BBE) zu Aktivitäten und Empfehlungen des Bundesjugendringes, der Landesjugendringe und Jugendverbände sowie der Freiwilligenorganisationen.

4.3 Rahmenbedingungen für das ehrenamtliche Engagement von Geflüchteten

Dennoch darf nicht darüber hinweg gesehen werden, dass die Rahmenbedingungen zur Förderung des ehrenamtlichen Engagements von Geflüchteten unzureichend und somit ausbaufähig sind. Über Jahrzehnte hinweg sind negative Auswirkungen auf die Engagementquote von Geflüchteten entstanden durch eine desintegrativ orientierte Asylgesetzgebung, insbesondere für die Gruppe der Geduldeten, durch prekäre Lebensbedingungen von Flüchtlingen, durch geringe Kenntnisse und fehlende Zugänge in die institutionalisierte Engagementpraxis und in etablierte Engagementfelder sowie insgesamt durch eine Defizitorientierung in der Flüchtlingsarbeit (vgl. Weiss 2012). Vielfach wurden Ressourcen und Potenziale von Geflüchteten, besonders derjenigen, die in sogenannten Kettenduldungen verharrt waren, und ihren in der Bundesrepublik Deutschland geborenen oder aufgewachsenen Nachkommen vernachlässigt. Fehlende Deutschkenntnisse von Geflüchteten, ein unsicherer rechtlicher Status, eine rigide Gesetzgebung sowie eine über Jahrzehnte fehlende Integrationsbereitschaft seitens der Politik haben die Lebensperspektiven vieler junger und erwachsener Flüchtlinge mit unsicherem Aufenthaltsstatus massiv beeinträchtigt, weil ihnen die Zugänge in den Bildungs-, Ausbildungs- (universitäre Ausbildung eingeschlossen), Wohnungs-, Arbeits- und Gesundheitsmarkt verwehrt worden sind. Beispielsweise war jungen, nicht anerkannten Geflüchteten, die ihr Abitur in der Bundesrepublik erworben haben, eine universitäre Ausbildung verwehrt worden, womit dringend benötigte Talente für den Arbeitsmarkt verloren gegangen sind. In Zeiten eines vorherrschenden Fachkräftemangels ist ein solches gesetzliches und politisches Vorgehen kaum nachvollziehbar. Darüber hinaus wurden im Ausland erworbene Abschlüsse von Geflüchteten oftmals nicht anerkannt.

Insgesamt war der Flüchtlingsdiskurs auf rechtliche Fragestellungen reduziert. Stärken und Potenziale von Flüchtlingen wurden kaum wahrgenommen. Insofern ist ein integrativ und partizipativ ausgerichteter Perspektivwechsel in der Flüchtlingsarbeit notwendig, um Schutz suchenden Menschen Zukunfts- und Lebensperspektiven für ein selbstbestimmtes und menschenwürdiges Leben in Deutschland zu bieten (vgl. AGARP 2014, S. 4)[2]. Die gesetzlichen Änderungen nach 2005, 2007 und nicht zuletzt 2014/2015 ermöglichen einigen Personengruppen mit unsicherem Aufenthaltsstatus Partizipations- und Mitbestimmungsperspektiven auf unterschiedlichen Ebenen.

Unabhängig davon ist die Gefahr einer Überforderung von Geflüchteten und die Notwendigkeit von Empowerment und Qualifizierungsmaßnahmen im Kon-

---

2 Vgl. ebd. auch Ausführungen zur Haftung zwischen Eltern und Kindern sowie deren Auswirkung auf Aufenthaltsstatus und Teilhabeperspektiven.

text des ehrenamtlichen Engagements von Flüchtlingen zu berücksichtigen (vgl. Weiss 2012). Ferner ist das vielfältige Engagement von Flüchtlingen oftmals unsichtbar und bislang weitestgehend unerforscht.

5. Infrastrukturbedarfe des Engagements in den Feldern der Flucht

Sowohl die professionelle Flüchtlingsarbeit als auch das Engagement in diesem Feld haben über viele Jahrzehnte ein ungewolltes Nieschendasein geführt. Eine restriktive Asylgesetzgebung, geringe Lobbyarbeit, getrennte Beratungs- und Betreuungsstrukturen für Flüchtlinge, fehlende Zugänge zu etablierten Integrationsnetzwerken und Strukturen der freien und öffentlichen Kinder-, Jugend- und Erwachsenenarbeit wie auch fehlende Interkulturelle Öffnungsprozesse innerhalb dieser Strukturen und zu geringe Fördermittel und Förderprogramme haben über Jahrzehnte die Flüchtlingsarbeit und das Engagement in diesem Feld in der Bundesrepublik Deutschland geprägt.

Des Weiteren war die Arbeit oft auf rechtliche Fragestellungen fokussiert. Ein integrationspolitischer und erziehungswissenschaftlicher Diskurs, insbesondere mit Blick auf junge Flüchtlinge, war kaum gegeben (ebd.). Insofern ist – in Bezug auf das Engagement von und für Flüchtlinge sowie die Arbeit mit Flüchtlingen – ein Paradigmenwechsel hin zu einem ressourcenorientierten Arbeits- und Engagementansatz notwendig. Dieser Ansatz sollte ein gleichberechtigtes und egalitäres Engagementverständnis seitens des Engagements für Flüchtlinge beinhalten und die Fähigkeiten und Stärken von Flüchtlingen stärker als bisher in den Blick nehmen. Zum anderen sind politische, soziale und gesellschaftliche Rahmenbedingungen erforderlich, um Geflüchteten (nicht nur den Neuankömmlingen, sondern insbesondere Langzeit-Geduldeten) Zugänge in die unterschiedlichen Engagementfelder zu ermöglichen. Darüber hinaus sollte die Engagementpraxis und -vielfalt von Geflüchteten ausgebaut, wissenschaftlich untersucht und sichtbar gestaltet werden, um deren Beitrag für unsere Gesellschaft hervorzuheben, aber auch um einen Paradigmenwechsel in der Engagementpraxis von und für Flüchtlinge zu manifestieren. Das BBE und die Stiftung Mitarbeit haben bereits 2010 Initiativen ergriffen, um die Ressourcen und Potenziale von Flüchtlingen verstärkt in den Blick der Fachöffentlichkeit und Politik zu rücken.[3] Damit wurde zum einen auf bundesweiten Tagungen dem ehrenamtlichen Engagement von Flüchtlingen eine Plattform geboten, zum ande-

---

3 Vgl. hierzu die Dokumentation der bundesweiten Tagung der Stiftung Mitarbeit zur Förderung der Selbstorganisation junger Flüchtlinge am 25./26.11.2011 in Köln sowie die Dokumentationen der Migrantenorganisations-Tagungsreihe der AG 5 „Migration, Teilhabe, Vielfalt" des BBE seit 2011.

ren wurden neue Netzwerke zwischen Flüchtlingsorganisationen und etablierten Trägerstrukturen initiiert. Eine Verbesserung der Netzwerkstrukturen zwischen allen Akteuren stellt bis heute eine zentrale Herausforderung in der Engagementpraxis dar. Nach wie vor operieren die Helfer- und Unterstützergruppen eher nebeneinander und häufig getrennt von den Beratungs- und Betreuungsstrukturen für Flüchtlinge. Die in 2015 in den Arbeitsagenturen und Jobcentern neu eingerichteten Zuständigkeitsbereiche zur Verbesserung der Arbeitsmarktintegration von Geflüchteten folgen einer eigenen Arbeits- und Handlungslogik, die durch Bürokratie und Hierarchie gekennzeichnet ist; sie verfügen kaum über Erfahrungen in der Zusammenarbeit mit ehrenamtlichen Akteuren, die eher in lockeren und nicht institutionalisierten Zusammenschlüssen agieren (vgl. Speth und Becker 2016). Neben starren und langfristig gewachsenen bürokratischen Strukturen in Ämtern und Behörden, fehlt es häufig an Interkulturellen Öffnungsprozessen innerhalb der Jobcenter, der Agenturen für Arbeit, den Kammern und kleinen und mittleren Betrieben, denen neben der Zivilgesellschaft eine zunehmend wichtige Funktion bei der Arbeitsmarktintegration von Geflüchteten zukommt.[4] Entsprechende Vernetzungs- und Kooperationsprojekte zwischen Akteuren der Zivilgesellschaft, Behörden, Ämtern, Kammern und weiteren relevanten Akteuren – wie auch Öffnungsprozesse in diesen Institutionen – werden vereinzelt umgesetzt[5], sie sind jedoch häufig projektbezogen und kurzfristig angelegt. Es fehlt eine langfristig angelegte und perspektivisch ausgerichtete Strategie zur Entwicklung und Etablierung dieser neuen Netzwerk- und Kooperationsformen. Eine differenzierte Auflistung der in der aktuellen Flüchtlingsarbeit handelnden Akteure, ihrer Logiken und Motivationen sowie den damit verbundenen gesellschaftspolitischen Herausforderungen beschreiben Rudolf Speth und Elke Becker in ihrer jüngst erschienenen Untersuchung zur Funktion zivilgesellschaftlicher Akteure und Bedeutung der Kommunen in der Betreuung von geflüchteten Menschen (ebd.).

Hier bedarf es einer strategisch und perspektivisch ausgerichteten Vernetzung und Verstetigung der handelnden politischen, kommunalen wie zivilgesellschaftlichen Akteure unter Einbeziehung von Wirtschaftsverbänden und Unternehmen, um die Kräfte zu bündeln, um Parallelstrukturen zu vermeiden, die Zugänge zu mehr Teilhabe und Mitbestimmung von Flüchtlingen auszubauen und die Be-

---

4 Vgl. auch Dokumentation der AGARP in Andernach und Grünstadt 2015 sowie Erfahrungen aus dem IQ Teilprojekt der AGARP zu einer stärkeren Arbeitsmarktintegration von Migrant_innen, die im Rahmen der Strategietreffen Herausforderungen in Kooperationsformen und Netzwerkstrukturen zwischen relevanten Arbeitsmarkt- und zivilgesellschaftlichen Akteuren beleuchtet und bearbeiten.
5 Vgl. u. a. Modellprojekt des BAMF mit zehn Bundesländern zur Umgestaltung der Ausländerbehörden in Willkommensbehörden; Laufzeit 2013-2015, die in einigen Bundesländern fortgeführt werden.

darfe in den unterschiedlichsten Engagementfeldern zu ermitteln und zu decken. Das belegen u. a. auch die o. g. Aktivitäten der Arbeitsgemeinschaft der Beiräte für Migration und Integration Rheinland-Pfalz.

Ansgar Klein beschreibt im BBE-Newsletter 20/2015 die wesentlichen Herausforderungen und Bedarfe der Engagementförderung in der Flüchtlingshilfe auf Ebene des Bundes, des Landes und der Kommunen. Er plädiert für eine nationale Engagementstrategie in der Flüchtlingsarbeit unter Einbeziehung zivilgesellschaftlicher Akteure, der Wirtschafts- und Sozialverbände, Unternehmen und Migrantenorganisationen, u. a. um Erfahrungen, Gelingensfaktoren und Konzepte in der Flüchtlingsarbeit zu bündeln und zu transportieren, Verantwortlichkeiten und Rollen abzubilden, Wissens- und Informationstransfer zu verdichten und perspektivisch ausgerichtete Konzepte zur langfristigen Integration von Flüchtlingen zu entwickeln, zu begleiten sowie entsprechende finanzielle Rahmenbedingungen dafür zu schaffen (vgl. Klein 2015).

Die Beobachtungen und vorliegenden, wenigen Untersuchungen und Pojekte in der Flüchtlingsarbeit machen deutlich, wie die Entwicklungen in diesem Bereich zur Bildung und zunehmenden Bedeutung neuer interdisziplinärer Strukturen auf regionaler und überregionaler Ebene führen und beitragen können. Diese Strukturveränderungen brauchen jedoch eine Verstetigung, Stabilisierung und finanzielle Absicherung, will man die Folgekosten einer Desintgration von Flüchtlingen vermeiden.

Literatur

Arbeitsgemeinschaft der Beiräte für Migration und Integration Rheinland-Pfalz Hrsg. 2015: Integrative Flüchtlingsarbeit vor Ort. Vernetzung, Selbstorganisation, gesellschaftliche und politische Teilhabe. Dokumentation der Veranstaltungen am 17.10.2015 in Andernach und 31. Oktober 2015 in Grünstadt. Mainz. – Im Rahmen des Projektes Wege in eine demokratische Vielfalt – Qualifizierung und Empowerment für Migrantenorganisationen in Rheinland-Pfalz, Online: http://agarp.de/html/0003_projekte/0003_projekte_demokratische_Vielfalt.html (Dezember 2015).

Arbeitsgemeinschaft der Beiräte für Migration und Integration Rheinland-Pfalz 2014: Beiräte als politische Interessenvertreter für Flüchtlinge. Partizipationschancen für Menschen mit Flucht- und Asylgeschichte. In: Newsletter Beiratswahlen 8. August 2014. AGARP-Newsletter Nr. 03, August 2014. Mainz, Interview, S. 4, Online: http://agarp.de/html/0005_publikationen/0005b_newsletter.html (September 2014).

Bundesamt für Migration und Flüchtlinge 2015: Sichere Herkunftsländer. Definition und Bedeutung der sicheren Herkunftsländer, Online: http://www.bamf.de/DE/Migration/AsylFluechtlinge/Asylverfahren/BesondereVerfahren/SichereHerkunftsl%C3%A4nder/sichere-herkunftsl%C3%A4nder.html (15.05.2016).

Bundesministerium des Innern 2014: Neuregelungen im Asyl- und Staatsangehörigkeitsrecht, Online: http://www.bmi.bund.de/SharedDocs/Kurzmeldungen/DE/2014/09/neue-regelungen-zum-asylverfahren-und-zur-optionspflicht.html (13.12.2014).

Bundeszentrale für politische Bildung (bpb) 2015: Flucht und Asyl in Deutschland, Online: http://www.bpb.de/gesellschaft/migration/laenderprofile/208633/flucht-und-asyl (15.05.2016).

Engler, Marcus/Schneider, Jochen 2015 für bpb: Asylrecht, Flüchtlingspolitik und humanitäre Zuwanderung in der Bundesrepublik, Online: http://www.bpb.de/gesellschaft/migration/kurzdossiers/207548/asylrecht-fluechtlingspolitik-humanitaere-zuwanderung (15.05.2016).

Klein, Ansgar 2015: Bedarfe der Engagementförderung in der Flüchtlingshilfe. In: BBE-Newsletter 20/2015. Berlin.

Lavenex, Sandra 2015 für bpb: Flüchtlings- und Asylpolitik der Europäischen Union, Online: http://www.bpb.de/gesellschaft/migration/laenderprofile/57574/fluechtlings-und-asylpolitik (15.05.2016).

Mies-van Engelshoven, Brigitte 2010: Gesellschaftliche Teilhabe ermöglichen – Freiwilliges Engagement für Flüchtlinge und von Flüchtlingen. In: Stiftung Mitarbeit (Hrsg.): Freiwilliges Engagement für Flüchtlinge und von Flüchtlingen. Beiträge zur Demokratieentwicklung Nr. 24. Bonn, S. 28 f.

Oltmer, Jochen 2016 für bpb: Wie ist das Asylrecht entstanden, Online: http://www.bpb.de/gesellschaft/migration/kurzdossiers/224641/wie-ist-das-asylrecht-entstanden (15.05.2016).

Speth, Rudolf/Becker, Elke 2016: Zivilgesellschaftliche Akteure und die Betreuung geflüchteter Menschen in deutschen Kommunen. In: Maecenata Institut (Hrsg.) in Zusammenarbeit mit dem Deutschen Institut für Urbanistik. Opusculum Nr. 92. Berlin.

Steinhilper, Elias 2016 für bpb: Selbstbewusst und laut – politische Proteste von Geflüchteten, Online: http://www.bpb.de/gesellschaft/migration/kurzdossiers/227542/politische-proteste-von-gefluechteten?p=all (25.05.2016).

Turac, Marissa B. 2015: Die politische Funktion der Beiräte und Migrantenorganisationen in der Flüchtlingsarbeit. In: Arbeitsgemeinschaft der Beiräte für Migration und Integration Rheinland-Pfalz (Hrsg.): Integrative Flüchtlingsarbeit vor Ort. Vernetzung, Selbstorganisation, gesellschaftliche und politische Teilhabe. Dokumentation der Veranstaltungen am 17. Oktober 2015 in Andernach. Mainz, 5. – Im Rahmen des Projektes Wege in eine demokratische Vielfalt – Qualifizierung und Empowerment für Migrantenorganisationen in Rheinland-Pfalz, Online: http://agarp.de/html/0003_projekte/0003_projekte_demokratische_Vielfalt.html (Dezember 2015).

Turac, Marissa B. 2015: Integrative Flüchtlingsarbeit – Verantwortung übernehmen, Partizipation ermöglichen, Selbstorganisation fördern. In: Arbeitsgemeinschaft der Beiräte für Migration und Integration Rheinland-Pfalz (Hrsg.): Integrative Flüchtlingsarbeit vor Ort. Vernetzung, Selbstorganisation, gesellschaftliche und politische Teilhabe. Dokumentation der Veranstaltungen am 31. Oktober 2015 in Grünstadt. Mainz, S. 4 ff. – Im Rahmen des Projektes Wege in eine demokratische Vielfalt – Qualifizierung und Empowerment für Migrantenorganisationen in Rheinland-Pfalz, Online: http://agarp.de/html/0003_projekte/0003_projekte_demokratische_Vielfalt.html (Dezember 2015).

UNHCR 2016: Zahlen und Statistiken, Online: http://www.unhcr.de/service/zahlen-und-statistiken.html (Juni 2015).

Weiss, Karin 2012: Junge Flüchtlinge ohne sicheren Aufenthaltsstatus: Eine vernachlässigte Gruppe in der Engagementförderung – Hintergründe und Handlungsbedarf: In: Stiftung Mitarbeit (Hrsg.): Gesellschaftliche Teilhabe und Selbstorganisation von jungen Flüchtlingen durch freiwilliges Engagement fördern. Dokumentation der Fachtagung am 25. und 26. November 2011 in Köln. Bonn, Abdruck der Powerpointpräsentation, S. 6 ff.

Sebastian Beck
Migrantenmilieus als Schlüssel zur Stadtgesellschaft von morgen

1. Vorbemerkung

Der Kristallisationspunkt von Migration und ethnischer Vielfalt liegt in den Städten. Im Durchschnitt verfügt in Deutschland jeder Fünfte über einen Migrationshintergrund – in den Städten sind es mit bis zu 40 Prozent deutlich mehr. Auf kleinräumiger Ebene wie Stadtteilen und Straßenzügen finden sich in bestimmten Städten wie Frankfurt/M.oder Berlin auch Anteile von über 50 Prozent. Mit Blick auf Schulpopulationen ist die ethnische Segregation teils noch ausgeprägter – in bestimmten Fällen liegt der Anteil der Kinder bzw. Jugendlichen mit Migrationshintergrund bei über 80 oder 90 Prozent. Und in den bundesdeutschen Städten werden in Zukunft perspektivisch sogar noch mehr Migrant_innen leben als bisher. Diese Prognose wird in Studien durchgängig konstatiert. Die aktuelle Flüchtlingsthematik beleuchtet dabei erneut die Aktualität von Migration für die gesellschaftliche Entwicklung in Deutschland – die überwiegende Mehrheit der Geflüchteten äußert deutliche Bleibeabsichten.

Wer die Zukunft der Stadt verstehen will, muss insbesondere auch die Migrant_innen verstehen. Sie werden die Stadtgesellschaft von morgen maßgeblich verändern. Wenn wir diese Zukunft gemeinsam mit den Migrant_innen gestalten und sie nicht nur als Gäste begreifen wollen, die sich an die Werte der Mehrheitskultur anpassen sollen, dann ist es der erste Schritt, zu fragen: Wer sind die in Deutschland wohnenden Personen mit Migrationshintergrund genau? Wie können wir ihre Lebenswelten, die Milieus der Migrant_innen, verstehen? Wie können wir Wohnen und Stadtentwicklung gemeinsam mit ihnen gestalten? In diese Richtung zielt die Studie „Migranten-Milieus", an der sich der vhw Bundesverband für Wohnen und Stadtentwicklung in den Jahren 2007 und 2008 beteiligt hat.

Die Perspektive der Migrantenmilieus auf die Population der in Deutschland lebenden Bevölkerung mit Migrationshintergrund treibt den vhw weiterhin um. Wie haben sich die migrantischen Lebenswelten bis heute entwickelt? In welcher Wechselbeziehung stehen die Lebenswelten der unterschiedlichen Migrationsgenerationen zueinander, insbesondere auch mit Blick auf die aktuelle Situation der

Geflüchteten? Ein entsprechendes „Update" der Studie „Migranten-Milieus" ist nicht nur in Planung, sondern wird auch in den nächsten Monaten erscheinen.

2. Milieus neben Ethnie sehr relevant

Der wichtigste Befund der Studie lautet: Migrant_innen unterscheiden sich nach Milieus. Es ist die Mentalität, die Milieuzugehörigkeit, an der sich die alltäglichen Muster der Lebensführung dieser Personengruppe orientieren, und nicht die Zugehörigkeit zu einer ethnischen Herkunftskultur. Im Ergebnis zeigt die Studie acht Migrantenmilieus, die sich vier Milieusegmenten zuordnen lassen. Diese Segmentierung ist Ausdruck der spezifischen soziokulturellen Situation von Migrant_innen und verläuft zwischen gefühlter kultureller Zugehörigkeit, zwischen Herkunfts- und Aufnahmekultur und Statusperspektive. Fühlen sich die traditionsverwurzelten Milieus auf bescheidenem Statusniveau noch stärker ihrer Herkunftskultur verbunden, lassen etwa die bürgerlichen Milieus mit deutlich besserer Statusperspektive deutlich ausgeprägter Affinitäten in Richtung Mehrheitsgesellschaft erkennen. Die vier Milieusegmente und die acht Migrantenmilieus im Einzelnen:

- Die bürgerlichen Migrantenmilieus (28 Prozent) setzten sich aus dem adaptiven bürgerlichen Milieu (16 Prozent) und dem statusorientierten Milieu (12 Prozent) zusammen. Diese Milieus eint ihre gemeinsame Orientierung am bürgerlichen Mainstream der Mehrheitsbevölkerung.
- Die traditionsverwurzelten Migrantenmilieus (23 Prozent) setzten sich aus dem religiös-verwurzelten Milieu (7 Prozent) und dem traditionellen Arbeitermilieu (16 Prozent) zusammen. Diese Milieus eint eine immer noch deutlich erkennbare Verbundenheit mit den traditionellen Werten der Herkunftskultur.
- Die ambitionierten Migrantenmilieus (24 Prozent) setzten sich aus dem multikulturellen Performermilieu (13 Prozent) und dem intellektuell-kosmopolitischen Milieu (11 Prozent) zusammen. Diese Milieus eint eine sehr progressive, moderne Grundhaltung, die sie mit einer doppelten kulturellen Orientierung als Angehörige von Herkunfts- und Aufnahmekultur verbinden.
- Die prekären Migrantenmilieus (24 Prozent) setzten sich aus dem entwurzelten Milieu (9 Prozent) und dem hedonistisch-subkulturellen Milieu (15 Prozent) zusammen. Diese vor allem auch von jüngeren Jahrgängen geprägten Milieus sind von starken Integrationsproblemen im Bildungs- und Arbeitssektor gekennzeichnet. Integrationsproblemen treten sie mit kulturellen Orientierungen jenseits des Mainstreams der Mehrheitsgesellschaft entgegen, wie etwa mit Subkulturen oder mit Rückbesinnungen auf die eigene Herkunftskultur.

Migrantenmilieus als Schlüssel zur Stadtgesellschaft von morgen 47

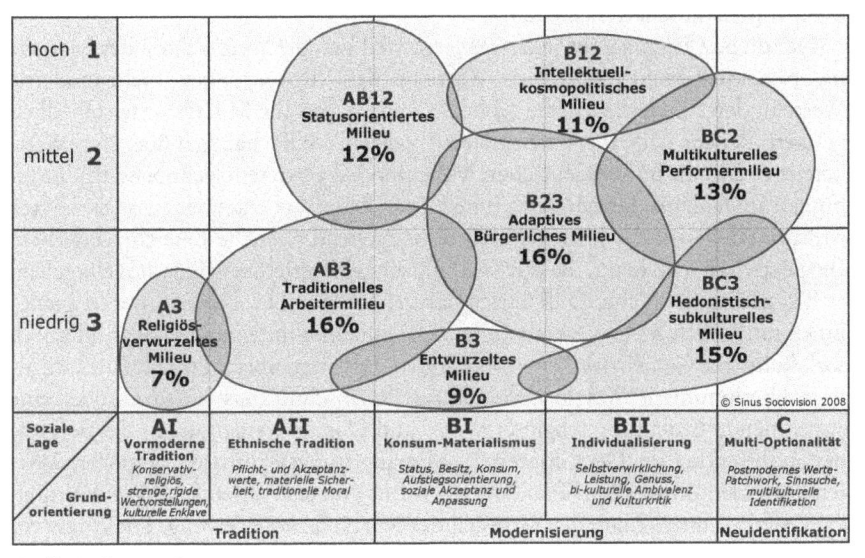

Grafik 1: Die Migrantenmilieus in Deutschland nach Segmenten

Soziale Lage / Grundorientierung	AI Vormoderne Tradition Konservativ-religiös, strenge,rigide Wertvorstellungen, kulturelle Enklave	AII Ethnische Tradition Pflicht- und Akzeptanz-werte, materielle Sicher-heit, traditionelle Moral	BI Konsum-Materialismus Status, Besitz, Konsum, Aufstiegsorientierung, soziale Akzeptanz und Anpassung	BII Individualisierung Selbstverwirklichung, Leistung, Genuss, bi-kulturelle Ambivalenz und Kulturkritik	C Multi-Optionalität Postmodernes Werte-Patchwork, Sinnsuche, multikulturelle Identifikation
	Tradition		Modernisierung		Neuidentifikation

hoch 1 — mittel 2 — niedrig 3

- AB12 Statusorientiertes Milieu 12%
- B12 Intellektuell-kosmopolitisches Milieu 11%
- BC2 Multikulturelles Performermilieu 13%
- B23 Adaptives Bürgerliches Milieu 16%
- AB3 Traditionelles Arbeitermilieu 16%
- BC3 Hedonistisch-subkulturelles Milieu 15%
- A3 Religiös-verwurzeltes Milieu 7%
- B3 Entwurzeltes Milieu 9%

© Sinus Sociovision 2008

Quelle: Beck 2009, S. 27.

Warum überhaupt wird für Migrant_innen ein eigenes Milieumodell entwickelt? Warum sind sie nicht in dem bundesdeutschen Milieumodell integriert, mit dem der vhw bereits seit mehreren Jahren arbeitet? Mitunter, weil das bundesdeutsche Milieumodell nur die deutschsprachige Bevölkerung umfasst. Bei der Studie „Migranten-Milieus" wurde mit muttersprachlichen Interviewern in sieben weiteren Sprachen gearbeitet. Vor allem aber sind die Migrantenmilieus ein erster Schritt, um ein Verstehen der besonderen Lebenswelten von Migrant_innen zu ermöglichen: Lebenswelten in mehreren Kulturen, in Herkunftskultur wie auch in der Aufnahmekultur. Die Ergebnisse der Studie belegen, dass die einzelnen Migrantenmilieus ganz eigene lebensweltliche Logiken beschreiben, die das bisherige bundesdeutsche Milieumodell so nicht wiedergeben kann. Man kann nicht sagen: Je länger jemand in Deutschland lebt, desto „deutscher" wird er auch. Man kann aber prognostizieren: Je mehr und je länger Migrant_innen in Deutschland leben, desto vielfältiger werden die Lebenswelten der Stadtgesellschaft.

Der endgültige Einfluss der Lebenswelten der Migrant_innen auf den Alltag der Mehrheitsgesellschaft bleibt noch zu beobachten. Dabei gilt es festzuhalten: Migrantenmilieus und das bundesdeutsche Milieumodell verfügen über deutliche Deckungsbereiche. Diese lassen sich verdeutlichen, wenn man die Migrantenmilieus in Relation zu den Milieus der Mehrheitsgesellschaft stellt. Über eine einfache Kreuztabellierung lassen sich Verwandtschaften zwischen den beiden Milieumodellen aufzeigen. So lassen sich die beiden Milieumodelle in einer gemeinsamen Milieulandschaft darstellen:

Der direkte Vergleich ist leicht verzerrt, weil sich die Werteachsen der Modelle unterscheiden: Mehr traditionelle Werte bei den Migrant_innen, mehr moderne Werte in den bundesdeutschen Milieus. Zudem sind die Milieus unterschiedlich gelagert: Bei den Migrant_innen erstreckt sich ein Milieu häufiger über zwei Wertbereiche. Das im bundesdeutschen Milieumodell vertretene gehobene Bildungsbürgertum fehlt bei den Migrant_innen. Man kann aber erkennen, dass die beiden Milieumodelle auf der Milieulandkarte weitgehend ähnliche Bereiche abdecken. Perspektivisch wird es um die Entwicklung eines integrierten Milieumodells gehen.

Trotz lebensweltlicher Differenzen haben Mehrheitsbevölkerung und Migrant_innen tatsächlich mehr Verbindendes als Trennendes miteinander. Sie sind durch soziokulturelle Gemeinsamkeiten verbunden. Debatten über kulturelle Rückschritte in überkommene Wertmodelle, ethnische Abschottungstendenzen oder eine zunehmende Bedeutung religiöser Werte und Dogma werden durch die Befunde der Studie entkräftet. Der Großteil der Migrant_innen ist mit den westlichen Werten hoch identifiziert. Anti-Fundamentalismus und eine Orientierung an kultureller Vielfalt kennzeichnen den Großteil der Migrantenbevölkerung. Die Angst vor der kulturellen Unterwanderung und einer Orientierung am Leben in der ethnischen Enklave geht an der lebensweltlichen Realität des Großteils der Migrant_innen deutlich vorbei. Auch und gerade „typisch deutschen" Werten wie Pflicht und Akzeptanz oder auch Leistungsorientierung wird in hohem Maße zugestimmt.

Grafik 2: Die Wertewelten der Migrantenmilieus

Kategorie	Zustimmung
Pflicht und Akzeptanz	74%
Anti-Fundamentalismus	72%
Leistungsethos	68%
Vielfalt	62%
Autoritarismus	58%
Assimilation	55%
Materialismus	49%
Entfremdung	32%

Zustimmung zu den Leit-Items der Einstellungsfaktoren (Top-2-Boxes)

Quelle: Beck 2009, S. 24.

Die Mehrheit der Migrant_innen fühlt sich zudem in Deutschland zu Hause. 82 Prozent der Migrant_innen fühlen sich mit Deutschland verbunden. 87 Prozent sind mit der Entscheidung zufrieden, nach Deutschland gekommen zu sein. 61 Prozent zählen einheimische Deutsche zu ihrem engeren Bekanntenkreis. Besonders stark ausgeprägt sind diese Werte bei den bürgerlichen und ambitionierten Milieus. So fühlen sich etwa 94 Prozent der adaptiv-bürgerlichen Deutschland verbunden und 82 Prozent der multikulturellen Performer haben einheimische Deutsche in ihrem engeren Bekanntenkreis.

3. Engagement als erfolgreicher Integrationspfad

Bei der lokalen Beteiligung, dem lokalen Engagement, lässt sich zunächst festhalten, dass dies kein Bereich ethnischer Abschottungen ist. Der Großteil des lokalen Engagements findet im Bereich des *Bridging* von Sozialkapital statt, also über die ethnischen Grenzen hinaus; das gilt für alle Milieus. Eine ethnische Abschottung beim lokalen Engagement von Migrant_innen lässt sich nach den Befunden der Studie nicht konstatieren. Entsprechende Ängste sind unbegründet. Selbst in den traditionellen Migrantenmilieus findet der Großteil des Engagements über die Grenzen der eigenen ethnischen Herkunft hinaus statt. Die lokale Partizipation von Migrant_innen ist ein ausgewiesenes Instrument zur Förderung von interkulturellen Kontakten.

Zudem gibt es einen Zusammenhang zwischen lokalem Engagement und integrativen bzw. zivilen Werteinstellungen. Wer sich engagiert, stimmt auch Einstellungsdimensionen wie Leistungsethos, Vielfalt oder Assimilation stärker zu. Dieser Effekt ist sogar umso stärker, wenn das lokale Engagement auch im Miteinander mit Einheimischen geschieht, was für den Großteil des lokalen Engagements von Migrant_innen ja auch zutreffend ist.

Die Studie zeigt: Unter den Migrant_innen findet sich auch eine neue Elite. Im Segment der ambitionierten Milieus stehen das intellektuell-kosmopolitische Milieu und das multikulturelle Performermilieu für eine erfolgreiche, selbstbewusste Fraktion. Mit 24 Prozent handelt es sich hier zudem um eine statistisch gewichtige Gruppe. Auf den ersten Blick fallen sie in der Alltagswahrnehmung gar nicht als Migrant_innen auf, ähneln sie doch in vielerlei Hinsicht den kulturellen und ökonomischen Eliten der Mehrheitsgesellschaft. Die neue Elite der Migrant_innen orientiert sich an Werten wie Aufklärung, Toleranz und Nachhaltigkeit und hat das Potenzial, zu wichtigen Leitgruppen in der Gesellschaft des 21. Jahrhunderts zu werden. Aber sie verfügt auch über ein bi-kulturelles Selbstverständnis: Die kulturelle Verbundenheit gilt der Herkunfts- wie der Aufnahmekultur gleichermaßen; einige begreifen sich sogar als „Weltbürger" ohne nationalstaatliche Festlegungen. Die neue Elite fühlt sich in Deutschland zu Hause. Das bietet die Chance, diese Gruppe als integratives Bindeglied zu verstehen, das auch solchen Migrant_innen ein Gefühl von Heimat vermitteln kann, die sich bislang noch nicht entsprechend erfolgreich in der Mehrheitsgesellschaft etablieren konnten.

Die Migrantenelite verfügt über kulturelle, ökonomische und partizipative Ressourcen, die sie heute schon erfolgreich nutzt. Intelligente Integrationskonzepte dürfen daher nicht nur solche Migrant_innen fokussieren, die aktuell Integrationsprobleme aufweisen. Intelligente Integrationskonzepte müssen im Tandem mit dieser Migrantenelite zusammenarbeiten. Der Anteil derer, die sich bewusst von der deutschen Kultur abwenden und die aktiv versuchen, sich in ethnischen Enklaven abzuschotten, ist vergleichsweise gering. Er konzentriert sich im Wesentlichen auf lediglich eines – und zudem das vermutlich kleinste – der acht Milieus, die in der Studie beschrieben werden: auf das religiös-verwurzelte Milieu.

4. Die Debatte um gewollte und ungewollte Segregation geht an den Lebenswelten der Migrantinnen und Migranten vorbei

Die Debatte um die Segregation von Migrant_innen dreht sich in erster Linie um die Frage nach gewollter und ungewollter Segregation. An der Lebenswelt der Migrant_innen geht diese Debatte allerdings tendenziell vorbei. 52 Prozent leben in mehrheitlich deutschen Nachbarschaften. 32 Prozent in mehrheitlich nicht deutschen Nachbarschaften. Mit dieser Situation ist die Mehrheit aller Migrant_innen mit über 50 Prozent bis zu über 80 Prozent auch zufrieden. Jedem Fünften ist die Frage ohnehin egal. Nur eine Minderheit präferiert eine andere ethnische Nachbarschaftsstruktur. Ohnehin: Bei der Wohnungswahl und den Umzugsmotiven rangiert die Frage nach der ethnischen Struktur des Wohnumfeldes auf weit abgeschlagenen Plätzen.

Diejenigen Milieus, die in mehrheitlich ethnisch geprägten Nachbarschaften wohnen, wohnen dort in weiten Teilen auch auf Basis entsprechender Präferenzen. Die Frage nach der ethnischen Struktur des Wohnumfeldes ist bei der Frage der Integration von Migrant_innen weniger kontrovers als oftmals diskutiert. Tatsächlich: Die Behinderung oder Beförderung der residenziellen Segregation ist nicht das Mittel der Wahl der Integrationspolitik. Hier sind Bildungs- und Engagementpolitik die wahren Treiber.

Festhalten lässt sich, dass Migrant_innen in mehrheitlich nicht deutschen Nachbarschaften eine höhere Präferenz für solche ethnischen Wohnumfelder zeigen. Je homogener das Umfeld, desto höher auch die entsprechende Präferenz.

Heterogene Nachbarschaften gehen mit entsprechend erhöhter Präferenz für gemischt ethnische Wohnumfelder einher.

5. Wohnen steht bei Migrantinnen und Migranten in einem anderen Kontext

Die Wohnsituation der Migrant_innen unterscheidet sich nachweislich von der Mehrheitsbevölkerung. Sie wohnen unter vergleichsweise schlechteren Bedingungen. Was sind die Gründe? Die Studie kommt zu dem Befund, dass dies vor allem daran liegt, dass Migrant_innen dem Wohnen eine geringere Bedeutung beimessen als die bei der Mehrheitsbevölkerung der Fall ist. Die qualitative Unterversorgung, die wir auf dem Wohnungsmarkt für Migrant_innen feststellen können, ist weniger ein einfaches Resultat aktiver Diskriminierung. Migrant_innen messen diesem Konsumbereich auch einfach eine geringere Rolle bei.

Migrant_innen leben in kleineren Wohnungen, öfter im Geschossbau und öfter in der Innenstadt. Die Wohnqualität wird zudem von 22 Prozent als einfach oder sanierungsbedürftig beschrieben. Einige, wenn auch mit unter 10 Prozent nur wenige, äußern offen, dass sie sich am Wohnungsmarkt durch ihre ethnische Herkunft diskriminiert fühlen. Migrant_innen wohnen unter vergleichsweise schlechteren Bedingungen. Aber: Sie messen dem Wohnen auch einen anderen Stellenwert bei. Im Vergleich mit der Mehrheitsbevölkerung ist das Wohnen für sie von geringerer Bedeutung.

Für die statusschwachen Milieus ist der Zugang zum Wohnungsmarkt allerdings nachweislich mit ganz eigenen Hürden versehen. Sie empfinden den Wohnungsmarkt deutlich mehr als andere als intransparent. Bei der Wohnungssuche werden zudem die informellen Zugangswege stärker genutzt. Dies verstärkt sicherlich die „Abdrängung nach unten" am Markt. Auch die ethnische Diskriminierung wird mehr als doppelt so oft häufig erlebt als in den anderen Migrantenmilieus.

6. Resümee

Der vhw-Bundesverband für Wohnen und Stadtentwicklung hat mit der Studie „Migranten-Milieus" einen Kompass für die Stadtgesellschaft erarbeitet. Mit Blick auf die Integrationsdebatte zielt sie auf ein doppeltes Umdenken: auf das Umlenken des Blicks von den Defiziten auf die Integrationspotenziale der Migrant_innen und auf die lebensweltliche Betrachtung von Migrant_innen nach Milieus, anstatt sie nach Ethnien auseinanderzudividieren. Dieser Perspektivwechsel bedeutet, zur Kenntnis zu nehmen, dass Migrant_innen unseren westlichen Grundwerten in deutlichem Maße zustimmen, dass sie sogar leistungsbereiter sind als die Mehrheitsgesellschaft, und dass wenn überhaupt nur eine Minderheit dem Klischee der ethnischen Enklave entspricht.

Hören wir auf, über negative und verzerrte Migrationsklischees zu sprechen. Beginnen wir Migrant_innen als Ressource der Stadtgesellschaft zu begreifen.

Literatur

Beck, Sebastian 2009: Migranten-Milieus. Ein Kompass für die Stadtgesellschaft, vhw-Schriftenreihe 1. Berlin.

Katrin Hirseland

Engagement- und Integrationsförderung
Die wachsende Rolle von Migrantenorganisationen

1. Migrantenorganisationen in der Integrationsförderung: Entwicklungen der vergangenen Jahre

Integrations- und Engagementförderung sind in Deutschland traditionell Bereiche, die stark durch zivilgesellschaftliche Organisationen geprägt sind. In den zurückliegenden Jahren haben sich dabei auch Migrantenorganisationen zu wichtigen Akteuren entwickelt. Zwischen ihnen und anderen Organisationen sind Kooperationen als gleichberechtigte Partner entstanden. Viele werden heute als strategisch-konzeptionelle Partner und als Träger von Angeboten nachgefragt – von anderen zivilgesellschaftlichen Akteuren ebenso wie von Bund, Ländern und Kommunen.

Hierzu beigetragen hat auch eine Veränderung im Selbstverständnis vieler Migrantenorganisationen und ihrem gewachsenen Anspruch, die Lebensbedingungen und Partizipationsmöglichkeiten von Migrant_innen in Deutschland zu verbessern und die Gesellschaft als ganze aktiv mitzugestalten. Eine wachsende Zahl öffnet sich mittlerweile im Sinne eines gesellschaftspolitischen, kulturenübergreifenden Selbstverständnisses auch für Menschen außerhalb ihrer ursprünglichen Zielgruppe.

Parallel zu dieser Entwicklung steigen die Erwartungen an Migrantenorganisationen: von Seiten ihrer Mitglieder mit Blick auf ihre Funktion als Dienstleister und Interessenvertreter einerseits, von anderen Akteuren in Bezug auf ihre Rolle als kompetente, langfristige und professionelle Kooperationspartner andererseits. Für Migrantenorganisationen, die vielfach ehrenamtlich organisiert sind, liegen darin neue Partizipationschancen, aber auch Herausforderungen: Sie benötigen die Voraussetzungen, um kontinuierliche Kooperationspartner etablierter (hauptamtlicher) Akteure der Integrationsförderung zu sein, dauerhaft in Netzwerken und Gremien mitzuarbeiten und ein wachsendes Tableau an Angeboten für ihre Mitglieder und ggf. auch darüber hinausgehende Zielgruppen aufzubauen. Ein Teil der insbesondere überregional tätigen Organisationen hat die hierfür erforderlichen Strukturen und das Know-how in den vergangenen Jahren auf- bzw. ausgebaut. Für viele der lokal engagierten Organisationen gilt dies jedoch noch nicht in gleichem Maße.

Unterschiedliche Förderansätze versuchen daher den Strukturaufbau und die Professionalisierung von Migrantenorganisationen zu fördern und sie als Kooperationspartner zu stärken. Für das Bundesamt für Migration und Flüchtlinge (BAMF) ist die Stärkung von Migrantenorganisationen bereits seit mehreren Jahren ein zentraler Arbeitsschwerpunkt der Förderung der Integration und des gesellschaftlichen Zusammenhalts.

2. Förderinitiativen zur Stärkung von Migrantenorganisationen

Ausgangspunkt für eine verstärkte Förderung von Migrantenorganisationen durch das BAMF waren die Arbeiten am sogenannten „Bundesweiten Integrationsprogramm", ein Auftrag aus § 45 des Aufenthaltsgesetzes, das unter Federführung des BAMF entwickelt und 2010 veröffentlicht wurde (BAMF 2010). Gemeinsam mit Vertreter_innen von Migrantenorganisationen wurden hierbei Empfehlungen zur Stärkung der Kompetenzen und Ressourcen integrativ arbeitender Migrantenorganisationen sowie zu ihrer systematischen Einbeziehung in die Integrationsförderung entwickelt (für eine Zusammenfassung der Empfehlungen vgl. Hirseland 2011).

Das BAMF hat – aufbauend auf den Empfehlungen des Bundesweiten Integrationsprogramms – die eigene Förderpraxis verändert und viele der Empfehlungen im eigenen Zuständigkeitsbereich umgesetzt:

- Migrantenorganisationen wurden in der Projekt-Förderrichtlinie des BAMF explizit als Projektträger aufgenommen und andere Antragsteller zur Kooperation mit ihnen aufgefordert.
- Kooperationsprojekte von Migrantenorganisationen mit anderen Trägern, die dem Empowerment und dem Kapazitätsaufbau der Migrantenorganisationen dienten, wurden über drei Jahre als Modellvorhaben mit einer wissenschaftlichen Begleitung gefördert und im Anschluss in die reguläre Projektförderung des BAMF aufgenommen.
- Die Beratung und Information von Migrantenorganisationen wurde u. a. durch gezielte Fachveranstaltungen und Veröffentlichungen intensiviert.
- Um die Vereine bei ihrer Professionalisierung zu unterstützen und die Arbeit der Ehrenamtlichen in den Vereinen zu stärken, fördert das BAMF Multiplikatorenschulungen zur Qualifizierung der ehrenamtlichen Arbeit von Migrantenorganisationen (dieses Angebot steht auch anderen ehrenamtlichen Organisationen offen).

Im Zusammenspiel dieser Förderansätze konnte der Anteil der vom BAMF geförderten Integrationsprojekte, die von oder in Kooperation mit Migrantenorganisationen durchgeführt werden, in den zurückliegenden Jahren deutlich gesteigert werden.

2.1 Strukturförderung für Migrantenorganisationen

Die ersten Erfahrungen des BAMF mit der Zusammenarbeit und Förderung von Migrantenorganisationen haben gezeigt, dass es wichtig und notwendig ist, ihre Professionalisierung zu unterstützen um sicherzustellen, dass staatliche und zivilgesellschaftliche Akteure langfristig kompetente Ansprechpartner aufseiten der Migrant_innen und ihrer Organisationen finden. Vor diesem Hintergrund hat das BAMF – in Abstimmung mit dem Bundesministerium des Innern – im Jahr 2013 ein Förderprogramm initiiert, das erstmalig über eine Strukturförderung die Rolle von bundesweit tätigen Migrantenorganisationen stärken sollte. Hiermit waren insbesondere folgende Ziele und Erwartungen verbunden:
- die Organisationen sollten beim Auf- und Ausbau tragfähiger Strukturen (Dach- bzw. Bundesverbandstrukturen) und Netzwerke unterstützt werden;
- sie sollten durch die finanzielle Förderung hauptamtlichen Personals in die Lage versetzt werden, verstärkt selbstständig Mittel für die operative Arbeit zu gewinnen;
- die Zusammenarbeit zwischen ihnen und anderen staatlichen und nicht staatlichen Akteuren der Integrationsarbeit auf Bundesebene sollte gefördert und damit auch langfristige Partner für die Integrationsarbeit des Bundes gewonnen werden;
- die Zielgruppen der Integrationsmaßnahmen des Bundes sollten noch besser erreicht werden.

65 Migrantenorganisationen haben sich im Frühjahr 2013 auf die Ausschreibung für eine strukturelle Förderung beworben. Neben formellen Kriterien (Bundes- oder Dachverband, Mitgliederstrukturen in mindestens fünf Bundesländern) wurden die Organisationen insbesondere bewertet nach Größe und Bedeutung, Zielgruppe und Mitgliederstruktur, integrativem Engagement, Notwendigkeit des Förderbedarfs sowie inhaltliche Ausrichtung der beantragten Förderung. Aus dem Auswahlverfahren sind diejenigen Organisationen hervorgegangen, deren Strukturaufbau über drei Jahre bis Herbst 2016 gefördert wurde. Das Förderprogramm wurde fachlich begleitet durch das Institut für Entwicklungsplanung und Strukturforschung an der Universität Hannover in Zusammenarbeit mit der Arbeitsgemeinschaft Migrantinnen, Migranten und Flüchtlinge in Niedersachsen.

> **Strukturförderung für Migrantenorganisationen: 2013-2016 geförderte Organisationen**
>
> Bund der Spanischen Elternvereine in Deutschland e. V. – Confederación
>
> Bundesarbeitsgemeinschaft der Immigrantenverbände in der Bundesrepublik Deutschland e. V.
>
> BundesArbeitsgemeinschaft MigrantInnenNetzwerke Deutschland
>
> Bundesverband Russischsprachiger Eltern e. V.
>
> Föderation der Türkischen Elternvereine in Deutschland e. V.
>
> Kroatischer Weltkongress in Deutschland e. V.
>
> Türkische Gemeinde in Deutschland e. V.
>
> Verband Griechischer Gemeinden in der Bundesrepublik Deutschland e. V.
>
> Zentralrat der Assyrischen Vereinigungen in Deutschland und Europäischen Sektionen e. V.

Umfassende Analysen der Wirkung der Strukturförderung werden nach Abschluss der Förderphase vorliegen. Bereits jetzt lassen sich jedoch erste Erkenntnisse festhalten, die die Arbeit nach innen ebenso wie nach außen betreffen: Mit der strukturellen Förderung geht grundsätzlich eine Professionalisierung der Arbeit der Organisationen einher. Durch das hauptamtliche Personal ist es ihnen möglich, sich in ihrer Arbeit auf spezifische Themenfelder zu konzentrieren und die Gremienarbeit und ihre Präsenz bei öffentlichen Veranstaltungen zu stärken. Nach innen können die Verbandsstrukturen gefestigt und ausgebaut werden, um stärker in der Fläche agieren und mehr Menschen erreichen zu können, verbessert wurde im Rahmen der Förderung auch der mediale Auftritt der Organisationen. Entstanden sind durch die Förderung auch neue Dachverbände und Netzwerke wie etwa der Bundesverband Netzwerke von Migrantenorganisationen e. V. (NEMO), der als bundesweiter Verband kultur- und zielgruppenübergreifender lokaler Verbünde und lokaler Dachverbände von Migrantenorganisationen seinen Mitgliedern als Plattform zum Austausch und zur Vernetzung dient.

Um die Nachhaltigkeit des Strukturaufbaus langfristig sicherzustellen, wurden den beteiligten Migrantenorganisationen auch Strategien vermittelt, ihre gestärkten Organisationsstrukturen eigenständig zu sichern und fortzuführen. Um dies zu unterstützten, wird den geförderten Verbänden, die entsprechende Ansätze für

Engagement- und Integrationsförderung 57

Nachhaltigkeit entwickelt haben, nach Ende der ersten Projektlaufzeit die Möglichkeit gegeben, sich um eine erneute, zweijährige Strukturförderung zu bewerben.

3. Aktuelle Förder- und Entwicklungsperspektiven

Parallel zum oben skizzierten Programm zur Strukturförderung von Dachorganisationen hat das BAMF seine Förderinitiative für Migrantenorganisationen weiterentwickelt und verstetigt. Wichtig ist dem BAMF dabei die kontinuierliche Einbeziehung von Migrantenorganisationen, denn sie kennen ihre Bedarfe selbst am besten. Zuletzt haben sich diese z. B. durch die Zuwanderung von Menschen aus dem süd- und osteuropäischen Raum einerseits und die stark gestiegenen Zahlen von Asylsuchenden andererseits deutlich geändert.

Gegenwärtig setzt die Projektförderung des BAMF einen Schwerpunkt auf die Umsetzung von Lotsen- und Mentoren- bzw. Begegnungsprojekten sowie auf Angebote für geflüchtete Menschen. In diesen Themenbereichen können auch viele Migrantenorganisationen als Träger gefördert werden.

Das Programm zur Strukturförderung wird in einer zweiten Phase neu ausgeschrieben und sich insbesondere an Organisationen richten, die in der Arbeit mit Geflüchteten aktiv sind. Der Ansatz der Strukturförderung wird zudem durch eine besondere Förderinitiative auf die lokale Ebene bezogen: Aufbauend auf einer Projektidee des Forums der Kulturen Stuttgart fördert das Bundesamt gegenwärtig bundesweit 14 sogenannte „Houses of Ressources". Diese Maßnahme richtet sich an lokal bzw. regional verankerte größere Träger, die gut vernetzt sind und kleinere Organisationen vor Ort beraten und unterstützen, die über weniger weit aufgebaute Strukturen verfügen. Sie stellen dabei etwa kleinere Beträge für Veranstaltungen bereit, koordinieren Angebote, bieten Fortbildungen an oder stellen Räumlichkeiten zur Verfügung und tragen damit zum Strukturaufbau von Migrantenorganisationen (und anderen ehrenamtlich tätigen Vereinen) auf lokaler Ebene bei (vgl. BAMF 2016).

4. Migrantenorganisationen in der Arbeit mit geflüchteten Menschen

Als Menschen mit unsicherem Aufenthaltsstatus waren Asylsuchende lange Zeit keine Zielgruppe der staatlich finanzierten Integrationsförderung. Dies hat sich in den vergangenen Jahren schrittweise verändert. Zu nennen sind hier beispielsweise Regelungen zum frühzeitigen Arbeitsmarktzugang bereits nach drei Monaten oder der Zugang zum Integrationskurs für Asylsuchende mit guter Bleibeperspektive.

Knapp 900.000 Menschen sind im Jahr 2015 als Asylsuchende nach Deutschland gekommen. Unter den vielen Vereinen, die das Ankommen und die Erstintegration der Asylsuchenden mit einer großen Vielfalt von ehrenamtlichen Initiativen unterstützt haben und weiter unterstützen, sind auch Migrantenorganisationen. Mit dem Wissen und den Erfahrungen, die viele ihrer Mitglieder bei der eigenen Integration gemacht haben, aber natürlich auch mit ihrer Mehrsprachigkeit, können Migrantenorganisationen wichtige Akteure in der Arbeit mit geflüchteten Menschen vor Ort sein. Wie auch vielen anderen (ehrenamtlichen) Initiativen, die sich seit Herbst 2015 neu für geflüchtete Menschen engagieren, fehlt ihnen jedoch häufig das erforderliche Wissen über das Asylrecht und das Asylverfahren.

Neben Informationen zum Thema, die z. B. das BAMF aber auch die Flüchtlingsräte bereitstellen, versuchen aktuell auch Dachverbände und Netzwerke von Migrantenorganisationen, lokale Vereine hierbei zu unterstützen. So haben beispielsweise die im Rahmen der Strukturförderung des BAMF geförderten Dachverbände im April 2016 einen gemeinsamen Vorschlag veröffentlicht, der die Rolle von Migrantendachorganisationen im Zusammenhang mit der Flüchtlingszuwanderung beschreibt, für ein bundesweites Bündnis wirbt und konkrete Vorschläge für das Engagement von Migrantenorganisationen unterbreitet (abrufbar auf den jeweiligen Internetseiten der Verbände, z. B. unter http://bagiv.de/pdf/160429-Anschreiben-neue-Rolle-der-Migrantendachorganisationen_FINAL.pdf). An sich selbst stellen die Dachverbände dabei den Anspruch, ihre Mitglieder für die Arbeit mit geflüchteten Menschen zu sensibilisieren und qualifizieren. Konkret setzt dies z. B. der Dachverband NEMO um, der ein bundesweites Projekt zur Stärkung der Ehrenamtlichen in der Arbeit mit Geflüchteten gestartet hat, das in 30 Städten aktiv ist (NEMO 2016).

4.1 Aktivitäten und Förderangebote des BAMF zur Integration von geflüchteten Menschen

Auch in der Arbeit des BAMF gibt es zunehmend Überschneidungen zwischen den Bereichen Asyl und Integration. So hat sich das BAMF z. B. an der Umsetzung des Modellprojekts „Jeder Mensch hat Potenzial – frühzeitige Arbeitsmarktintegration von Asylsuchenden" beteiligt. Das Modellprojekt unter Federführung der Bundesagentur für Arbeit zielte darauf ab, die Potenziale von Asylsuchenden für Arbeitsmarkt und Gesellschaft stärker zu berücksichtigen und hierzu die Wege für einen frühzeitigen Zugang zum Arbeitsmarkt zu verbessern.

Auch die Fördermaßnahmen des BAMF nehmen verstärkt geflüchtete Menschen als Zielgruppe in den Blick. So adressiert die Projektförderung des BAMF vermehrt die Zielgruppe geflüchteter Menschen, etwa durch die Förderung von Projekten, die die Erstorientierung und das Ankommen in der Kommune unterstützen oder durch Begegnungsprojekte mit jungen Flüchtlingen. Die bereits erfolgreich für Migrantenorganisationen geförderten Multiplikatorenschulungen wurden um das Thema Arbeit mit geflüchteten Menschen erweitert. Um die Erstorientierung von Asylbewerber_innen zu unterstützen, fördert das BAMF zudem modellhaft bundesweit entsprechende Erstorientierungskurse. Unterstützt werden auch Schulungsmaßnahmen für Ehrenamtliche, die als Sprachbegleiter_innen Asylsuchende erste Kenntnisse der deutschen Sprache vermitteln.

An all diesen Förderangeboten können Migrantenorganisationen teilhaben, vorausgesetzt sie erfüllen die jeweiligen Trägerkriterien. Hier schließt sich der Kreis, denn es ist – wie oben beschrieben – ein zentrales Ziel der Förderstrategie des BAMF, die Zahl der Migrantenorganisationen zu erhöhen, die über die Ressourcen, Strukturen und Kompetenzen verfügen, um als Träger von Integrationsmaßnahmen tätig zu sein.

Aus den Gesprächen mit vielen Vereinen und Organisationen wurde deutlich: Es besteht nicht allein Bedarf an Fördermaßnahmen, sondern auch an Wissenstransfer und Vernetzung, denn das große Engagement vor Ort findet oft isoliert und nicht in bestehenden Engagementstrukturen statt. Viele Lernerfahrungen, die z. B. Migrantenorganisationen bereits gemacht haben, durchlaufen junge ehrenamtliche Initiativen neu. Um hier Abhilfe zu schaffen und den Austausch von Ansätzen und Informationen zu ermöglichen, unterstützt das BAMF – ergänzend zu seinen Förderangeboten – die Vernetzung von lokalen Projekten und Initiativen der Arbeit mit Geflüchteten durch Tagungen und Workshops für Ehrenamtliche.

5. Ausblick

In den zurückliegenden Jahren hat sich bei der Förderung und dem Strukturaufbau von Migrantenorganisationen viel getan. Die Strukturförderung kann dabei den Auf- und Ausbau tragfähiger Strukturen und Netzwerke anstoßen, sie ist jedoch nicht als dauerhafte Förderung intendiert. Vor diesem Hintergrund sind künftig insbesondere Föderansätze von Bedeutung, die die Nachhaltigkeit der begonnen Entwicklung stärken und die Eigenständigkeit von Migrantenorganisationen bei der Gewinnung von Fördermitteln und dem Ausbau ihrer Dienstleistungen unterstützen.

Das Engagement von Migrantenorganisationen kann dabei nicht alle offenen Fragen der Integration lösen (vgl. Weiss 2011, S. 82). Nicht jede Migrantenorganisation muss, will und kann zu einem umfassenden Akteur der Integrations- oder Flüchtlingsarbeit werden. Im Zuge der Weiterentwicklung ihrer Rolle und der Förderung von Kooperationen müssen sich alle Beteiligten auf Formen der Zusammenarbeit mit einer klaren Aufgabenverteilung sowie auf realistische Ziele verständigen. Das BAMF wird diesen Prozess auch künftig mit seinen Förderansätzen aktiv unterstützen.

Literatur

Bundesamt für Migration und Flüchtlinge 2010: Bundesweites Integrationsprogramm. Angebote der Integrationsförderung in Deutschland – Empfehlungen zu ihrer Weiterentwicklung. Nürnberg.

Bundesamt für Migration und Flüchtlinge 2016: 14 Ressourcen-Häuser fürs Ehrenamt, Online: www.bamf.de/SharedDocs/Meldungen/DE/2016/20160912-houses-of-resources.html (29.09.2016).

Bundesverband Netzwerke von Migrantenorganisationen e. V. 2016: Pressemitteilung: Einführungsveranstaltung zum bundesweiten NEMO Projekt „SDA – Stärkung der Aktiven/Ehrenamtlichen in der Arbeit mit Geflüchteten), Online: http://bv-nemo.de/einfuehrungs-veranstaltung-zum-bundesweiten-nemo-projekt-sda-staerkung-der-aktiven-ehrenamtli-chen-in-der-arbeit-mit-gefluechteten/ (31.05.2016).

Hirseland, Katrin 2011: Migrantenorganisationen als zivilgesellschaftliche Akteure stärken. Empfehlungen des Bundesweiten Integrationsprogramms. In: Forschungsjournal Soziale Bewegungen 2/2011, S. 74-81.

Weiss, Karin 2011: Migrantenorganisationen als Motoren der Integrationsarbeit. In: Marscke, Britta/Brinkmann, Heinz Ulrich (Hrsg.): Handbuch Migrationsarbeit. Wiesbaden, S. 80-90.

Roland Roth
Politische Partizipation von Migrantinnen und Migranten

1. Vorbemerkung

Politische Partizipation gehört zu den eher randständigen Themen in der deutschen Integrationspolitik[1]. Die politische Teilhabe von Menschen mit Migrationshintergrund findet nur geringe öffentliche Aufmerksamkeit. Dies gilt in erster Linie für die rechtliche und faktische Gleichstellung von Eingewanderten in den Kerninstitutionen repräsentativer Demokratien, also in Parlamenten, Parteien und bei Wahlen. Auch wenn die Forschungslage insgesamt unbefriedigend ist[2], kann für diese „direkte politische Partizipation" in allen Bereichen und auf allen Ebenen festgestellt werden, dass von einer gleichberechtigten und proportionalen Beteiligung von Menschen mit Migrationshintergrund keine Rede sein kann. Sie liegt in aller Regel sehr deutlich unter ihrem Anteil an der Bevölkerung. Je höher die Ebene und je einflussreicher die Position, umso stärker tendiert die politische Repräsentation von Eingewanderten auf eine allenfalls symbolische Größe zu schrumpfen. Auch wenn in jüngster Zeit einige Fortschritte, vor allem auf lokaler Ebene und in den Stadtstaaten, zu verzeichnen sind, ist das institutionelle Reprä sentationsdefizit von Einwanderern *(diversity gap)* noch immer enorm.

Stärkere Aufmerksamkeit und Förderung erfahren stattdessen „indirekte", d. h. assoziative, zivilgesellschaftliche und deliberative Formen demokratischer Beteiligung von Einwanderern. Migrantenorganisationen, auch ihre Ausdifferenzierungen in Frauen- und Jugendorganisationen, erfreuen sich heute weithin öffentlicher Wertschätzung und – wenn auch begrenzter – Förderung. Sie sind wichtige politische Ansprechpartner geworden, wenn es um die Umsetzung öffentlicher Integrationsprogramme, besonders die Beratung und Betreuung von Neuzuwanderern, aber auch um politische Konsultationen geht. Zu dieser Wachstumszone gehört auch die Förderung des freiwilligen Engagements von Eingewanderten. Unter den Bedingungen vorenthaltener politischer Bürgerrechte kommt diesem freiwilligen Engagement ein ambivalenter Charakter zu. Zum einen hat es zahlreiche demokratieförderliche Aspekte, weil die Beteiligten demokratische Grundkompetenzen erwerben, im Kleinen etwas gestalten, politische Debatten beein-

---
1 Vgl. Schönwälder 2010; zur internationalen Debatte über die integrationspolitische Bedeutung politischer Partizipation siehe Hochschild und Mollenkopf 2009; Bird et al. 2011.
2 Zur unbefriedigenden Datenlage siehe Müssig und Worbs 2012, S. 12 ff.

flussen und öffentliche Anerkennung erfahren können. Freiwilliges Engagement in Integrationsräten, Verbänden, Vereinen und lokalen Gemeinschaften bietet Zugewanderten Gelegenheiten, jene Qualifikationen zu erwerben, die sie für Karrieren im institutionellen politischen Gefüge fit machen. Gleichzeitig können diese „indirekten" Engagementformen jedoch vorenthaltene politische Bürgerrechte nicht kompensieren, denn ihr Einfluss und ihre Sichtbarkeit sind begrenzt.

Gleichwohl kann die Förderung freiwilliger, dialogorientierter, assoziativer und informeller Beteiligungsformen die Zonen demokratischer Alltagsgestaltung erweitern, individuelle Kompetenzen stärken und den Prozess der demokratischen Vitalisierung repräsentativer Institutionen in vielfältigen Gesellschaften unterstützen.

2. Politische Teilhabe als Element gelungener Integration

Zugewanderte können erst dann als vollständig integriert gelten, wenn sie auch am politischen Leben des Aufnahmelandes gleichberechtigt teilhaben. Dazu müssen sie nach einer Phase des Einlebens und Kennenlernens in ihren politischen Rechten den Einheimischen gleichgestellt sein. Aber rechtliche Gleichstellung allein reicht nicht aus. Vielmehr ist es gleichzeitig nötig, migrationsspezifische Barrieren (z. B. Sprache, Vertrautheit mit dem politischen System und seinen Funktionsbedingungen, Diskriminierungserfahrungen) abzusenken. In öffentlichen Debatten, aber auch in der Wahrnehmung vieler Migrant_innen hat die politische Integration nur einen nachrangigen Status im Integrationsgeschehen. Sprache, Wohnen, Bildung und Arbeit werden deutlich höher bewertet. Selbst in Standardwerken zur Integrationspolitik wird politische Integration nahezu „vergessen"[3].

Was spricht dafür, politische Integration nicht zu vernachlässigen und ihr einen gleichberechtigten Status im Integrationsgeschehen zuzubilligen? Zumindest drei Begründungszusammenhänge sollten überzeugen:

Erstens gehört politische Gleichheit zu den Basisnormen von Demokratien. Sie verlangt die gleichberechtigte Einbeziehung aller in ihrer Lebensführung davon betroffenen Menschen in die politischen Willensbildungs- und Entscheidungsprozesse eines Gemeinwesens[4]. Für die Beurteilung der Qualität von Demokratien ist es zentral, ob und in welchem Umfang diese Norm erfüllt ist. Dabei

---

[3] So findet sich in einem breit angelegten aktuellen Basistext zur Integration von Migrant_innen von Friedrich Heckmann, einem Nestor der Integrationsforschung in Deutschland, kein eigener Abschnitt zum Thema politische Integration (Heckmann 2015).

[4] „Politische Gerechtigkeit lässt dauerhaftes Ausländertum nicht zu – ganz gleich, ob es sich um bestimmte Einzelpersonen oder um eine Klasse von wechselnden Individuen handelt. Zumindest gilt dies für eine Demokratie" (Walzer 1992, S. 104).

zeigen die Geschichte des Frauenwahlrechts oder die anhaltende Debatte um das Wahlalter von jungen Menschen, dass der Weg zur politischen Gleichheit für bestimmte Bevölkerungsgruppen lang und hürdenreich sein kann.

Zweitens kommt politischer Integration eine hohe symbolische Bedeutung zu. Sie signalisiert weit mehr als Sprache, Bildung oder Arbeit die Zugehörigkeit zu einem Gemeinwesen. Es geht um die politische Zugehörigkeit von Eingewanderten als Bürgerin oder Bürger *(citizen)*[5]. Dies ist gerade in Deutschland von besonderer Bedeutung, wo Bürgerschaft lange Zeit im Sinne des *ius sanguinis* durch Abstammung „völkisch" exklusiv definiert wurde. An diese ausschließende Tradition knüpfen aktuell rechtspopulistische und rechtsextreme Parteien und Gruppierungen an.

Drittens verbinden sich mit der politischen Teilhabe von Zugewanderten funktionale Erwartungen. Dies gilt bereits für den Integrationsprozess selbst, den sie durch politische Beteiligung mitgestalten, erleichtern und verbessern können. Das mögliche Mitwirkungsspektrum reicht von der Parlamentsarbeit und der Ausarbeitung von Gesetzen über die Interessenartikulation und Willensbildung in Parteien und Verbänden bis zur Übernahme von politischen Ämtern.

3. Politische Partizipation von Migrantinnen und Migranten in vergleichender Perspektive

Ein Vergleich der politischen Partizipation von Zugewanderten in den EU-Ländern, den USA und Kanada beschreibt zwei Extreme. Im günstigsten Fall bietet der Staat die Möglichkeit, dass sich alle Menschen, die dort ihren Wohnsitz haben, am demokratischen Prozess beteiligen können. „Neuankömmlinge genießen dieselben Bürgerrechte wie einheimische Staatsangehörige. Immigrant(inn)en mit ständigem Wohnsitz im Land erhalten nach einer begrenzten Anzahl von Jahren das aktive und passive Wahlrecht auf kommunaler Ebene und gleiche politische Grundfreiheiten wie Einheimische" (Huddleston et al. 2011, S. 18f.). Die Wahlbeteiligung erstreckt sich in föderalen Staaten auch auf die regionale bzw. Länderebene. Zusätzlich gibt es einflussreiche und unabhängige Migrantenbeiräte auf diesen Ebenen. Der Staat informiert über die politischen Rechte und unterstützt zivilgesellschaftliche Zusammenschlüsse von Migrant_innen. Im ungünstigsten Fall haben Immigrant_innen auf keiner Ebene Einfluss auf politische Entscheidungen. Ihre politischen Grundrechte sind eingeschränkt, sie dürfen keine politische Organisation gründen oder politischen Parteien beitreten. Kommunale Politik und Verwaltung verständigen sich nicht mit den Zugewanderten. Mit

---
5 „Participation in the conventional political system by voting in elections, and especially by standing for office, is of particular interest, because it is not just a mode of participation, but also a powerful symbol of political belonging" (Garbaye 2004, S. 39).

Ermutigung und staatlicher Finanzierung können Migrantenorganisationen nicht rechnen. Das positive Ende wird vor allem von skandinavischen Ländern besetzt, während sich am negativen Pol osteuropäische Länder finden.

Die Bundesrepublik nimmt in diesem Spektrum aktuell einen mittleren Platz ein. Auf der Habenseite stehen elementare politische Bürgerrechte (Versammlungs- und Vereinigungsfreiheit) für Zugewanderte, eine Vielzahl von kommunalen Vertretungen und Beiräten auf Landesebene, die zunehmende Anerkennung von Migrantenorganisationen und eine liberalisierte Einbürgerungspraxis. Negativ schlägt jedoch das noch immer verweigerte Kommunalwahlrecht für Drittstaatenangehörige zu Buche, das inzwischen elf (passiv und aktiv) bzw. 15 (nur aktiv) der im „Migrant Integration Policy Index" (MIPEX 2015) untersuchten europäischen Länder eingeführt haben – in Ländern wie Schweden oder den Niederlanden gibt es dieses Wahlrecht seit mehr als drei Jahrzehnten. Nachdem erste Versuche zu Beginn der 1990er-Jahre am Einspruch des Bundesverfassungsgerichts scheiterten, ist es bislang in Deutschland nicht gelungen, eine verfassungsändernde Mehrheit zugunsten eines Kommunalwahlrechts für Nicht-EU-Bürger_innen zu erreichen.[6] Faktisch gilt ein „Drei-Klassen-Wahlrecht"[7] mit gravierenden Folgen: „Etwa 20 Prozent der Gesamtbevölkerung in Deutschland, aber nur neun Prozent der Wahlberechtigten haben einen Migrationshintergrund, während aus demografischen Gründen der Anteil der Bevölkerung mit Migrationshintergrund an der Gesamtbevölkerung stetig wächst. Ergebnis ist ein schleichendes Demokratiedefizit in der Einwanderungsgesellschaft" (SVR 2010, S. 187).

Mit Blick auf eine insgesamt eher nachlassende Wahlbeteiligung scheint das Wahlrecht einen Bedeutungsverlust erlitten zu haben. Daraus zu folgern, es wäre für die Integrationspolitik weitgehend irrelevant[8], verkennt jedoch die vielfältigen sekundären Wirkungen des Wahlrechts. Es geht bei der Chance zur Beteiligung an Wahlen nicht nur um ein individuelles Recht, sondern um einen in repräsentativen Demokratien zentralen Modus politischer Inklusion. Er ist gerade nicht auf den Wahlakt beschränkt, sondern bietet Gelegenheiten und erhebliche Ressourcen zur politischen Selbstorganisation (die Parteienbildung wird unterstützt

---

6 Dabei verweigert sich Deutschland auch beharrlich EU-Empfehlungen. Der Europarat legte bereits 1992 eine „Konvention zur Partizipation von Ausländern am lokalen öffentlichen Leben" vor, in der die Einführung eines kommunalen Wahlrechts für Ausländer empfohlen wird.

7 Über volle politische Bürgerrechte verfügen deutschstämmige Aussiedler und Eingebürgerte; von eingeschränkten Rechten (Wahlrecht bei Wahlen auf Kommunal- und EU-Ebene) können seit dem Maastricht-Vertrag EU-Bürger_innen Gebrauch machen; Drittstaatler können lediglich ihre meist auf konsultative Funktionen begrenzten Vertretungen wählen, wo dies Gemeindeordnungen oder lokale Satzungen vorsehen.

8 So z. B. nachdrücklich ein Gutachten des Sachverständigenrats deutscher Stiftungen für Integration und Migration (SVR 2012, S. 46 ff.).

durch die öffentliche Parteienfinanzierung, die Herausbildung parteinaher Stiftungen, die Übernahme von öffentlichen Ämtern etc.), stärkt die Interessenberücksichtigung (via Parteienkonkurrenz, Repräsentation von Interessen, Amtsautorität, Beteiligung an Aushandlungsprozessen im Vorfeld von Gesetzesvorhaben etc.) und die Präsenz in der öffentlichen Debatte.

Es geht jedoch nicht nur um das Wahlrecht, sondern um den politischen Bürgerstatus insgesamt. Grundgesetz, Landesverfassungen und Gemeindeordnungen enthalten in vielen Regelungen die Unterscheidung von „Einwohnern" und „Bürgern". Nichtdeutsche sind in der Folge von einer Vielzahl von politischen Beteiligungsmöglichkeiten ausgeschlossen, nicht zuletzt von direktdemokratischen Formaten wie z. B. bei Bürgerbegehren und Bürgerentscheiden.[9]

Andere Formen der „indirekten" Beteiligung, die zahlreiche Kommunen bereits seit vielen Jahren praktizieren und die in einigen Bundesländern inzwischen verpflichtend sind, wie z. B. Ausländerbeiräte oder Integrationsräte, die von Migrant_innen gewählt, durch Parlamente ernannt oder von Vertretern der lokalen Migrantenorganisationen bestimmt werden, erscheinen demgegenüber als nachrangiger Ersatz.[10] Gemeinsam sind ihre Beschränkung auf beratende Funktionen und ihr Ausschluss von politischen Entscheidungen. Niedrige Wahlbeteiligung, ein geringes Legitimationsniveau und minimale Befugnisse sind heute in vielen Kommunen Ausdruck einer anhaltenden Abwertung dieser migrationsspezifischen Formen überwiegend symbolischer Repräsentation.

4. Formen der politischen Partizipation in Deutschland

Angesichts der verweigerten politischen Bürgerrechte für Zugewanderte aus Nicht-EU-Staaten wird die Einbürgerung gerne offiziell als „Königsweg" der politischen Integration bezeichnet. Diese optimistische Einschätzung hat sich trotz der Liberalisierungen im Staatsangehörigkeitsrecht seit dem Jahr 2000 nicht bestätigt. Im europäischen Vergleich sind die deutschen Einbürgerungsquoten weit unterdurchschnittlich geblieben. So wurden 2014 in der Europäischen Union 2,6 Prozent der ansässigen Ausländer die jeweilige Staatsangehörigkeit verliehen. Während die Quoten in Spanien oder Italien darüber lagen, betrug sie für Deutschland nur 1,6 Prozent (vgl. Eurostat 2016). Noch aussagekräftiger ist das

---

9   Mit zuweilen gravierenden Folgen, wie z. B. der Berliner Volksentscheid gegen die Bebauung des Tempelhofer Felds gezeigt hat, wo eine Mehrheit der Anwohner_innen nicht stimmberechtigt war.
10 Die Charakterisierung des Sachverständigenrats, es handele sich dabei um „komplementäre Wege der Partizipation" (2010, S. 190 ff.), ist irreführend, weil es hierzulande nicht um eine gleichrangige oder ergänzende Form der Beteiligung geht. Lokale Migrationsräte gibt es als Beratungsgremien auch in Ländern, die Immigrant_innen volles Kommunalwahlrecht einräumen. Als Ersatz für ein vorenthaltenes Wahlrecht taugen sie nicht.

ausgeschöpfte Einbürgerungspotenzial, d. h. die Zahl der Eingebürgerten in Relation zu den Zugewanderten, die eigentlich die aufenthaltsrechtlichen Voraussetzungen für eine Einbürgerung erfüllen. Nach einem Hoch von knapp 5 Prozent im Jahr 2000 ist die Quote seither stark rückläufig und stagniert bei zuletzt 2,15 Prozent für das Jahr 2015 (Destatis 2016, S. 16). Dabei gibt es beträchtliche Länderunterschiede (für 2015 bilden Bayern mit 1,67 Prozent und Hamburg mit 3,77 Prozent die beiden Extremwerte; Destatis 2016, S. 18), die auf eine unterschiedliche Einbürgerungspraxis und auf Erfolge von proaktiven Einbürgerungskampagnen verweisen.[11] Dennoch scheinen die deutschen Einbürgerungsvoraussetzungen noch immer so restriktiv ausgestaltet zu sein (in der Regel achtjährige Aufenthaltsdauer, Einbürgerungstest, Vermeidung doppelter Staatsangehörigkeit etc.), dass sie nur für eine kleine Minderheit der Zugewanderten einen attraktiven Zugang zur politischen Bürgerschaft bieten. Jedenfalls scheint der „Königsweg" ungeeignet, um die andauernde Repräsentationslücke zu schließen.

4.1 Parlamente und Wahlen

Menschen mit Migrationshintergrund sind in jüngster Zeit verstärkt im politischen Leben sichtbar. Im Dezember 2013 wurde auf der Bundesebene die erste Staatsministerin für Migration und Integration mit Migrationshintergrund vereidigt. Bereits zuvor hatten bzw. haben Frauen mit Migrationshintergrund in drei Bundesländern (Niedersachsen, Berlin und Baden-Württemberg) diese Position inne. Die Zahl der Bundestagsabgeordneten mit Migrationshintergrund stieg von 21 in der Legislaturperiode 2009-2013 (3,4 Prozent der Abgeordneten) auf 37 (5,9 Prozent) im gegenwärtigen Bundestag (Mediendienst 2013) – bei einem Anteil von rund 19 Prozent der Menschen mit Migrationshintergrund an der gesamten Bevölkerung.

Zwischen 1987 und 1999 gab es in den Landesparlamenten insgesamt lediglich 25 Abgeordnete mit Migrationshintergrund. Noch 1998/99 waren nur in neun der sechzehn Landesparlamente Abgeordnete mit Migrationshintergrund – oft nur ein oder zwei von 80 bis 200 Parlamentsmitgliedern (Schönwälder 2013, S. 635 f.). Zehn Jahre später, im Sommer 2009, hatte sich deren Zahl mit 39 fast verdoppelt und 2013 war deren Zahl auf 70 und damit auf 3,7 Prozent der Landtagsabgeordneten angewachsen (Länderoffene Arbeitsgruppe 2015). Allerdings ist der *diversity gap* auch weiterhin beachtlich, denn der Anteil der Wahlberechtigten mit Migrationshintergrund betrug 2013 deutschlandweit 11,5 Prozent (Hessisches Ministerium für Soziales und Integration 2015, S. 198). Die Stadtstaaten erzielen deutlich höhere Repräsentationsquoten und Bremen steht dabei 2013 mit 16,9 Prozent an der Spitze. Die Unterschiede zwischen den Flächen-

---

11 Zur Einbürgerungspraxis der Bundesländer vgl. Gesemann und Roth 2015, S. 67 ff.

ländern sind erheblich und schwanken zwischen 5,8 Prozent (Niedersachsen) und einigen Bundesländern ohne Abgeordnete mit Migrationshintergrund (Brandenburg, Saarland, Sachsen, Sachsen-Anhalt, Thüringen).

Die Zahl der Ratsmitglieder mit Migrationshintergrund liegt nach den spärlich vorliegenden Informationen etwas über dem Niveau von Bund und Ländern. So kamen die 25 größten Städte 2010/11 auf insgesamt 5,2 Prozent Ratsmitglieder mit Migrationshintergrund. Die regionalen Unterschiede sind erheblich und ihr Anteil sinkt mit der Gemeindegröße. Aber insgesamt wird für die lokale Ebene ein Aufwärtstrend auf niedrigem Niveau verzeichnet (Schönwälder et al. 2011, S. 12).

Die Unterstützung der politischen Repräsentation von Migrant_innen im Bundestag, in Länder- und Kommunalparlamenten ist in Deutschland bislang eher eine Sache des Parteienspektrums links von der politischen Mitte. Im Dezember 2011 beschloss z. B. ein SPD-Bundeskongress eine anzustrebende Quote von 15 Prozent für Parteimitglieder mit Migrationshintergrund in den Führungsgremien. Die Widerstände gegen eine stärkere Repräsentation von Menschen mit Migrationshintergrund in Parteien und Parlamenten scheinen jedoch enorm. Schließungsprozesse, Etabliertenvorrechte etc. führen dazu, dass es sich dabei nicht um einen linearen Prozess entlang der wachsenden Bedeutung von Menschen mit Migrationshintergrund in der Wählerschaft handelt, sondern immer wieder umkämpft ist (vgl. Kösemen 2014 und 2016).

4.2 Ausländerbeiräte und Integrationsräte

Konsultative Gremien, die meist vom Bund und von den Landesregierungen eingesetzt bzw. durch Migrantenorganisationen besetzt werden, fungieren als migrantische Interessenvertretung und als Beratungsgremien in Sachen Integrationspolitik. Die Ausgestaltung solcher Integrationsbeiräte weist besonders auf Landesebene eine beachtliche Variationsbreite auf, die von Beauftragten aus dem Parlament, über unverbindliche Beratungsgremien der Landesregierung, einige handverlesene Expert_innen, bis zur Schaffung von Einrichtungen mit eigenem Budget und selbstbewussten Politikinterventionen reicht (vgl. Gesemann und Roth 2015, S. 86 ff.).

Ausländerbeirate, heute meist Integrationsräte, haben die längste Tradition in der jüngeren Geschichte kommunaler Beteiligungsangebote für Zugewanderte (vgl. Bommes 1992). Die Anfänge liegen in den späten 1960er- und frühen 1970er-Jahren. So fand bereits 1973 in Nürnberg die erste Wahl zu einem Ausländerbeirat statt. Die Einrichtung von Beiräten und die Berufung sachkundiger Bürgerinnen und Bürger hat eine lange kommunalpolitische Tradition, wenn es darum geht, die Interessen von bestimmten Bevölkerungsgruppen (Ältere, Kinder und Jugendliche, Behinderte etc.) zu berücksichtigen. In der Regel haben solche

Beiräte beratende Funktion. Zuweilen verfügen sie auch über Initiativrechte und ein kleines Budget. Meist wirken in solchen Beiräten Mitglieder des Vertretungsorgans der Kommune mit. Die Rekrutierung der übrigen Beiratsmitglieder erfolgt auf unterschiedliche Weise, sei es durch Urwahl der nichtdeutschen Bevölkerung, sei es durch die Benennung von Migrantenorganisationen oder die Ernennung durch das Kommunalparlament. Kommunen können solche beratenden Ausschüsse und Beiräte grundsätzlich nach eigenen Vorstellungen einrichten und in ihrer Hauptsatzung institutionell ausgestalten. Ihre Handlungsgrenzen werden durch die Befugnisse der übrigen Gemeindeorgane (Rat, Bürgermeister, Verwaltung) gesetzt, die von den Ländern jeweils in ihren Kommunalverfassungen bzw. in Gemeinde- und Landkreisordnungen fixiert werden.

Die aktuellen Kommunalverfassungen der Bundesländer lassen sich in drei Gruppen einteilen. Etwa ein Drittel verzichtet auf explizite Regelungen, ein Drittel enthält Kann-Bestimmungen und ein weiteres Drittel hat verpflichtende Regelungen für die kommunale Repräsentation von Zugewanderten (Gesemann und Roth 2015, S. 113 ff.). In der Alltagspraxis ist es zu sehr unterschiedlichen Ausprägungen gekommen. Insgesamt genießen lokale Ausländerbeiräte bzw. Integrationsräte nach anfänglicher Euphorie spätestens seit Ende der 1990er-Jahre nicht mehr den Ruf eines effektiven und nachhaltigen Beteiligungsinstruments. Die strukturellen Schwächen sind deutlich: „fehlende Beschlussrechte, fehlende Anbindung an den Rat und Unverbindlichkeit der Entscheidungen und Empfehlungen, die in diesen Gremien getroffen wurden" (Keltek 2006; S. 20). Diese Begrenzungen gelten auch für lokale Ausländer- und Integrationsbeauftragte, die sich zumeist als Themenanwalt und Mittler zwischen lokaler Migrantengemeinde und den Institutionen der kommunalen Selbstverwaltung verstehen. Zu den ernüchternden Erfahrungen mit kommunalen Integrationsräten gehören nicht nur das geringe Interesse und die notorisch niedrige Wahlbeteiligung, sondern auch die meist hohe ethnische und soziale Selektivität der Beiräte, die in der Regel nicht die Vielfalt der eingewanderten lokalen Bevölkerung abbilden (vgl. Bausch 2014).

4.3 Bürgerschaftliches Engagement

Auch wenn die empirische Forschung über die verschiedenen Formen des freiwilligen Engagements von Migrant_innen viele Wünsche offen lässt, haben neuere Untersuchungen zum bürgerschaftlichen Engagement einige interessante Befunde zutage gefördert (Geiss und Gensicke 2006; Halm und Sauer 2007; Sauer 2011). Dabei wird zwischen aktiver Mitgliedschaft in Vereinigungen aller Art (Gemeinschaftsaktivitäten) und der anspruchsvolleren Übernahme von ehrenamtlichen Funktionen und Aktivitäten für andere in solchen Zusammenschlüssen (freiwilliges Engagement) unterschieden. Die Migrantenstichprobe des Freiwilligensurveys, die methodisch über Telefoninterviews vor allem deutschsprachige und gut sozial eingebundene Migrant_innen erreichte, weist ein hohes Niveau bei den Gemeinschaftsaktivitäten von 61 Prozent aus, das jedoch unter dem der Nicht-Migrant_innen (71 Prozent) liegt (Geiss und Gensicke 2006; S. 304). Bei den Engagierten ist der Abstand größer: 23 Prozent der Migrant_innen, aber 37 Prozent der Nicht-Migrant_innen sind engagiert. Das externe Engagementpotenzial liegt bei Migrant_innen dabei deutlich höher als bei den Nicht-Migrant_innen: 17 Prozent der befragten Migrant_innen äußern ihre nachdrückliche Bereitschaft zum Engagement (11 Prozent der Nicht-Migrant_innen). Eventuell bereit zum Engagement sind 25 Prozent der Migrant_innen gegenüber 20 Prozent der Nicht-Migrant_innen. Besonders hoch ist das Potenzial bei jugendlichen Migranten (vgl. Geiss und Gensicke 2006, S. 304 f.). Dies rechtfertigt das politische Fazit: „Das bürgerschaftliche Engagement von Migrantinnen und Migranten ist demnach in hohem Maße weiter ausbaufähig" (Beauftragte 2007, S. 116).

Die Aktivitätsstruktur von Migrant_innen und Einheimischen (Schwerpunkte sind Sport und Bewegung, Freizeit und Geselligkeit, Kultur und Musik sowie der soziale Bereich) ist ähnlicher als erwartet. Aber Schule und Kindergarten sind – entgegen der öffentlichen Wahrnehmung – ihr größtes Engagementfeld (41 Prozent der freiwillig aktiven Migrant_innen engagieren sich für Kinder und Jugendliche). Bei den Einheimischen dominiert dagegen Sport und Freizeit. „Bildungsthemen sind ein Schlüsselfaktor für die Aktivierung von MigrantInnen" (Hanhörster und Reimann 2007, S. 91). Interessant ist auch das größere Gewicht kommunaler Angebote für das Engagement von Migrant_innen als bei Einheimischen (17 Prozent der Migrant_innen engagieren sich in staatlichen bzw. kommunalen Einrichtungen, nur 12 Prozent der Deutschen; bei den Vereinen ist es umgekehrt).

Auf individueller Ebene zeigt das bürgerschaftliche Engagement von Migrant_innen wenig überraschende Befunde (Freiwilligensurvey 2004), sondern weist das übliche Sozialprofil (Bildungsniveau, Sozialstatus) auf. Das insgesamt niedrigere Engagement dürfte der geringeren sozialen und politischen Einbindung geschuldet sein. Je länger sich Migrant_innen in Deutschland aufhalten, desto mehr bürgerschaftliches Engagement entwickeln sie. Generell nähern sich die dabei Aktivitätsstrukturen von Migrant_innen und Einheimischen an. Aufschlussreich ist eine regional differenzierte Auswertung der Berliner Daten. Hier wird deutlich, dass ausgerechnet die als Problemquartiere dargestellten Innenstadtbezirke mit einem hohen Migrantenanteil ein beachtliches bürgerschaftliches Engagement aufweisen, dessen Schwerpunkt heute im Bildungsbereich liegt (Gensicke und Geiss 2011, S. 45).

Eine an den Freiwilligensurvey angelehnte zweisprachige Erhebung unter türkischen Migrant_innen weist dagegen „Kirche und Religion" als stärksten Bereich der Gemeinschaftsaktivitäten aus (Halm und Sauer 2007, S. 52). Zwei Fünftel der Befragten betätigen sich – nach dieser Studie – ausschließlich in türkischen Vereinen und Gruppen. Eigenethnische Strukturen prägen nicht nur den religiösen und kulturellen Bereich, sondern auch die Freizeitgestaltung. Immerhin wird ein Drittel der Befragten sowohl in deutschen wie in türkischen Vereinen aktiv, 16 Prozent bewegen sich nur in deutschen Kontexten, neun Prozent in internationalen Zusammenhängen. Sport, berufliche und politische Interessenvertretung und quartiersbezogene Probleme begünstigen dabei interethnische Aktivitäten.

Seit dem Nationalen Integrationsplan von 2007 hat das bürgerschaftliche Engagement in Migrantenorganisationen[12] und ethnisch geprägten Vereinen eine deutliche politische Aufwertung erfahren. Wie die Selbstorganisation von Migrant_innen gehört die Integration durch bürgerschaftliches Engagement zu den zehn Themenfeldern des Nationalen Integrationsplans (Bundesregierung 2007, S. 173 ff.) und seiner Fortschreibungen. Bürgerschaftliches Engagement wird darin als eigene Integrationspraxis anerkannt. Migrantenorganisationen und das einheimische Vereinswesen werden als wichtige Orte bürgerschaftlichen Engagements gesehen und deren Interkulturelle Öffnung als wesentlicher Integrationsbeitrag hervorgehoben.

Beachtliche 73,3 Prozent der Kommunen gaben in einer Befragung von 2011 an, besondere Anstrengungen unternommen zu haben, um das freiwillige Engagement von, für und mit Migrant_innen zu unterstützen und zu fördern (Gesemann et al. 2012, S. 61 ff.). Hier streuen die Anstrengungen in den einzelnen Bundesländern weit weniger als in anderen Handlungsfeldern zwischen 60 und 80 Prozent und scheinen damit weniger umstritten. Mit Blick auf die Ortsgrößen gibt es zwar das übliche Gefälle (96,9 Prozent der Großstädte fördern das freiwillige Engagement von Zugewanderten), aber deutlich weniger ausgeprägt als in anderen integrationspolitischen Handlungsfeldern. Eine Ausnahme bilden die kleinen Gemeinden, die sich lediglich zu einem Drittel (34,1 Prozent) in diesem Feld engagieren.

4.4 Proteste und Mobilisierungen

Auch wenn in jüngster Zeit Flüchtlingsproteste deutlich gemacht haben, dass auch besonders ressourcenschwache Gruppen dazu in der Lage sind, öffentlich für ihre Belange einzutreten, gilt es eine Grunderfahrungen zu berücksichtigen: „Nur ein kleiner, prozentual kaum zu beziffernder Teil dieser Menschen ist dauerhaft oder zumindest vorübergehend in migrationspolitische Gruppen, Organisationen und Kampagnen eingebunden. Und ein sicherlich noch viel kleinerer Teil davon ist an einer über den eigenen ethnischen und kulturellen Rahmen

---

12 Das Thema Migrantenorganisationen wird hier ausgespart, weil es im Zentrum anderer Beiträge dieses Bandes steht.

hinausgehenden migrationspolitischen Zusammenarbeit interessiert, die auch die politischen Mobilisierungen einschließt" (Rucht und Heitmeyer 2008, S. 578). Immerhin zeigen die Proteste von Migrant_innen, dass sie nicht passiv geblieben sind, sondern sich, auch ungebeten, in die politischen Debatten der Bundesrepublik eingemischt haben – sei es durch ‚Problemimport' aus den Herkunftsländern, sei es in Anbetracht der Verhältnisse in Deutschland.

Die politische Beteiligung von Migrant_innen weist mit Blick auf problemorientierte Formen der Beteiligung – von Bürgerinitiativen bis zum zivilen Ungehorsam – geringere Abstände zur deutschen Bevölkerung auf, als dies bei Wahlen oder Parteimitgliedschaften der Fall ist (vgl. Wiedemann 2006, S. 279 ff.; Koopmans et al. 2011).

Einen wichtigen Schwerpunkt der Proteste von Migrant_innen und ihren Unterstützern bilden die Ausländergesetzgebung sowie die Asyl- und Abschiebepraxis in der Bundesrepublik. Erst in den 1980er- und 1990er-Jahren erreichen die Proteste von Migrant_innen – entlang der Themenschwerpunkte Flucht, Asyl, Rassismus und Einbürgerung – ein zahlenmäßig hohes Niveau. Die ethnische, politische und soziale Heterogenität der Zugewanderten verhindert zumeist eine breite Mobilisierung entlang objektiv gemeinsamer Interessen.

5. Folgen halbierter politischer Partizipation

In Deutschland gibt es aktuell eine kaum mehr zu überblickende Vielzahl indirekter Beteiligungsangebote für Zugewanderte, über deren Inklusionswirkung wenig bekannt ist. Sie dürfte sowohl für die wenigen Engagierten wie auch für die Mehrzahl der Zugewanderten eher bescheiden ausfallen. Im Zentrum der aktuellen kommunalen Anstrengungen stehen zivilgesellschaftliche Formen der Beteiligung (Förderung von Migrantenorganisationen und des freiwilligen Engagements von Migrant_innen), während die Stärkung von Zugewanderten mit Blick auf Entscheidungs- und Gestaltungsprozesse bei allgemeinen Wahlen, in Parlamenten und Parteien deutlich geringer ausfällt. Ein Blick auf die Präsenz von Zugewanderten in Parteien und Parlamenten bestätigt den Gesamteindruck, dass politische Partizipation als eigene Integrationsarena für Zugewanderte erst noch zu entdecken bzw. auszugestalten ist.

Organisationsschwäche, das weitgehende Fehlen von anerkannten Spitzenorganisationen und legitimen Sprechern von Eingewanderten sowie das Überwiegen symbolischer Politik, die Bedeutung einzelner Personen und die Beliebigkeit der Einbeziehung durch selektive Einladung sind einige der Folgen verweigerter politischer Bürgerrechte. Diese Situation trägt dazu bei, dass selbst in Integrationsfragen vorwiegend über und nicht mit den Zugewanderten gesprochen wird. Dass sich auch 2016 mehr als die Hälfte der Türkeistämmigen als Bürger zweiter Klasse fühlen und nicht als Teil der deutschen Gesellschaft anerkannt sehen, dürfte auch eine Folge blockierter politischer Partizipation sein (Pollak 2016). Diese demokratische Herausforderung ist jedoch seit dem Sommer 2015 erneut an den Rand gedrängt worden, nachdem eine große Zahl von Flüchtlingen in der Bundesrepublik angekommen ist. In den Forderungskatalogen der integrationspolitischen Akteure dominieren verständlicher Weise Nothilfe und Sofortmaßnahmen. Die institutionellen Strukturen und Konzepte kommunaler Integrationspolitik werden als durchaus hilfreich angesehen, um auch diese Zukunftsaufgabe zu meistern. So sehr es grundsätzlich zu begrüßen sein mag, dass die Bundesregierung in dieser Situation erstmals ein Integrationsgesetz erarbeitet hat, das im Juli 2016 verabschiedet wurde, so deutlich ist es durch ein doppeltes Partizipationsdefizit gekennzeichnet. Weder die überraschend zahlreichen und aktiven zivilgesellschaftlichen Akteure der Willkommenskultur noch die Zugewanderten selbst waren in dessen Ausarbeitung einbezogen. Wo politische Partizipation gefragt wäre, dominiert im Gesetz die Rhetorik des paternalistischen „Forderns und Förderns", die im vergangenen Jahrzehnt bereits die deutschstämmigen „Unterschichten" politisch marginalisiert hat. Mit den Erfolgen rechtspopulistischer Mobilisierungen und Parteien drohen Einwanderer und Geflüchtete verstärkt zum Spielball und Opfer politischer Kalküle zu werden. Ihr allzu geringes politisches Gewicht gibt einen deutsch-nationalen Diskurs- und Handlungsraum frei, in dem die Stärkung der politischen Partizipation der Zugewanderten völlig von der Agenda zu verschwinden droht.

Literatur

Bausch, Christiane 2014: Inklusion durch politische Interessenvertretung? Die Repräsentationsleistungen von Ausländer- und Integrations(bei)räten. Baden-Baden.
Beauftragte der Bundesregierung für Migration, Flüchtlinge und Integration (Hrsg.) 2007: 7. Bericht der Beauftragten der Bundesregierung für Migration, Flüchtlinge und Integration über die Lage der Ausländerinnen und Ausländer in Deutschland. Berlin.
Bird, Karen/Saalfeld, Thomas/Wüst, Andreas M. (Hrsg.) 2011: The Political Representation of Immigrants and Minorities. Voters, Parties and Parliaments in Liberal Democracies. Abington/New York.
Bommes, Michael 1992: Interessenvertretung durch Einfluss: Ausländervertretungen in Niedersachsen. 2. Auflage. Osnabrück.
Bundesregierung 2007: Der Nationale Integrationsplan. Neue Wege – Neue Chancen. Berlin.
Garbaye, Romain 2004: Ethnic Minority Local Councillors in French and British Cities: Social Determinants and Political Opportunity Structures. In: Pennix et al., S. 39-56.
Geiss, Sabine/Gensicke, Thomas 2006: Freiwilliges Engagement von Migrantinnen und Migranten. In: Gensicke, Thomas et al., S. 302-349.

Gensicke, Thomas/Picot, Sibylle/Geiss, Sabine 2006: Freiwilliges Engagement in Deutschland 1999-2004. Wiesbaden.

Gesemann, Frank/Roth, Roland/Aumüller, Jutta 2012: Stand der kommunalen Integrationspolitik in Deutschland. Berlin.

Gesemann, Frank/Roth, Roland 2015: Integration ist (auch) Ländersache! Schritte zur politischen Inklusion von Migrantinnen und Migranten in den Bundesländern. 2. überarb. Auflage. Berlin.

Halm, Dirk/Sauer, Martina 2007: Bürgerschaftliches Engagement von Türkinnen und Türken in Deutschland. Wiesbaden.

Hanhörster, Heike/Reimann, Bettina 2007: Evaluierung der Partizipation im Rahmen der Berliner Quartiersverfahren. Gutachten unter besonderer Berücksichtigung der Aktivierung von Berlinerinnen und Berlinern mit migrantischer Herkunft. Berlin.

Heckmann, Friedrich 2015: Integration von Migranten. Einwanderung und neue Nationenbildung. Wiesbaden.

Hessisches Ministerium für Soziales und Integration 2015: Integration nach Maß. Der Hessische Integrationsmonitor – Fortschreibung 2015. Wiesbaden.

Hochschild, Jennifer L./Mollenkopf, John H. (Hrsg.) 2009: Bringing Outsiders In. Transatlantic Perspectives on Immigrant Political Incorporation. Ithaca/London.

Hoecker, Beate (Hrsg.) 2006: Politische Partizipation zwischen Konvention und Protest. Eine studienorientierte Einführung. Opladen.

Huddleston, Thomas/Niessen, Jan et al. 2011: Index Integration und Migration III. Brüssel (www.mipex.eu).

Keltek, Tayfun 2006: Entwicklung der kommunalen Migrantenvertretungen. In: Migration und Soziale Arbeit (28) 1, S. 15-21.

Kösemen, Orkan 2014: Wenn aus Ausländern Wähler werden: Die ambivalente Rolle der Parteien bei der Repräsentation von Migranten in Deutschland. In: Bertelsmann Stiftung (Hrsg.): Vielfältiges Deutschland. Bausteine für eine zukunftsfähige Gesellschaft. Gütersloh, S. 217-255.

Kösemen, Orkan 2016: Teilhabe von Einwanderern zwischen Recht und Gnade. Die deutsche Migrationsdebatte als Ausdruck eines neuen Elitenwandels. Gütersloh (Ms.).

Konferenz der für Integration zuständigen Ministerinnen und Minister/Senatorinnen und Senatoren der Länder (IntMK) 2015: Dritter Bericht zum Integrationsmonitoring der Länder 2011-2013 (www.integrationsmonitoring-laender.de).

Koopmans, Ruud/Dunkel, Anna/Schaeffer, Merlin/Veit, Susanne 2011: Ethnische Diversität, soziales Vertrauen und Zivilengagement. Berlin.

Müssig, Stephanie/Worbs, Susanne 2012: Politische Einstellungen und politische Partizipation von Migranten in Deutschland. Nürnberg.

Penninx, Rinus/Kraal, Karen/Martiniello, Marco/Vertovec, Steven (Hrsg.) 2004: Citizenship in European Cities. Immigrants, Local Politics and Integration Policies. Aldershot.

Pollack, Detlef et al. 2016: Integration und Religion aus der Sicht von Türkeistämmigen in Deutschland. Münster.

Roth, Roland/Rucht, Dieter (Hrsg.) 2008: Soziale Bewegungen in Deutschland nach 1945. Ein Handbuch. Frankfurt/New York.

Rucht, Dieter/Heitmeyer, Wilhelm 2008: Mobilisierung von und für Migranten. In: Roth, Roland/Rucht, Dieter (2008), S. 573-592.

Sachverständigenrat deutscher Stiftungen für Integration und Migration (SVR) 2010: Einwanderungsgesellschaft 2010. Jahresgutachten 2010 mit Integrationsbarometer. Berlin.

Sachverständigenrat deutscher Stiftungen für Integration und Migration (SVR) 2012: Integration im föderalen System: Bund, Länder und die Rolle der Kommunen. Jahresgutachten 2012 mit Integrationsbarometer. Berlin.

Sauer, Martina 2011: Partizipation und Engagement türkeistämmiger Migrantinnen und Migranten in Nordrhein-Westfalen. Essen.

Schönwälder, Karen 2010: Einwanderer in Räten und Parlamenten. In: Aus Politik und Zeitgeschichte (APuZ) 46-47, S. 29-35.

Schönwälder, Karen et al. 2011: Vielfalt sucht Rat. Ratsmitglieder mit Migrationshintergrund in deutschen Großstädten. Berlin.

Schönwälder, Karen 2013: Immigrant Representation in Germany's Regional States: The Puzzle of Uneven Dynamics. In: West European Politics (36) 3, S. 634-651.

Statistisches Bundesamt (Destatis) 2016: Bevölkerung und Erwerbstätigkeit. Einbürgerungen 2015. Wiesbaden.

Walzer, Michael 1992: Sphären der Gerechtigkeit. Ein Plädoyer für Pluralität und Gleichheit. Frankfurt/New York.

Wiedemann, Claudia 2006: Politische Partizipation von Migranten und Migrantinnen. In: Hoecker (2006), S. 261-286.

2. Kapitel

Migrantenorganisationen

Torsten Groß
Einführung

Bürgerschaftliches Engagement lebt davon, dass Menschen sich zusammentun und gemeinschaftlich im öffentlichen Raum aktiv werden. Damit dieses gemeinschaftliche Engagement wirksam werden kann, bedarf es in Deutschland einer formalen Organisation. Sie ist unter anderem Voraussetzung für die Anerkennung der Gemeinnützigkeit und für die Akquise von Spenden und Fördergeldern. Der formale Zusammenschluss erleichtert es darüber hinaus, als Ansprechpartner für Politik und Verwaltung zur Verfügung zu stehen.

Die häufigsten Organisationsformen des freiwilligen Engagements in Deutschland sind Vereine und Verbände. Insgesamt 52,1 Prozent des freiwilligen Engagements findet dort statt, 13 Prozent in Kirchen oder religiösen Vereinigungen, 8,7 Prozent in staatlichen oder kommunalen Einrichtungen, 10,2 Prozent in anderen formal organisierten Vereinigungen und 15,1 Prozent in individuell organisierten Gruppen (BMFSFJ 2016, S. 520).

Der Grund liegt darin, dass Vereine eine sehr niedrigschwellige rechtsfähige Form der Selbstorganisation darstellen. Im Vergleich zu anderen Organisationsformen wie etwa Stiftungen, Genossenschaften oder gemeinnützigen GmbHs bedarf die Gründung eines Vereins nur weniger Voraussetzungen.

Als eigenständiger Raum zwischen Privatleben, Staat und Wirtschaft haben Vereine wichtige gesamtgesellschaftliche Funktionen. Bereits die Anfänge des Vereinswesens in Deutschland Mitte des 18. Jahrhunderts waren „Teil der modernen Emanzipationsbewegungen" (Deutscher Bundestag 2002, S. 111). Vereine sind wesentliche Orte des sozialen Lernens und Ausdruck gelebter Demokratie. Ihre Gestaltungskraft prägt alle Bereiche des gesellschaftlichen Lebens mit.

Diese vielfältige und lebendige Vereinslandschaft in Deutschland wird seit den 1960er-Jahren durch eine stetig wachsende Zahl von Migrantenvereinen bereichert.

Auch wenn sich Menschen mit Migrationshintergrund in informellen Zusammenhängen wie etwa Nachbarschaften und Communitys und zunehmend in Einrichtungen und Projekten der Mehrheitsgesellschaft engagieren, so sind Migrantenvereine für viele ein wesentlicher Bezugspunkt. Fast alle Befragten der „Sinus-Migranten-Milieu-Studie" von 2008 kennen einen der in der Befragung genannten Migrantenvereine, etwa 50 Prozent haben schon deren Angebote genutzt, 22 Prozent sind Mitglied und 16 Prozent sind aktiv in Migrantenvereinen engagiert (Deutscher Caritasverband 2010, S. 10 und 47).

Seit dem Paradigmenwechsel in der Integrationspolitik in Zusammenhang mit dem Integrationsgipfel und der Erarbeitung des Nationalen Integrationsplans von 2007 sind Migrantenorganisationen zunehmend in den Blick von Politik und (Fach-)Öffentlichkeit gerückt. Es hat sich die Erkenntnis durchgesetzt, dass Integration nur dann erfolgreich gelingen kann, wenn Migrantenorganisationen als zivilgesellschaftliche Akteure gleichberechtigt mitgestalten können.[1]

In letzter Zeit hat sich dieser Blick noch einmal erweitert: Migrantenorganisationen werden nicht mehr nur in ihrer integrativen Funktion betrachtet, sondern als zivilgesellschaftliche Akteure wahrgenommen, die sich in vielfältigen Themenbereichen engagieren.

Die Beiträge in diesem Kapitel beschäftigen sich mit diesem Wandel und geben aus unterschiedlichen Perspektiven einen Einblick in die Entwicklung, die Vielfalt und die gesellschaftliche Bedeutung und nehmen die damit verbundenen aktuellen Herausforderungen für Migrantenorganisationen, Gesellschaft und Politik in den Blick.

So stellen *Uwe Hunger* und *Stefan Metzger* in ihrem Beitrag den Wandel im Selbstverständnis und in der Fremdwahrnehmung von Migrantenorganisationen in den Kontext des Umgangs Deutschlands mit der Einwanderung seit 1945.

Autor_innen, die selbst Akteure in Migrantenorganisationen sind, betonen besonders den Willen der Migrantenorganisationen zur aktiven Mitgestaltung der Gesellschaft, machen aber auch deutlich, dass die Voraussetzungen für eine gleichberechtigte Teilhabe noch lange nicht gegeben sind.

Dass dies auf einzelne Migrantenorganisationen ebenso zutrifft wie auf Migrantendachverbände, zeigen *Cemalettin Özer* und *Katharina Neubert* in ihrem Beitrag, in dem sie die aktuelle Situation und die Herausforderungen für Migrantendachverbände beschreiben.

Im Beitrag über die Neuen Deutschen Organisationen, die sich nicht mehr ethnisch, kulturell oder religiös definieren, thematisiert *Carmen Colinas* die Notwendigkeit einer neuen Gesellschaftspolitik, in der Integration nicht als Aufgabe allein der Migrant_innen gesehen wird, sondern als politische Bringschuld für alle.

Marion Wartumjan beleuchtet die Potenziale von migrantischen Unternehmen und deren Verbänden – nicht nur für die Wirtschaft. Am Beispiel der Arbeitsgemeinschaft selbstständiger Migranten e.V. beschreibt sie die Vielfalt des Engagements, das weit über Dienstleistungen für ihre Mitglieder hinausgeht.

Im abschließenden Beitrag richten *Stefan Kreuzberger, Kevin Borchers* und *Jennifer Ichikawa* einen Blick auf ein im Diskurs um Migrantenorganisationen lange

---

1 Ein kleiner symbolischer Schritt in Richtung Gleichberechtigung könnte auch sein, die Sondervorschriften für „Ausländervereine" im Vereinsgesetz zu streichen.

Einführung 79

vernachlässigtes Handlungsfeld. In der kommunalen Entwicklungspolitik werden Erfahrungen und Fähigkeiten von Migrantenorganisationen zunehmend als „Bereicherung" entdeckt und Migrantenorganisationen als politische und gesellschaftliche Akteure mit gleichen Rechten einbezogen.

Insgesamt verdeutlichen die Beiträge dieses Kapitels viele positive Entwicklungen für Migrantenorganisationen. Für die gesellschaftliche Wirksamkeit ihres vielfältigen Engagements muss aber der Zugang zu und die Ausstattung mit Ressourcen noch deutlich verbessert werden. Das Bundesamt für Migration und Flüchtlinge (BAMF) hat in den vergangenen Jahren hierzu immer wieder interessante Impulse gesetzt. Im bundesweiten Integrationsprogramm (BMI/BAMF 2010) wurden differenzierte Handlungsempfehlungen zur Stärkung von Migrantenorganisationen als Akteure der Integrationsförderung formuliert. Durch eine Neuausrichtung ihrer Förderpolitik und -praxis konnte der Anteil von Migrantenorganisationen an vom BAMF geförderten Projektträgern deutlich erhöht werden. Und aktuell werden mit dem Förderprogramm „House of Resources" neue Erfahrungen mit struktureller Förderung gesammelt.

Ideen und Konzepte sind also ausreichend vorhanden – jetzt gilt es, diese auch flächendeckend in der Praxis umzusetzen.

Literatur

Bundesministerium des Inneren/Bundesamt für Migration und Flüchtlinge (Hrsg.) 2010: Bundesweites Integrationsprogramm. Angebote der Integrationsförderung in Deutschland – Empfehlungen zu ihrer Weiterentwicklung.

Bundesministerium für Familie, Senioren, Frauen und Jugend (Hrsg.) 2016: Freiwilliges Engagement in Deutschland. Der Deutsche Freiwilligensurvey 2014. Berlin.

Deutscher Bundestag (Hrsg.) 2002: Bericht der Enquete-Kommission „Zukunft des Bürgerschaftlichen Engagements": Bürgerschaftliches Engagement. Auf dem Weg in eine zukunftsfähige Bürgergesellschaft. Berlin.

Deutscher Caritasverband (Hrsg.) 2010: Migrantenorganisationen – ein Schlüssel zur selbstbestimmten Teilhabe von Menschen mit Migrationshintergrund. Freiburg i. Br.

Uwe Hunger, Stefan Metzger

Von der Verleugnung zur Akzeptanz?
Selbstverständnis und Fremdwahrnehmung von Migrantenorganisationen im Wandel

1. Vorbemerkung

Obwohl die Migration in die Bundesrepublik Deutschland in den 1950er- und 1960er-Jahren zunächst vor allem ökonomisch motiviert gewesen war, wurde sie durch die allmähliche Verstetigung der Zuwanderung und die spätere Familienzusammenführung schnell zu einem wichtigen sozialpolitischen Thema. Zunächst wurden die deutschen Wohlfahrtsverbände mit der Sozialbetreuung der sogenannten Gastarbeiter beauftragt (Puskeppeleit und Thränhardt 1990). Parallel dazu entwickelte sich in den Folgejahren aber auch sehr schnell ein eigenständiges System von Migrantenorganisationen, die die Lebenslage ihrer Mitglieder verbessern wollten. Diese Zusammenschlüsse erfolgten aufgrund der gemeinsamen Sprache und Kultur zunächst zumeist entlang nationaler bzw. ethnischer Grenzen. Im Laufe der Zeit richteten sie sich aber zunehmend auch an herkunftsübergreifende Zielgruppen. Die ersten Selbstorganisationen konstituierten sich als sogenannte „Arbeitervereine", die Orte der Geselligkeit und Traditionspflege für Neuzuwander_innen waren und später mehr und mehr zu Institutionen der Selbsthilfe und Repräsentation wurden. Neben den Arbeitervereinen haben sich bereits sehr früh auch religiöse Zusammenschlüsse formiert, und es wurden vermehrt Vereine gegründet, die sich gezielt der Verbesserung der Lebenssituation bestimmter Bevölkerungsgruppen widmeten, wie z. B. Elterninitiativen, die sich für die Verbesserung der schulischen Situation von Einwandererkindern einsetzen, später auch Berufsverbände ausländischer Selbstständiger.

Mit der zunehmenden Verstetigung der Einwanderung kam es also nach und nach zu einer Ausdifferenzierung der Migrantenorganisationen und ihrer Funktionen. In vielen Bereichen der Migrationsgesellschaft kommt Migrantenorganisationen heute eine Schlüsselrolle zu. Sie wurden zu wichtigen Trägern der Sozial- und Bildungsarbeit, zu religiösen Vertretern im Rahmen der Deutschen Islamkonferenz und zu professionalisierten Organisationen der Entwicklungszusammenarbeit (vgl. Metzger et al. 2011). Seit den 1990er-Jahren ist schließlich auch ein Trend zu beobachten, dass sich Migrantenorganisationen als Interessenverbände formieren, um größeren politischen Einfluss in Deutschland zu erlangen.

Zuletzt gründete im Juni 2014 eine Gruppe von langjährigen Migrantenorganisationen einen eigenen interkulturellen Wohlfahrtsverband.

Der Wandel, dem die Migrantenorganisationen in der Fremdwahrnehmung und teilweise auch Selbsteinschätzung im Laufe der Jahrzehnte in der Bundesrepublik Deutschland unterlegen war, verlief jedoch nicht immer gradlinig. Im Gegenteil, es gab viele Widerstände und ein immer wiederkehrendes Auf und Ab. Die Entwicklung erinnert an Modelle, die in der Psychologie für die Beschreibung von Bewältigungsprozessen tiefgreifender Veränderungen entwickelt wurden (z. B. sogenannte Copingstrategien nach Elisabet Kübler-Ross). Grob können fünf Phasen unterschieden werden: 1. Verleugnung, 2. Angst/Aggression, 3. Depression, 4. Verhandlung und 5. Akzeptanz. Mithilfe der Modelle kann erklärt werden, wie Menschen mit neuen schwierigen Situationen umgehen und es ihnen schließlich auch gelingt, die neue Situation zu bewältigen. Es erinnert in vielen Facetten an den Umgang der Bundesrepublik Deutschland mit Migrantenorganisationen bzw. mit der Einwanderung nach 1945 insgesamt und soll im Folgenden dazu dienen, den Wandlungsprozess von Migrantenorganisationen (mit einem kleinen Augenzwinkern) im historischen Kontext zu erläutern. Gleichzeitig soll auch noch einmal daran erinnert werden, wo die deutsche Gesellschaft in Bezug auf den Umgang mit Migrantenorganisationen herkommt, wo sie momentan steht und wo sie möglicherweise auch hin möchte.

2. Verleugnung

Der Bewältigungsprozess einer neuen, schwierigen Situation beginnt nach diesem Modell zunächst mit einer Phase der Verleugnung. Blickt man auf die Geschichte der Einwanderung und den Umgang mit Migrantenorganisationen in Deutschland zurück, so ist diese Art des Umgangs unschwer zu erkennen. Über viele Jahrzehnte – eigentlich bis tief in die 1990er-Jahre hinein – steckte die Bundesrepublik Deutschland noch in dieser Phase. Trotz einer beständigen Zuwanderung galt über Jahrzehnte der Leitspruch „Deutschland ist kein Einwanderungsland" (zur Kritik bereits Thränhardt 1988) und es wurde auch über Jahrzehnte keine Notwendigkeit für eine nachhaltige Integrationspolitik gesehen (vgl. Bade 2007). Demzufolge gab es lange Zeit keine staatlichen Maßnahmen zur Integrationsförderung, es wurden keine Sprachkurse für Neuzuwander_innen angeboten und ihre Kinder wurden auch zunächst nicht in das deutsche Schulsystem integriert, sondern separat von den deutschen Schüler_innen in sogenannten „Ausländerklassen" beschult, die zumeist an Hauptschulen angegliedert waren.

Auch politisch wurden Migrant_innen nicht in das bestehende System eingegliedert, sondern es wurden Parallelstrukturen aufgebaut, mit sogenannten „Ausländerbeiräten", die als Ersatzform für die reguläre demokratische, politische

Beteiligung dienten. Die gegründeten Selbsthilfevereine waren zum Teil also auch eine Reaktion auf diesen abweisenden Umgang mit Zugewanderten in der Bundesrepublik Deutschland. Infolgedessen haben sich viele Migrantenorganisationen auch vor allem dort gegründet, wo eine Lücke in der institutionellen Angebotsstruktur der Aufnahmegesellschaft bestand. Bestes Beispiel sind hierfür die vielen Moscheevereine, die von muslimischen Zuwanderern gegründet wurden (teilweise mithilfe aus dem Herkunftsland). Obwohl viele Migrantenorganisationen also zu Beginn von der deutschen Politik ignoriert wurden und gesellschaftlich randständig waren, haben sie von Anfang an eine wichtige Rolle im Prozess der Meinungs- und Willensbildung für die Migrant_innen eingenommen (Hunger 2004). Dies wurde jedoch lange Zeit weder von Politik noch von der Gesellschaft wahrgenommen.

3. Angst/Aggression

Statt sich konstruktiv mit der Existenz von Migration und Migrantenorganisationen auseinanderzusetzen und mit ihnen ins Gespräch zu kommen, hat sich in vielen Bereichen der Gesellschaft Angst breit gemacht, was eine typische Folge der Verleugnung in der Anfangsphase ist und was sich auch mit Blick auf den Umgang mit Einwanderung nach Deutschland beobachten lässt: Schlagzeilen und Parolen, wie „Ausländer nehmen uns unsere Arbeitsplätze weg", „das Boot ist voll" und „Deutschland den Deutschen", haben diese Angst in den vergangenen Jahrzehnten immer wieder geschürt und zum Ausdruck gebracht. Die Menschen sorgen sich beim Thema Einwanderung häufig um ihren Arbeitsplatz, ihren Wohlstand, ihre Sicherheit, ihre Gesundheit etc. Nicht selten schlägt die Angst auch in Aggression um, die sich dann in ausländerfeindlichen Übergriffen und in Alltagsdiskriminierung Bahn bricht. Dies gipfelte etwa in den 1990er-Jahren in einer ganzen Serie von Anschlägen auf Asylbewerberheime und Anfang der 2000er-Jahre in den sogenannten NSU-Morden. Diese zweite Phase der Angst und Aggression herrscht bis heute in Teilen der Gesellschaft vor.

Zielpunkt dieser Angst und Aggression sind nicht selten Migrant_innen und ihre Organisationen. Sie werden häufig als „Keimzellen einer Parallelgesellschaft" gesehen, verdächtigt und bekämpft. Auch in der Wissenschaft herrschte lange Zeit eine Defizitperspektive vor, die z. B. davon ausging, dass sich die Existenz von Migrantenorganisationen negativ auf die Integration von Migrant_innen auswirke, insbesondere wenn diese sich an ihrem Herkunftsland orientieren oder sogar in einer „Migrantenselbstorganisation" für die Herkunftsländer engagieren (Esser 1986).[1]

---

1 In Deutschland wies jedoch Elwert (1982) als Erster auf mögliche positive Effekte von Migrantenorganisationen als Orte der „Binnenintegration" hin.

Vor diesem Hintergrund wurde z. B. auch dazu geraten, Migrantenorganisationen nicht in die staatliche Förderung aufzunehmen. Inzwischen ist diese einseitige Sichtweise zwar überwunden und der Blick heute mehr auf die verschiedenen Funktionen der Migrantenorganisationen in unterschiedlichen Gesellschaftsbereichen gewichen (siehe etwa die Pionierarbeit von Puskeppeleit und Thränhardt 1990, später z. B. Yurdakul 2009, Pries 2010, u. a.). Doch bevor es dazu kam, mussten viele Migrantenorganisationen noch eine weitere Phase der Entwicklung durchleben.

4. Depression

Angst kann nicht nur Aggressionen hervorrufen, sondern, wie in der dritten Phase des psychologischen Modells vorgezeichnet, in einer Depression münden. Auch diese Befindlichkeit lässt sich im Umgang mit Einwanderung im Allgemeinen und Migrantenorganisationen im Besonderen in Deutschland beobachten. Dies kommt nirgendwo so deutlich zum Ausdruck wie in dem Buch von Thilo Sarrazin über das Einwanderungsland Deutschland. Die in diesem Buch zutage tretende Sichtweise trägt viele Züge einer depressiven Grundhaltung, was sich bereits am Titel des Buches erkennen lässt: „Deutschland schafft sich ab" (2010). Die depressive Grundstimmung bezieht sich gleichermaßen auf die Vergangenheit (es sind die „falschen" Einwanderer gekommen), die Gegenwart (aktuelle Integrationsprobleme werden „vom politisch korrekten Diskurs" verharmlost) und die Zukunft („Deutschland schafft sich ab"). Insgesamt wird, was für eine depressive Grundstimmung typisch ist, einer differenzierten wissenschaftlichen Analyse eine fatalistische Sichtweise vorgezogen. In Bezug auf Migrantenorganisationen erklärt Sarrazin selbst mit Bezug auf den niederländischen Soziologen Paul Scheffer, dass „die Welt" sich „in unseren Stadtvierteln eingenistet" habe und dies zur Folge habe, „dass in allen betroffenen europäischen Ländern die Aggressionen der autochthonen Mehrheitsbevölkerung gegen diese fremde Bevölkerungsgruppe wuchsen, die in überdurchschnittlichem Maße von öffentlicher Unterstützung abhängig ist" (Sarrazin 2010, S. 265). Die Ablehnung und Angst wurde teilweise zu einer *self-fulfilling prophecy*.

5. Verhandlung

Diese depressive Grundstimmung kann aber nach dem psychologischen Modell überwunden werden und in eine wesentlich konstruktivere Phase der Verhandlung übergehen, in der Deutschland sich heute größtenteils auch befindet: Die deutsche Gesellschaft hat in der Mehrheit angefangen, die Einwanderungsrealität zu akzeptieren und die neue Einwanderungssituation aktiv zu gestalten. So wurden gegen Ende des zurückliegenden Jahrhunderts eine Reihe von Reformen in Angriff genommen (angefangen beim Staatsangehörigkeitsgesetz 1999 über das sogenannte Zuwanderungsgesetz 2005 bis hin zum aktuellen Integrationsgesetz von 2016), die nach 50 Jahren Einwanderung jeweils auch Elemente einer aktiven Integrationspolitik enthielten. Dabei wurde auch zum ersten Mal ein grundsätzliches Umdenken erkennbar sowie ein offensiverer und positiverer Umgang mit Zuwanderung.

Allerdings wird die Einwanderungssituation noch nicht vollständig als Normalität anerkannt, sondern es wird verhandelt, wie Einwanderung und Integration in den verschiedenen Bereichen gehandhabt werden sollen und unter welchen Umständen Einwanderer (und ihre Organisationen) akzeptiert werden und unter welchen nicht.[2] Diese Grundhaltung zieht sich wie ein roter Faden durch viele Bereiche – von der Sprache über Bildung bis hin zur Kultur – und lässt sich wieder besonders deutlich beim Umgang mit Migrantenorganisationen nachzeichnen. Zwar werden sie zunehmend als eigenständige Akteure der Zivilgesellschaft gesehen und auch als Partner in der Integrationsarbeit berücksichtigt (Hunger 2004). Aber es werden hier auch immer Bedingungen genannt, unter welchen Voraussetzungen eine Zusammenarbeit mit Migrantenorganisationen stattfinden kann und unter welchen nicht. Von einem gleichberechtigten Einbezug von Migrantenorganisationen in die Förderstrukturen für zivilgesellschaftliche Organisationen in der Bundesrepublik Deutschland und einer „Partnerschaft auf Augenhöhe" kann noch lange nicht die Rede sein (vgl. Hunger und Metzger 2011).

6. Akzeptanz

Diese Annäherung an eine veränderte Realität ist aber noch nicht die letzte Stufe des eingangs angeführten Modells. Eine wirkliche Akzeptanz der Einwanderungsrealität und der Existenz von Migrantenvereinen überwindet das Stadium der Verhandlung und mündet in einer echten Anerkennung kultureller Vielfalt und Gleichbehandlung aller freiwilligen Vereinigungen in Deutschland, auch in Bezug auf eine mögliche Regelförderung. Sie reflektiert das Verschwimmen der Grenzen zwischen Migrantenorganisationen und anderen Freiwilligenvereinigungen, das sich im Laufe des Einwanderungs- und Integrationsprozesses bereits längst vollzogen hat (Metzger 2016). Denn, wie zu Beginn dargestellt, übernehmen Migrantenorganisationen längst wichtige Funktionen in der sozial- und bildungspolitischen Facharbeit und fungieren immer häufiger als Interessensverbände. Sie sind

---

2 Dies zeigt sich u. a. auch daran, dass noch nicht alle vom „Einwanderungsland Deutschland" sprechen, sondern nur vom „Integrationsland Deutschland".

Von der Verleugnung zur Akzeptanz?

damit bereits heute zu einem festen Bestandteil des politischen und gesellschaftlichen Systems der Bundesrepublik Deutschland geworden. Es ist an der Zeit, diese Realität anzuerkennen.

Literatur

Bade, Klaus J. 2007: Versäumte Integrationschancen und nachholende Integrationspolitik. In: Bade, Klaus J./Hiesserich, Hans-Georg (Hrsg.): Nachholende Integrationspolitik und Gestaltungsperspektiven der Integrationspraxis. Göttingen, S. 21-95.
Elwert, Georg 1982: Probleme der Ausländerintegration. Gesellschaftliche Integration durch Binnenintegration. In: Kölner Zeitschrift für Soziologie und Sozialpsychologie 34, S. 717-731.
Esser, Hartmut 1986: Ethnische Kolonien: Binnenintegration oder gesellschaftliche Isolation? In: Hoffmeyer-Zlotnik, Jürgen (Hrsg.): Segregation oder Integration. Die Situation von Arbeitsmigranten im Aufnahmeland. Mannheim, S. 106-117.
Hunger, Uwe 2004: Wie können Migrantenorganisationen den Integrationsprozess betreuen? Wissenschaftliches Gutachten im Auftrag des Sachverständigenrates für Zuwanderung und Integration des Bundesministeriums des Innern der Bundesrepublik Deutschland. Münster, Osnabrück.
Hunger, Uwe/Metzger, Stefan 2011: Kooperation mit Migrantenorganisationen. Studie im Auftrag des Bundesamtes für Migration und Flüchtlinge. Nürnberg.
Metzger, Stefan/Schüttler, Kirsten/Hunger, Uwe 2011: Das entwicklungsbezogene Engagement von marokkanischen Migrantenorganisationen in Deutschland und Frankreich. In: Baraulina, Tatjana/Kreienbrink, Axel/Riester, Andrea (Hrsg.): Potenziale der Migration zwischen Afrika und Deutschland. Nürnberg, Eschborn, S. 216-239.
Metzger, Stefan 2016: Spiel um Anerkennung. Vereine mit Türkeibezug im Berliner Amateurfußball. Münster: Dissertation.
Pries, Ludger 2010: (Grenzüberschreitende) Migrantenorganisationen als Gegenstand sozialwissenschaftlicher Forschung: Klassische Problemstellungen und neuere Befunde. In: Pries, Ludger/Sezgin, Zeynep (Hrsg.): Jenseits von ‚Identität oder Integration'. Grenzüberspannende Migrantenorganisationen. Wiesbaden, S. 15-60.
Puskeppeleit, Jürgen/Thränhardt, Dietrich 1990: Vom betreuten Ausländer zum gleichberechtigten Bürger. Freiburg.
Sarrazin, Thilo 2010: Deutschland schafft sich ab. Wie wir unser Land aufs Spiel setzen. München.
Thränhardt, Dietrich 1988: Die Bundesrepublik Deutschland – ein unerklärtes Einwanderungsland. In: Aus Politik und Zeitgeschichte, H. 24, S. 3-13.
Yurdakul, Gökçe 2009: From Guest Workers into Muslims: The Transformation of Turkish Immigrant Associations in Germany. Newcastle upon Tyne.

Cemalettin Özer, Katharina Neubert

Die Rolle der Migrantendachverbände in der Bürgergesellschaft in Deutschland

1. Vorbemerkung

In diesem Beitrag soll die Rolle von Migrantendachverbänden in Deutschland in ihren Formen und Funktionen vorgestellt werden. Er gibt außerdem einen Überblick über die Entwicklungsgeschichte und Herausforderungen sowie Handlungsempfehlungen damit Migrantendachverbände Teil der Bürgergesellschaft werden.

2. Definition und Formen von Migrantendachverbänden

Migrantenorganisationen und deren Dachverbände sind mehrheitlich von Migrant_innen gegründete und geleitete Organisationen, Zusammenschlüsse oder Vereine, in denen die engagierten und aktiven Mitglieder derzeit vorwiegend ehrenamtlich arbeiten. Ihr Ziel ist es, eigene Interessen zu vertreten, Selbsthilfepotenziale zu bündeln und Brücken in die Gesellschaft des Aufnahmelandes zu bauen.

Es gibt unterschiedliche Formen von Migrantendachverbänden, wie z. B. herkunftshomogene, herkunftsheterogene, zielgruppenorientierte oder andere spezifische Formen der Zusammenschlüsse. Dabei sind die Themenfelder vielfältig: Kultur, Religion, Sport, Bildung, Wirtschaft, Politik u. v. m. In Deutschland gibt es schätzungsweise 20.000 Migrantenorganisationen, von denen ca. 10.360[1] im Ausländerzentralregister als ausländische Vereine erfasst sind (ohne Migrantenorganisationen mit vorwiegend Mitgliedern aus EU-Ländern und Migrantenorganisationen mit Mitgliedern überwiegend deutscher Staatsbürgerschaft im Vorstand). Ein Migrantendachverband ist ein Zusammenschluss von mehreren regionalen und/oder überregionalen Migrantenorganisationen, die thematisch und fachlich miteinander verbunden sind. Bundesweit gibt es über 60 Migrantendachverbände, die überregional tätig sind. (Weitere Infos gibt es in einer 2011 erschienenen Broschüre der Bundesintegrationsbeauftragten.) Migrantendachverbände haben langjährige Erfahrungen mit dem Zugang zu bestimmten Zielgruppen unter den Einwanderern. Die unmittelbare Zielgruppe sind die Organisationen und Vereine, die Mitglied im Dachverband sind. Dabei ist bei vielen

---
1 Auskunft des Bundesverwaltungsamtes Köln im November 2012.

Die Rolle der Migrantendachverbände in der Bürgergesellschaft in Deutschland 87

herkunftshomogenen Mitgliedsorganisationen von Dachverbänden eine sukzessive Öffnung für Migrant_innen anderer Nationalitäten festzustellen. Ein zentrales Anliegen ist darüber hinaus die Einbeziehung der deutschen Mehrheitsbevölkerung sowie der Einrichtungen und Organisationen der Mehrheitsgesellschaft.

3. Entwicklung, Rolle und Leistungen von Migrantendachverbänden

Viele Migrantendachverbände haben sich bereits in den 1980er- und 1990er-Jahren gegründet und verfügen somit über jahrelange Erfahrungen im Integrationsbereich. Die Gründung vieler neuer Verbände in den vergangenen zehn Jahren (z. B. zuletzt 2015 das NEMO-Netzwerk Migrantenorganisationen mit zehn regionalen Mitgliedsverbünden und ca. 400 Mitgliedsvereinen unterschiedlicher Herkunft) zeigt jedoch, dass der Bedarf noch nicht gedeckt ist.

Zwar sind herkunftshomogene Migrantendachverbände u. a. auch in den Herkunftsländern der Mitglieder aktiv, aber immer stärker ist die Tendenz, sich bei der integrativen Arbeit in Deutschland zu engagieren. Durch den Wechsel zwischen der ersten und der zweiten Generation kam es zu einem Wandel der Ausrichtung und auch zur Entwicklung neuen Know-hows, neuer Kommunikationswege und Vernetzungen sowie zur Professionalisierung eigener Strukturen.

Die meisten Migrantendachverbände setzen sich heute insbesondere für die Bereiche Integration, interkultureller Austausch und gesellschaftliche Teilhabe von Migrant_innen ein und versuchen, die Lebenssituationen von Menschen aus ihren Herkunftsregionen zu verbessern.

In den zurückliegenden Jahren erfahren Migrantendachverbände in der Gesellschaft und Politik eine immer breitere Anerkennung und wirken in vielen Gremien mit (z. B. beim 1. Integrationsgipfel von Bundeskanzlerin Dr. Angela Merkel im Jahr 2006). Von diesen Kooperationen profitieren die Migrantendachverbände, sie sind besser vernetzt und können oftmals gemeinsam an Projekten arbeiten.

Migrantendachverbände übernehmen Aufgaben nach außen und auch innerhalb des Dachverbandes: Nach außen vertreten sie die gemeinsamen Ziele der Mitgliederorganisationen und bringen deren Interessen gegenüber der Politik und der Zivilgesellschaft zum Ausdruck, zum Beispiel in Stellungnahmen zu relevanten Themen, durch die Kooperation mit anderen Migrantendachverbänden und Institutionen der Mehrheitsgesellschaft sowie mit der Durchführung von Integrationsprojekten, Fachveranstaltungen oder Kongressen.

Die wichtigsten internen Aufgaben sind es, Interessen zu bündeln, Prozesse zur Meinungsbildung unter den Migrantenorganisationen voranzutreiben und zu steuern. Ebenso wichtig sind die Dienstleistungen gegenüber den eigenen Mitgliederorganisationen wie etwa Qualifizierungs- und Beratungsangebote. Gerade kleinen Organisationen, denen strukturelle Voraussetzungen und finanzielle Mittel fehlen, bieten kommunale herkunftsgemischte Migrantendachverbände darüber hinaus eine Plattform zum Austausch und zur Vernetzung.

Migrantendachverbände finanzieren sich vorrangig über Projektgelder, Mitgliedsbeiträge und Spenden. Selten erhalten kommunale Netzwerke strukturelle Förderungen.

Migrantendachverbände finden sich – neben der kommunalen Ebene – auch auf Länder-und Bundesebene, mit zum Teil unterschiedlichen Zielsetzungen.

Auf Länderebene haben sich bereits in mehreren Bundesländern Landesnetzwerke von Migrantenorganisationen gegründet, ein Beispiel sind Elternvereine. Den größten Zusammenschluss bildet das Elternnetzwerk NRW. Integration miteinander e. V. in Nordrhein-Westfalen.

Dachverbände auf Länderebene erhalten in vielen Bundesländern finanzielle Strukturhilfen, die Zahlungen fallen dabei je nach Bundesland unterschiedlich aus und sind oftmals zeitlich begrenzt.

Auf Bundesebene schließen sich überregionale und bundesweit tätige Migrantenorganisationen als Migrantendachverbände zusammen. Als ihre Hauptaufgaben sehen sie die Interessenvertretung der Mitglieder und die Teilnahme an öffentlichen Debatten an. Sie sind direkte Ansprechpartner für Verwaltung und Politik und stehen in Integrationsfragen zur Verfügung.

Bundesweit tätige Migrantendachverbände werden vorrangig über Spenden, Mitgliedsbeiträge und Projektmittel finanziert.

Migrantendachverbände orientieren sich an den Aktivitäten und Angeboten der Mitglieder sowie am Einwanderungsland und an den in Deutschland lebenden Einwanderern. Viele sind in Jugendarbeit, Familien- und Elternarbeit und frauenpolitischer Arbeit aktiv. Weiterhin engagieren sie sich im Bereich bürgerschaftliches Engagement, politische Bildung, gesellschaftliche Integration und Kultur. Auch für Migrantendachorganisationen werden Altenpflege und Seniorenarbeit immer aktueller.

Neben der Vertretung der Interessen von Migrant_innen sowie der Förderung der kulturellen Vielfalt der Gesellschaft stehen Migrantendachverbände als Ansprechpartner und Experten in der Politikberatung für Akteure der Bundes- und Europapolitik, Verwaltung, Wissenschaft und Zivilgesellschaft zur Verfügung. Nach innen motivieren sie Migrant_innen zur aktiven politischen Partizipation und gesellschaftlichen Teilhabe. Gleichzeitg fördern und unterstützen sie die Interkulturelle Öffnung und Orientierung innerhalb der eigenen Organisation und in Organisationen und Regelinstitutionen des Aufnahmelandes.

4. Besonderheiten in der Mitgliederstruktur von Migrantendachverbänden im Vergleich zu anderen Akteuren der Bürgergesellschaft

Migrantendachverbände weisen eine besondere Mitgliederstruktur auf und unterscheiden sich damit von vielen anderen Verbänden der Bürgergesellschaft. Während sich in Vereinen der Mehrheitsbevölkerung oftmals eine bestimmte Gruppierung oder Altersklasse einem bestimmten Thema widmet, handelt es sich bei Migrantenvereinen meist um generationsübergreifende Organisationen, an denen die ganze Familie von jung bis alt teil hat. Dadurch unterscheiden sich die beiden Organisationsformen auch inhaltlich: Migrantenvereine zeichnen sich mehrheitlich z. B. durch ihre gemeinsame Herkunft und/oder Migrationserfahrung aus. Man hilft einander bei Themen des Alltags, übt gemeinsam Sport aus, pflegt die gemeinsame Kultur oder engagiert sich in Kommunen, Ländern oder im Bund. Die Vorstandsmitglieder haben meistens selbst eine Einwanderungsgeschichte und somit einen anderen Zugang zu Themen wie Integration und Diskriminierung. In einer vergleichenden Fallstudie wurde festgestellt, dass sich die Motive für freiwilliges Engagement von Menschen mit Migrationshintergrund in zwei Gruppen unterscheiden lassen. Zum einen die integrativen Bedürfnisse, wie die Verbesserung der Lebenssituation von Menschen aus der Herkunftsregion und Menschen bei der Integration in Deutschland zu helfen. Zum anderen die bewahrenden Bedürfnisse, wie die Aufrechterhaltung der eigenen Kultur in Deutschland und die Bindung von Menschen aus der Herkunftsregion an das Herkunftsland (Huth 2013, S. 4).

5. Herausforderungen und Handlungsempfehlungen für die Engagement- und Integrationspolitik

5.1 Zusammenarbeit mit Organisationen der Mehrheitsgesellschaft

Neben dem fehlenden Bewusstsein für die Wichtigkeit von Migrantendachverbänden in der Engagement- und Integrationspolitik, bildet die Zusammenarbeit mit Institutionen, Organisationen und Verbänden der Mehrheitsgesellschaft eine weitere Herausforderung für die Migrantendachverbände. Das liegt u. a. an den unterschiedlichen Strukturen in den Verbänden. Während Verbände der Mehrheitsgesellschaft mehrheitlich hauptamtlich organisiert sind und somit über viel weitreichendere Ressourcen verfügen, arbeiten Migrantendachverbände größtenteils ehrenamtlich. Eine Zusammenarbeit auf Augenhöhe, eine gleichberechtigte Partnerschaft mit Organisationen der Mehrheitsgesellschaft und eine Vernetzung in die politischen Strukturen hinein ist mit diesen unterschiedlichen Voraussetzungen nur schwer umsetzbar.

Im Detail bedeutet das, dass die Mitarbeiter_innen von Verbänden der Mehrheitsgesellschaft Vollzeit daran arbeiten, ihre Projekte und politischen Forderungen umzusetzen und einzufordern. Es gibt nicht nur Mittel und Zeit für Reisen, sondern auch für eigene Netzwerkveranstaltungen und Partnerschaften. Bei ehrenamtlich organisierten Migrantendachverbänden, gehen die Engagierten in der Regel anderen Berufen nach. Somit fehlt – neben den finanziellen Ressourcen – auch die Zeit, an wichtigen Veranstaltungen teilzunehmen und die nötige Netzwerkarbeit zu leisten. Das hat zur Folge, dass an Veranstaltungen und Aktivitäten, die für den gesellschaftlichen Diskurs wichtig sind, oftmals gerade die Vertreter_innen fehlen, die als die wichtigsten Akteure der Integrationspolitik angesehen werden müssten. Und auch intern stellen die ehrenamtlichen Strukturen eine Schwierigkeit dar, mangelnde Professionalisierung in den einzelnen Migrantenorganisationen erschwert bzw. verlangsamt die Arbeitsprozesse und verstärkt nochmals das Ungleichgewicht zwischen Verbänden der Mehrheitsgesellschaft und den Migrantendachverbänden.

➢ Handlungsempfehlung: Eine Möglichkeit dieses Ungleichgewicht aufzuarbeiten, sind Strukturförderungen. Erst seit kurzem gibt es finanzielle Hilfen durch strukturelle Förderungen für Migrantendachverbände. Diese finanziellen Unterstützungen müssen weiter ausgebaut und langfristig installiert werden, damit Migrantendachverbände die Möglichkeit haben, ihre Strukturen zu professionalisieren und Arbeitsprozesse zu optimieren.

Beispielsweise fördert das Bundesamt für Migration und Flüchtlinge seit 2013 zehn Projekte im Rahmen des Projektes „Strukturförderung von Migrantenorganisationen auf Bundesebene". Diese Förderinitiative unterstützt bundesweit tätige Migrantendachorganisationen darin, Strukturen für ihre Integrationsarbeit aufzubauen und Netzwerke zu bilden. Ein Problem dabei ist, dass diese auf Projektförderung basierende Strukturförderung in der Regel zeitlich begrenzt sind und demnach langfristig nicht ausreichend sind, um Migrantendachverbände und ihre Mitgliedsorganisationen soweit zu professionalisieren, dass sie langfristig hauptamtliche Strukturen errichten können, um ihr ehrenamtliches und bürgerschaftliches Engagement weiter auszubauen.

5.2 Migrantendachverbände als Akteure der Bürgergesellschaft

Bisher mangelt es an fördernden Rahmenbedingungen für Migrantendachverbände, sodass Menschen mit Migrationshintergrund in klassischen Feldern des bürgerschaftlichen Engagements nach wie vor unterrepräsentiert sind. Sie werden nicht als Teil der Problemlösung verstanden und aufgefordert an der Zivilgesellschaft durch ihr Engagement teilzuhaben, sondern gelten oftmals als Teil des

Problems, welches wiederum von der Mehrheitsgesellschaft durch bürgerschaftliches Engagement gelöst werden soll.

Die Mitglieder der Migrantendachverbände sind stark in ihren Familien-, Bekannten- oder Nachbarkreisen und ihren Vereinen engagiert, trotz Zeit- und Finanzmangel. Dies bleibt jedoch in der Bürgergesellschaft und in der Engagementpolitik bisher weitestgehend unbemerkt. Obwohl eben jene Menschen ein besonderes Potenzial für gelungenes Engagement und gesellschaftliche Teilhabe haben.

➤ Handlungsempfehlung: In der Engagementpolitik muss ein Umdenken stattfinden, sodass Migrantendachverbände als Teil der Bürgergesellschaft wahrgenommen werden. Politische und finanzielle Rahmenbedingungen sollten dafür ausgebaut werden, um Migrantendachverbände in ihrem ehrenamtlichen Engagement durch hauptamtliches Personal zu fördern und ihre Präsenz in der Zivilgesellschaft zu verstärken und damit Problemlösung voranzutreiben.

5.3 Migrantendachverbände als politische Akteure

Migrantendachverbände sind wichtige Akteure der Engagement- und Integrationspolitik. Durch ihren besonderen Zugang zur Zielgruppe und ihren Erfahrungsschatz können sie wichtige Aspekte der Engagement- und Integrationspolitik mit ihrer Expertise vertreten und voranbringen. Das Bewusstsein seitens der Politik für die Wichtigkeit der Migrantendachverbände als Akteure und auch als Träger von Engagement- und Integrationspolitik ist aber erst in den vergangenen Jahren gestiegen. Beispielsweise wurden Migrantendachverbände erst im Jahr 2006 zum ersten Mal als Akteur zum Integrationsgipfel eingeladen, trotz über 60 Jahre der Migration in Deutschland. Als Ergebnis kann aber auch festgehalten werden, dass Migrantendachverbände mittlerweile im Nationalen Integrationsplan (2007) und im Nationalen Aktionsplan Integration (2012) als wichtige Akteure und Träger für eine bessere Integrationspolitik hervorgehoben werden.

➤ Handlungsempfehlung: Damit Migrantendachverbände stärker als Akteure in die Engagement- und Integrationsförderung einbezogen werden können, sodass ihre Expertise und ihr Zugang für eine bessere Integration genutzt werden können, muss solange eine strukturelle Förderung durch den Staat erfolgen, bis die Migrantendachverbände in der Lage sind, sich unabhängig zu finanzieren.

Literatur

Huth, Susanne 2013: Vergleichende Fallstudien zum freiwilligen Engagement von Menschen mit Migrationshintergrund. Wegweiser Bürgergesellschaft.
Özer, Cemalettin/Keser, Senol 2011: Migranten(dach)organisationen in Deutschland. In: Be-

auftragte der Bundesregierung für Migration, Flüchtlinge und Integration (Hrsg.): Migranten(dach)organisationen in Deutschland. Berlin.

Pries, Ludger 2013: Migrantenselbstorganisationen – Umfang, Strukturen, Bedeutung. Bundeszentale für politische Bildung, Online: www.bpb.de/gesellschaft/migration/158865/migrantenselbstorganisationen (15.07.2016).

Carmen Colinas
Die Neuen Deutschen Organisationen

1. Kontext der Entstehung

„Auch wir sind das Volk", erklärte Ferda Ataman auf dem 1. Bundeskongress der Neuen Deutschen Organisationen im Jahr 2015.[1] Dieses Postulat ist die Quintessenz der Diskussionen, die seit ein paar Jahren immer mehr geführt werden. Wen meinen wir eigentlich, wenn wir von „den Deutschen" sprechen? Wie sprechen wir über die mehr als 16 Millionen, die eine Migrationsgeschichte als familialen Bezugspunkt angeben? „Ausländer", „Migrant_innen", „Menschen mit Migrationshintergrund". So werden all jene bezeichnet, die als „nicht-deutsch" gelten, als Deutsche nicht wahrgenommen oder akzeptiert werden. Sei es, weil sie „anders" aussehen oder weil sie eben nicht Maier, Müller, Schmidt heißen. Und dies unabhängig davon, ob sie bereits in der zweiten und dritten Generation hier geboren sind.

Dass Deutschland ein Einwanderungsland ist, sickert so langsam in das Bewusstsein. Nicht aller, aber vieler. Nun wird es Zeit, den nächsten Schritt zu tun und Deutschland auch als Einwanderungsgesellschaft wahrzunehmen. Die Journalistinnen Alice Bota, Khuê Pham und Özlem Topçu (2012), deren Familien aus Polen, Vietnam und der Türkei stammen, ziehen es daher vor, sich einfach „neue Deutsche" zu nennen.

1.1 Vom Einwanderungsland zur Einwanderungsgesellschaft

Wenn Menschen anders aussehen oder anders heißen, gehören sie nach Ansicht eines Teils der Bevölkerung nicht wirklich dazu. Das gilt auch für die, die es eigentlich gut meinen und bei jedem Schulfest nach „landestypischen" Gerichten fragen: „Weil es dann so schön bunt wird am Buffet."

Dahinter steckt eine Auffassung von Integration und Integrationsbemühen, die nur die „Migrant_innen" oder wie immer wir sie bezeichnen wollen, meint. Migration ist die Ausnahme, das Besondere. Die noch immer vorherrschende Konzeption von Integration imaginiert eine Kerngesellschaft, in die „die Anderen" eingebunden werden sollen. Daran knüpfen sich die Begriffe von der Integrationsverweigerung respektive dem Integrationswillen. Im Vordergrund steht zu-

---
1 Vgl. http://neue-deutsche-organisationen.de/de/bundeskongress/2015/ (01.06.2016).

nächst das Defizitäre und Integrationspolitik richtet sich einseitig an „Ausländer", „Migrant_innen" oder „Menschen mit Migrationshintergrund". Diese müssen über staatliches Handeln motiviert oder bei Nichterfüllung der Anforderungen bestraft werden (vgl. Kymlicka 1999). Für diese Wahrnehmung von Integration steht exemplarisch das neue Integrationsgesetz, das nur einen Teil der Gesellschaft in den Blick nimmt.[2] Die Gesellschaft als Ganzes bleibt bei dieser Konzeption von Integration außen vor. Ausgeblendet wird insbesondere die politische Verantwortung, über staatliches Handeln, den Diskriminierungen und Schließungsprozessen entgegenzuwirken. So bleibt Integration ein persönliches Problem nur eines bestimmten Teils der Gesellschaft, dann gelten weiterhin religiöse, kulturelle oder wie auch immer wahrgenommene Unterschiede als Integrationshindernisse.

Eine Einwanderungsgesellschaft bedarf aber einer anderen Konzeption von Integration, in der Anpassungen und Leistungen auch von autochthonen Mitgliedern zu erbringen sind. Integration wird damit zur gesamtgesellschaftlichen und politischen Bringschuld (Thränhardt 2008, S. 45 ff.). Für alle.

An dieser Stelle knüpfen die Neuen Deutschen Organisationen an. Das Credo: Deutschsein ist nicht mehr von der Herkunft abhängig. Und sie fordern: „Wir sind deutsch und wollen mitentscheiden."[3] Ziel ist, dass irgendwann auch die „neuen Deutschen" „nur" noch Deutsche sind. Um das zu erreichen, braucht es aber mehr. Eine Einwanderungsgesellschaft bedarf keiner Integrationspolitik, sondern einer neuen Gesellschaftspolitik.

2. Von der Integrationspolitik zur Gesellschaftspolitik

In den vergangenen Jahren sind in Deutschland zahlreiche Initiativen entstanden, die ihrem Selbstverständnis nach keine „Ausländer- oder Migrantenvereine" sind und daher auch nicht als solche wahrgenommen werden wollen. Das spiegelt sich auch in der Namensgebung wieder: Neue deutsche Medienmacher (NDM), Deutscher Soldat, Deutschplus, Juma (Jung, Muslimisch, Aktiv), Schülerpaten und viele andere.

Im Februar 2015 trafen sich zum ersten Mal viele dieser Organisationen zu einem Bundeskongress. Das Motto lautete „Deutschland neu denken". Diskutiert haben rund 180 Teilnehmer_innen über die Selbstverortung der Bundesrepublik als Einwanderungsgesellschaft und auch über die Frage, wie der Weg dahin verlaufen könnte. Wie wollen wir in einer Gesellschaft zusammenleben, die durch Vielfalt gekennzeichnet ist? Wie stellen wir uns diese Gesellschaft vor? Wo gibt es Handlungsbedarf? Was erwarten wir von Politik und Staat?[4]

---

2 Vgl. http://www.bmas.de/DE/Presse/Meldungen/2016/integrationsgesetz.html (01.06.2016).
3 Vgl. http://neue-deutsche-organisationen.de/de/bundeskongress/2015/ (01.06.2016).
4 Ebd.

Die Neuen Deutschen Organisationen

Die Neuen Deutschen Organisationen wollen sich nicht mehr ethnisch, religiös oder kulturell definieren. Das Engagement soll ein gemeinsames sein: für Chancengleichheit und gegen Ausgrenzung, für Anerkennung und gegen Rassismus. Für eine neue Gesellschaftspolitik, die mehr beinhaltet als Deutschkurse und Praktika. Das könnte beispielsweise bedeuten, das Grundgesetz um ein neues Staatsziel zu erweitern: Ein Staatsziel in dem es um ein Bekenntnis zur Einwanderungsgesellschaft und zur Vielfalt geht, das eine gleichberechtigte Teilhabe für alle fördert und fordert. Umsetzbar wäre dies in einer Vielzahl von Politikfeldern. Anfangen könnte man in der Bildungs- und Schulpolitik. Ein Stichwort ist hier die sogenannte Diversity-Education, also: der Niederschlag der Vielfalt in der Lehrerausbildung und in Lehrbüchern. Ein weiterer Vorschlag ist eine neue Diskussion über Quoten. Denn: In Behörden, staatlichen Unternehmen, Parlamenten, Gremien, Rundfunkräten, Wohlfahrtsverbänden, etc. sind noch immer fast nur sogenannte Herkunftsdeutsche vertreten.

Wie notwendig Maßnahmen und Politiken gegen Diskriminierung und Rassismus sind, die auch die Mehrheitsbevölkerung „integrieren", zeigen die gesellschaftlichen Entwicklungen der zurückliegenden Jahre.[5] Unter dem Motto „Deutschland, wir müssen reden!" fand 2016 der zweite Bundeskongress der Neuen Deutschen Organisationen statt. Ein zentraler Bezugspunkt war aus gegebenem Anlass der Umgang mit Geflüchteten und das Reden über sie. Im Februar 2016 waren schon über eine Million Geflüchtete in Deutschland angekommen. Ressentiments gegen die „Anderen" wurden plötzlich zu angeblichen Ängsten angeblich normaler Bürger_innen. Und in der Öffentlichkeit? Es wurde über und nicht mit den „Anderen" geredet. „Deutschland, wir müssen reden!" – das ist daher auch ein Appell derer, die sich nicht mit dem Status des passiven, hilfsbedürftigen Migranten abfinden wollen. Dieser Appell verdeutlicht das Selbstbewusstsein der „neuen Deutschen" und ihren Willen, mitzumischen in der Frage, was eine deutsche Identität ausmacht und einen aktiven Part einzunehmen beim Ausgestalten einer Gesellschaft, in der die Trennlinie nicht zwischen wir und ihr verläuft. Dieser aktive Part ist ein gesellschaftliches Engagement gegen rassistische, antisemitische, antimuslimische, frauenfeindliche und homophobe Einstellungen.[6] Hier setzen die Neuen Deutschen Organisationen mit vielfältigen Projekten an, die Initiativen der Interessensvertretung, Netzwerke, kulturelle sowie soziale Projekte und vieles mehr umfassen.

---

5   Angefangen mit dem Erfolg des Buches von Thilo Sarrazin bis zum Erstarken von Pegida & co.
6   Vgl. http://neue-deutsche-organisationen.de/de/positionen/ (01.06.2016).

3. Die „neuen Deutschen"

Zum ersten Bundeskongress kamen über 80, zum zweiten bereits über 100 Neue Deutsche Organisationen. Viele von ihnen weisen auf ganz spezifische Repräsentationslücken hin, die sich beim genauen Hinschauen als Integrationsdefizit der Gesellschaft an sich erweisen. Exemplarisch für diese werden hier drei vorgestellt.

3.1 Neue deutsche Medienmacher

Die NDMs sind ein bundesweiter Zusammenschluss von Journalist_innen mit und ohne Migrationshintergrund, die zugleich Interessenvertretung und Ansprechpartner für interkulturellen Journalismus sind. Den NDMs geht es um eine Berichterstattung in den Medien, die Deutschland als Einwanderungsland widerspiegelt sowie um eine gezielte Nachwuchsförderung, um eine stärkere Präsenz von Migrant_innen in den Medien zu ermöglichen – in den Redaktionsräumen und in den Gremien. Denn hier sind die „neuen Deutschen" – gemessen an ihrem Anteil an der Bevölkerung – eklatant unterrepräsentiert. Flankiert wird dies von Projekten wie dem „Glossar" oder der Datenbank Vielfaltfinder. Das „Glossar" nennt zentrale Themen der Einwanderungsgesellschaft und macht Vorschläge für wertfreie und präzise Formulierungen[7]. Die Datenbank listet Expert_innen zu den unterschiedlichsten Themen – von Astrophysik über Ökonomie hin zu Umwelt, jenseits der Festlegung auf das Migrationsthema. Die NDMs mischen sich in die aktuellen Debatten ein, so etwa in die Diskussionen um die Berichterstattung über Köln oder auch zum neuen Integrationsgesetz.[8]

3.2 DeutschPlus

DeutschPlus e. V. ist ein interdisziplinäres Kompetenznetzwerk mit einer digitalen Plattform, die neue deutsche Perspektiven zur Einwanderungsgesellschaft in den Diskurs einbringen will. Mit unterschiedlichen Akteuren und Förderern aus Politik, Wirtschaft, Wissenschaft und Kultur werden Projekte, Kampagnen und Programme durchgeführt. Zentraler Bezugspunkt ist das Grundgesetz, ein Verfassungspatriotismus für alle in Deutschland lebenden. Die Filmkampagne „Wir sind das Grundgesetz" entstand so im Rahmen der DeutschPlus HOORAY (House of Rights Academy), die auch den Day Of Rights – Tag der Grundrechte am 8. Mai 2016 in Berlin initiierte. Oder die Salonreihe Live Denken, die mehrmals jährlich Diskussionen ermöglicht und die Entwicklung neuer Positionen und Ideen beflügeln will.[9]

---

7 http://www.neuemedienmacher.de/wissen/wording-glossar/ Als work in progress sind alle Vorschläge und Formulierungshilfen als nicht abschließend zu betrachten.
8 Vgl. http://www.neuemedienmacher.de/ueber-uns/standpunkte/ (01.06.2016).
9 Vgl. http://www.deutsch-plus.de/ (01.06.2016).

Die Neuen Deutschen Organisationen

3.3 Göthe Protokoll

Göthe Protokoll wiederum ist ein Netzwerk von Künstlern, die „Un/Sichtbarkeiten" von „neuen Deutschen" auf Bühnen, im Film, in den Galerien thematisieren. Wie werden sie repräsentiert bzw. wie können sie sich in ihrer Vielfalt zeigen? Gibt es beispielsweise im Film Rollen jenseits der Thematik von Terrorismus oder Ehrenmord? Wie sieht es mit der Besetzung der öffentlichen Bühnen aus? Ziel ist es die kulturelle Vielfalt in der Kunst, in Theatern und in den Medien zu erhöhen, jenseits von Stereotypen.[10]

4. Integrative Funktion und das Problem mit der Repräsentanz

Eine heterogene Gesellschaft ist nicht nur durch kulturelle, religiöse und ethnische Unterschiede geprägt, sondern auch durch die Grenzziehungen von Klassen und Schichten, von Gender, von sexueller Orientierung, pluralen Lebensvorstellungen und -entwürfen, etc. Es gibt über 20.000 Migrantenorganisationen und sie alle stehen für unterschiedliche Diskurse. Es gibt die Organisationen der ersten Einwanderergenerationen – z. B. Eltern- und Kulturvereine oder religiös geprägte Vereine, die sich entlang ihrer nationalen Herkunft organisieren und teilweise von den Herkunftsländern unterstützt werden. Und es gibt die Neueren, der zweiten und dritten Generation – ihre Mitglieder beherrschen die deutsche Sprache perfekt, sie sind oft sehr gut ausgebildet. Sie grenzen sich von bestimmten Strömungen der Vereine und Organisationen der ersten Generation ab und nehmen für sich in Anspruch, die bisweilen folkloristisch anmutende Repräsentanz, die sich auf Straßenfesten und bei Umzügen manifestiert, hinter sich zu lassen. Und dennoch besteht die Gefahr auch hier wieder kulturalistisch vereinnahmt zu werden, sich auf die angeblichen kulturellen Wurzeln reduzieren zu lassen. Eben repräsentativ für etwas zu stehen. Dann kann es passieren, dass einzelne medial kurzfristig gehypt werden, um dann sang- und klanglos in der Versenkung zu verschwinden.[11]

Dazwischen agieren noch die sogenannten Ausländer- und Integrationsbeiräte. Auch sie erheben Anspruch auf Repräsentanz.

Zwischen den alten und neuen Organisationen gibt es sich diametral gegenüberstehende Interessen. Wer sich am Lautesten zu Wort meldet oder gerade zum richtigen Zeitpunkt, wird dann auch mal mit Projektgeldern gefördert. Es hat

---

10 Vgl. https://www.facebook.com/events/627188317323515/ (01.06.2016).
11 Ein Beispiel ist Aylin Selçuk, Gründerin von DeuKische Generation e. V. als Interessenvertretung türkischstämmiger Jugendlicher. Sie wurde von Podium zu Podium gereicht, die Zuschauer_innen applaudierten, Politiker_innen versprachen Unterstützung. Sie hatte ihren Auftritt bei der Islamkonferenz, etc. Und heute? Irgendwann poppt dann ein neues Netzwerk auf, auf das sich wieder alle stürzen.

sich mittlerweile eine regelrechte Integrations-("Industrie")[12] herausgebildet. Diese spezifische Repräsentanz ist verführerisch, man kann Fördergelder akquirieren und Karrieren darauf aufbauen.

Plurale Gesellschaften sind zuvorderst Aushandlungsgesellschaften. Und da wird es kompliziert. Positionen, Zugänge, Ressourcen, etc. müssen ausgehandelt werden. Wer aber ist in der Position oder im Recht, etwas auszuhandeln? Und was genau soll überhaupt ausgehandelt werden? Es ist eine empirische Tatsache, dass die Zugänge zu gesellschaftlicher Teilhabe und Ressourcen ungleich verteilt sind. Strukturelle Veränderungen sind also notwendig. Die Frage welche Rolle Migrantenorganisationen im Prozess gesellschaftlicher Teilhabe spielen könnten oder sollten, hängt ganz davon ab, wie wir Repräsentation verstehen und welche Repräsentationslücken für wen wichtig sind. Die Frage nach der integrativen Funktion von Migrantenorganisationen sollte also nicht allein funktionalistisch gedacht werden.

Die zweite und dritte Generation mit Einwanderungsgeschichte ist hier angekommen. Das hat zu einem neuen Selbstbewusstsein und auch einer neuen Selbstverständlichkeit geführt. Es gibt daher Bestrebungen, Initiativen und Strukturen aufzubauen, die sich an den bestehenden Strukturen und Organisationen der Mehrheitsgesellschaft orientieren. Ein Beispiel sind die Überlegungen zu islamischen Wohlfahrtsverbänden oder islamischen Jugendorganisationen. Problematisch könnte hier werden, dass Parallelstrukturen entstehen und ein Status quo beibehalten wird. Die Mehrheitsgesellschaft müsste sich nicht verändern. Die institutionellen Fördergelder würden auf mehr Köpfe verteilt, die bestehenden Wohlfahrtsverbände und Jugendorganisationen könnten weitermachen wie bisher.

Wenn sich aber an der gesellschaftlichen Wahrnehmung von Einwanderung nichts verändert und der gleichberechtigte Zugang zu Ressourcen nicht erreicht wird, nutzt auch kein islamischer Wohlfahrtsverband. Die Mehrheitsgesellschaft könnte bei Forderungen und Aushandlungsdiskussionen darauf verweisen: was wollt ihr eigentlich? Ihr habt doch eure Organisationen. Integration ist aber erst dann vollzogen, wenn wir nicht mehr darüber sprechen müssen.

---

12 Dank an die freie Journalistin Canan Topçu für unsere anregende Diskussion und für diesen Begriff.

Literatur

Bota, Alice/Pham, Khuê/Topçu, Özlem 2012: Wir neuen Deutschen. Was wir sind, was wir wollen. Reinbek.

Kymlicka, Will 1999: Multikulturalismus und Demokratie. Über Minderheiten in Staaten und Nationen. Hamburg.

Thränhardt, Dietrich 2008: Deutschland 2008: Integrationskonsens, pessimistische Erinnerungen und neue Herausforderungen durch die Globalisierung. In: Friedrich-Ebert-Stiftung (Hrsg.): Einwanderungsgesellschaft Deutschland. Wege zu einer sozialen und gerechten Zukunft. Bonn, S. 45-59.

Marion Wartumjan

Themen und Bereiche des bürgerschaftlichen Engagements von migrantischen Unternehmerverbänden
Herausforderungen für die Engagement- und Integrationspolitik

1. Einleitung

In der Beschäftigung mit Themenstellungen rund um Migration-Unternehmen-Engagement besteht die Herausforderung darin, zwischen den Aufgaben des Staates, der Verantwortung von Unternehmen sowie den Rahmenbedingungen und Möglichkeiten des zivilgesellschaftlichen Engagements zu differenzieren. Der Beitrag wirft einen Blick auf die Vielfalt migrantischer Unternehmerverbände in Deutschland und hebt deren Potenziale für die Arbeitsmarktintegration hervor. Dargestellt wird ebenso darüber hinausgehendes gesellschaftliches Engagement. Der migrantische Unternehmerverein Arbeitsgemeinschaft selbstständiger Migranten e. V. (ASM) wird im Hinblick auf seine Organisationsstruktur, die Zusammensetzung seiner Gremien und die Bereiche seines Engagements beschrieben. Es wird die Notwendigkeit herausgearbeitet, das bestehende Engagement von migrantischen Unternehmen, ihren Vereinen und Verbänden wahrzunehmen und seinen Mehrwert in der und für die Einwanderungsgesellschaft öffentlich sichtbar zu machen. Die Rahmenbedingungen für dieses Engagement sollten durch eine Ressourcenausstattung sowohl für Kooperationen mit Regelinstitutionen als auch für die Einbindung in arbeitsmarktpolitische Netzwerke verbessert werden.

2. Potenziale der Migrantenökonomie in Deutschland

Migrantische Unternehmen stellen einen bedeutsamen Beitrag zur Wirtschaftsleistung in Deutschland dar. Jede sechste unternehmerisch tätige Person in Deutschland hat einen Migrationshintergrund (Leicht et al. 2014, S. 6).

Laut Schätzungen wurden in Deutschland 2,2 bis 2,7 Millionen Arbeitsplätze (je nach Mikrozensus oder ifm-Erhebung) durch selbstständige Migrant_innen geschaffen (Niemann und Garcia Schmidt 2015, S. 11). Das heißt, rund fünf Prozent aller Erwerbstätigen arbeiten in einem Betrieb, der von einer Person mit Migrationshintergrund gegründet wurde. Im Bereich der kleinen und mittelstän-

dischen Unternehmen (KMU) entfallen 18 Prozent aller Arbeitsplätze auf Migrantenbetriebe (Leicht et al. 2014, S. 6).
20 Prozent der migrantischen Betriebe sind Ausbildungsbetriebe. Es gibt deutliche Unterschiede zwischen den Herkunftsgruppen: die türkei- und russlandstämmigen Selbstständigen behaupten bezüglich der Ausbildungsintensität den Spitzenplatz (ebd., S. 63).

Das Gründungspotenzial und die Gründungsbereitschaft von Menschen mit Einwanderungsgeschichte sind hoch. Und das, obwohl aufenthaltsrechtliche Bestimmungen und berufsständische Zulassungsvoraussetzungen sowie mangelnde Kenntnisse der deutschen Sprache für viele Herkunftsgruppen Auswirkungen auf ihre geplante Selbstständigkeit haben. Die Motivation zur Selbstständigkeit ist u. a. deshalb hoch, weil vielen Menschen mit Migrationshintergrund oftmals der Weg in den Arbeitsmarkt versperrt ist, z. B. durch jahrzehntelange fehlende Anerkennung von beruflichen Abschlüssen. Bisher haben sich Politik und Verwaltung eher in Zeiten erhöhter Arbeitslosigkeit des Gründungspotenzials von Menschen mit Einwanderungsgeschichte erinnert und in diesen Zeiten Gründungen aus der Arbeitslosigkeit heraus mit zusätzlichen Beratungs- und Unterstützungsangeboten gefördert.

3. Potenziale migrantischer Unternehmerverbände für die Arbeitsmarktintegration

Die Leistungen von Migrantenökonomien für Wirtschaft und Gesellschaft werden bis in die Gegenwart hinein oftmals wenig sichtbar gemacht und unterschätzt. Auch die Vielfalt der Aktivitäten von migrantischen Unternehmerverbänden wird in der Öffentlichkeit eher im Einzelfall wahrgenommen. Das verwundert aufgrund der Ausgangslage: der nach wie vor vorhandenen Benachteiligung und Chancenungleichheit von Migrant_innen am Ausbildungs- und Arbeitsmarkt, den Wissenslücken bei Migrant_innen über bestehende Förderangebote und den aktuell wenig bis kaum vorhandenen zielgruppenspezifischen Förderangeboten (mit Ausnahme der Angebote für Geflüchtete). Das verwundert auch deshalb, weil die Potenziale von Unternehmerverbänden für die Arbeitsmarktintegration unübersehbar sind: die eigene Migrationserfahrung ihrer Mitglieder oder die der Familien, der direkte Zugang zu oftmals sehr heterogenen Zielgruppen, die hohe Sensibilität für die Bedürfnisse der Kund_innen und Klient_innen. Stärker als bisher könnten migrantische Unternehmerverbände – unter Wahrnehmung der Interessen ihrer Mitglieder und Zielgruppen – als Brückenbauer zu den Regelinstitutionen und Regelangeboten tätig werden. Das setzt jedoch eine verbesserte Ausstattung mit Ressourcen – insbesondere auch infrastrukturellen Ressourcen – voraus.

Einen guten Überblick über Potenziale und Handlungsansätze für eine Zusammenarbeit mit migrantischen Unternehmen bietet die von der Arbeitsgemeinschaft der Beiräte für Migration und Integration Rheinland-Pfalz (AGARP) herausgegebene Publikation „Migrantisches Unternehmertum in Deutschland – eine unbeachtete Wirtschaftskraft" (Güneş und AGARP). Shadia Husseini de Arujo und Florian Weber konstatieren zudem, dass sich die Förderung der sogenannten Migrantenökonomie in den vergangenen Jahren zu einem stadtpolitischen Interventionsfeld entwickelt hat. Kommunale Leitbilder und Integrationskonzepte sehen in der Stärkung von Migrantenökonomie Chancen für Integration und Wirtschaftsentwicklung zugleich. Die Studie zeigt – am Beispiel der Stadt Nürnberg – allerdings auch, dass neben gut gemeinter Wirtschaftsförderung die Gefahr einer Stigmatisierung besteht (Husseini de Araújo und Weber 2014).

Erwähnenswert ist an dieser Stelle, dass die Fachstelle Migrantenökonomie des Förderprogramms „Integration durch Qualifizierung" – gefördert vom BMAS – die Netzwerke migrantischen Unternehmertums mit anderen unternehmerischen Netzwerken, mit Regelinstitutionen wie Kammern und Arbeitsagenturen oder Akteuren der Wissenschaft – insbesondere aus dem Feld Transnationales Unternehmertum – zusammenführt.

4. Gesellschaftliches bzw. ehrenamtliches Engagement bei migrantischen Unternehmen und Unternehmerverbänden

Für kleine und mittlere Unternehmen sind die Bedingungen im Hinblick auf die Wahrnehmung ihrer gesellschaftlichen Verantwortung signifikant verschieden: Personelle und materielle Ressourcen, die für Freistellungen zum *Corporate Volunteering, Mentoring* oder zur Unterstützung des Gemeinwesens zur Verfügung gestellt werden könnten, sind begrenzt. Trotzdem sind KMU in der Regel stark mit ihren Standorten verbunden. Migrantische Unternehmer_innen unterstützen, z. B. durch freiwilliges Engagement oder Spenden, Sportvereine ebenso wie religiöse Einrichtungen und Migrantenorganisationen. Ein Blick auf die Selbstbeschreibungen zeigt das Selbstverständnis der Zusammenschlüsse als nichtstaatliche, zivilgesellschaftliche Organisationen. Die Vielfalt der Aktivitäten reicht von Informations- und Beratungsangeboten über Seminare und Weiterbildungsangebote, Messen, Businessforen, Förderung von Existenzgründungen bis hin zu Vernetzung, Erfahrungsaustausch, Fortbildungen. Ein besonderes Engagement ist da zu beobachten, wo es Hürden beim Zugang zu Bildung und Ausbildung, Studium und Arbeit gibt.

5. Das Beispiel ASM

5.1 Rahmenbedingungen

Die ASM hat das Ziel, Unternehmer_innen mit Einwanderungsgeschichte stärker in das Wirtschaftssystem einzubinden und die Gesellschaft für migrantische Wirtschaftsaktivitäten zu sensibilisieren. Die Zielgruppen sind folglich zum einen Betriebe, deren Inhaber_innen eine Einwanderungsgeschichte haben, aber auch Existenzgründer_innen mit Einwanderungsgeschichte. Zum anderen sind es KMU, die sich für Fachkräfte mit Migrationshintergrund öffnen wollen oder müssen. Auch Ausbildungssuchende, zumeist mit Einwanderungsgeschichte, einschließlich Flüchtlinge, gehören zur Zielgruppe der ASM.

In der Besetzung der Gremien und der Stellen zeigt sich die Vielfalt unserer Migrantenorganisation bzw. unseres Unternehmervereins. Der ehrenamtliche Vorstand ist wie folgt besetzt: Unternehmer (afghanisch), Rechtsanwältin (türkisch) und Geschäftsführer Berufsbildung der Handelskammer Hamburg (deutsch). Derzeit sind 18 hauptamtliche Mitarbeiter_innen (darunter ein Azubi) sowie eine Honorarkraft für den Verein tätig. Zwölf haben eine Einwanderungsgeschichte. Zwei der Fachkräfte bringen die Erfahrungen ihrer Fluchtgeschichte mit ein. Im Verein werden zwölf unterschiedliche Sprachen gesprochen. Zurzeit arbeiten in der Organisation acht Frauen und sieben Männer; die Altersspanne liegt zwischen 18 bis 56 Jahren. Bei der Auswahl und dem Einsatz der Mitarbeiter_innen wird auf sprachliche und interkulturelle Kompetenzen, fachliche Qualifikationen, die Bereitschaft zum Engagement und biografische und berufliche Vorerfahrungen geachtet. Die Mitarbeiter_innen sind auf der Basis von befristeten Verträgen, die sich an den Laufzeiten der jeweiligen Projekte orientieren, angestellt. Viele von ihnen sind darüber hinaus freiwillig für projektübergreifende Vereinsaufgaben tätig oder unterstützen die von der ASM gegründete Hamburger Stiftung für Migranten. Die Bandbreite des persönlichen Engagements reicht von der Nachbarschaftshilfe, dem Engagement in anderen Migrantenorganisationen, in Initiativen von Geflüchteten, im türkischen Elternverein bis hin zur Prüfer-Tätigkeit bei der Handelskammer oder der Mitwirkung im Hamburger Engagementforum und im Integrationsbeirat der Stadt Hamburg. Einige engagieren sich in klassischen Vereinsformen, wie z. B. im Kegel- oder Kleingartenverein.

5.2 Bandbreite an Aktivitäten und Projekten

Der gemeinnützige Verein ist aktiv in der Akquise und Vermittlung von Ausbildungsplätzen in KMU, bei der Gründungsunterstützung für Menschen mit Einwanderungsgeschichte, der Zusammenarbeit mit Unternehmen bei der Interkulturellen Öffnung und mit Regelinstitutionen des Arbeitsmarktes. So unterstützt derzeit das Projekt „Neue Wege für KMU – Interkulturelle Öffnung in der Praxis", das im Rahmen des Förderprogramms „Integration durch Qualifizierung" tätig ist, den Fachkräftezugang von Migrant_innen in „einheimische" Unternehmen. Dazu werden Round-Table-Gespräche mit Unternehmer_innen und Behörden in Hamburger Stadtbezirken initiiert und Unternehmerstammtische organisiert. Wichtigstes Instrument bleibt dabei die Vor-Ort-Beratung der Unternehmen. Bei der Umsetzung des Projektes „Recognition Now and be connected" im selben Förderprogramm, kooperiert ASM mit dem African-German Information Center (AGIC), um Menschen aus Afrika über das Gesetz zur Anerkennung im Ausland erworbener Berufsabschlüsse zu informieren, zu beraten und mit der Unterstützung ehrenamtlicher Lots_innen im Anerkennungsverfahren zu begleiten. Ferner wendet sich der Verein auch an die allgemeine Öffentlichkeit, um den wirtschaftlichen Beitrag der migrantischen Unternehmer_innen sichtbar zu machen.

5.3 Zusammenarbeit bei der Zielgruppe Geflüchtete

Eine Kooperation zwischen migrantischen Unternehmerverbänden und Regelinstitutionen kann auch den beruflichen Einstieg von Geflüchteten stärken.

Bei ASM haben sich in der Praxis folgende Formen der Zusammenarbeit bewährt:
- Verweis von Gründungsinteressierten an ASM;
- Zusammenarbeit mit Handelskammer im Unternehmensservice W.I.R. (work and integration for refugees);
- Matching im Patenschaftsprogramm der Handelskammer zwischen Unternehmer_innen, dies sich engagieren wollen und Auszubildenden mit Fluchtgeschichte;
- Teilnahme an Infoveranstaltungen für Unternehmen und für Geflüchtete zum Thema Ausbildung und Arbeit: „Marktplatz der Begegnungen", Informationsveranstaltungen für Arbeitgeber, Dialogforum Ausbildung und Arbeit, Informationsveranstaltungen für Ehrenamtliche;
- Kooperation bei Öffentlichkeitsarbeit: Gute Bespiele einer gelungenen Vermittlung in ein Praktikum, in Ausbildung und Arbeit in der Gesellschaft bekannt machen.

6. Migration – Unternehmen – Engagement: Herausforderungen und Handlungsbedarf

Seit dem integrations- und migrationspolitischen Paradigmenwechsel um die Jahrtausendwende werden Migrantenorganisationen zunehmend als Vertretung spezifischer Interessen von Migrant_innen wahrgenommen, als Dialogpartner geschätzt – z. B. für Entwicklung nationaler und kommunaler Integrationskonzepte – und für die Umsetzung entsprechender Programme gewonnen. Immer noch arbeiten sie jedoch weitgehend ohne infrastrukturelle und personelle Ressourcen. Das schließt migrantische Unternehmerverbände ein. So scheitern gerade deshalb oft Versuche, gelungene Kooperationen zwischen Migrantenorganisationen und Regelinstitutionen in ihrer Kontinuität mittel- oder langfristig zu entwickeln.

Es geht darum, dass auch migrantische Unternehmerverbände angemessene Ressourcen zum Mitgestalten erhalten. Wenige von ihnen werden in arbeitsmarktpolitische Förderprogramme einbezogen. Diejenigen, die einbezogen werden, finden sich in Netzwerken mit Regelinstitutionen wieder, die über eine Grundfinanzierung verfügen und somit einen immensen infrastrukturellen Vorteil haben. Migrantische Unternehmerverbände versuchen diesen durch Mehrarbeit und überdurchschnittliches Engagement auszugleichen.

Die angestrebte Augenhöhe in der Kooperation lässt sich unter so ungleichen Voraussetzungen schwer verwirklichen.

Um die Potenziale von migrantischen Unternehmerverbänden ausschöpfen zu können, braucht es einen neuen Blick auf Potenziale und Fähigkeiten. Benötigt wird eine grundlegend andere Kultur der Beteiligung, der Partizipation. Es ist notwendig, die Verteilung von Aufgaben und Ressourcen neu zu definieren – sowohl grundsätzlich als auch in konkreten Projekten und Vorhaben. Arbeits- und Kommunikationsprozesse benötigen neue Formen. Weitere Gelingensfaktoren sind: ein offensiver Dialog und die direkte sowie indirekte Förderung von Migrantenorganisationen und migrantischen Unternehmerverbänden, eine neue Qualität von Netzwerken, eine neue Systematik des Auf-die-Migrantenorganisation-Zugehens sowie die Identifikation von migrantischen Unternehmerverbänden als Kooperationspartner, z. B. in Bezug auf passende Arbeitsschwerpunkte, Ziele und Adressat innen.

Literatur

Güneş, Levent/AGARP Arbeitsgemeinschaft der Beiräte für Migration und Integration Rheinland-Pfalz (Hrsg.): Migrantische Ökonomien. Potenziale sichtbar machen, Teilhabe stärken, Stereotype abbauen.

Husseini de Araújo, Shadia/Weber, Florian 2014: ‚Migrantenökonomien' zwischen Wirtschaftsförderung und Diskriminierung – eine empirische Fallstudie am Beispiel der Stadt Nürnberg. In: Gans, Paul (Hrsg.): Räumliche Auswirkungen der internationalen Migration. Hannover, S. 365-380.

Leicht, René/Langhauser, Marc/Abteilung Wirtschafts- und Sozialpolitik der Friedrich Ebert-Stiftung (Hrsg.) 2014: Ökonomische Bedeutung und Leistungspotenziale von Migrantenunternehmen in Deutschland. WISO Expertisen und Dokumentationen zur Wirtschafts- und Sozialpolitik. Bonn.

Niemann, Friederike-Sophie/Garcia Schmidt, Armando 2015: Das Potenzial der heterogenen Gesellschaft nutzen – Migrantenunternehmen als Motor inklusiven Wachstums. In: Bertelsmann Stiftung (Hrsg.): Inklusives Wachstum für Deutschland 02/2015. Gütersloh.

Stefan Kreutzberger, Kevin Borchers, Jennifer Ichikawa
Entwicklungspolitisches Engagement von Migrantenorganisationen auf kommunaler Ebene

1. Hintergrund: kommunale Entwicklungspolitik

Bevor man sich der Frage widmet, wie sich entwicklungspolitisches Engagement von Migrantenorganisationen auf kommunaler Ebene darstellen kann und bereits darstellt, muss deutlich gemacht werden, dass eine selbstbewusste kommunale Entwicklungspolitik gar nicht selbstverständlich ist. Dass Städte auch außenpolitische Akteure sind und sich ihre wirtschaftlichen und sozialpolitischen Entscheidungen mitunter direkt auf globalisierte Zusammenhänge auswirken, ist immer noch vielen Verantwortlichen auf Bundes-, Landes- und Kommunalebene nicht bewusst. Oftmals herrscht die Auffassung vor, Außen- und Entwicklungspolitik sei eine klassische Domäne des Staates: die Kommunen hätten damit nichts zu tun und seien nur für das Lokale zuständig. Das Grundgesetz und die Länderverfassungen sähen gar keine Ermächtigung der Gemeinden zur Aufnahme von Auslandsbeziehungen vor. Dabei hatten bereits 1988 die Ministerpräsidenten der Länder den Städten und Gemeinden und ihrer Bürgerschaft eine wichtige Rolle für die internationale Zusammenarbeit zugesprochen. Dies wurde in den Folgejahren mehrmals bestätigt, vom Deutschen Städtetag bekräftigt und fand Eingang in die Arbeit der EU (vgl. Fröhlich und Lämmlin 2009, S. 41 ff.). Ungeachtet juristischer Deutungen entdecken nun immer mehr deutsche Städte, Gemeinden und Landkreise die Möglichkeiten der kommunalen Entwicklungspolitik: Sie fassen Beschlüsse zur fairen und ökologischen Beschaffung, unterstützen den fairen Handel und fördern die entwicklungspolitische Informations- und Bildungsarbeit ihrer Zivilgesellschaft. Mehr als 500 Kommunen engagieren sich – zum Teil seit Jahrzehnten – im Rahmen kommunaler Partnerschaften mit Städten in Asien, Afrika und Lateinamerika, sind zeitlich befristete Projektpartnerschaften eingegangen oder Bestandteil eines umfassenden Nord-Süd-Städtenetzwerkes geworden. Sie leisten humanitäre Hilfe, unterstützen Spendenaktionen oder kooperieren mit Durchführungsorganisationen des Staates. Dabei erleben die deutschen Kommunen, wie nachgefragt ihre Expertise in den rasant wachsenden Städten in Ländern des globalen Südens ist und gleichzeitig, wie viel sie von den dortigen Erfahrungen lernen können. Dieses Engagement – über den lokalen

Tellerrand hinaus – erfolgt, obwohl die finanziellen Rahmenbedingungen und die begrenzte Personalkapazität der Kommunen dafür nur wenig Spielraum lassen.

2. Migration und Entwicklung auf kommunaler Ebene

2.1 Lokale Migrantenorganisationen als entwicklungspolitische Akteure

In vielen Städten und Gemeinden, die im oben beschriebenen Sinne eine aktive kommunale Entwicklungspolitik betreiben, entwickelte sich verstärkt in den vergangenen fünf Jahren auch eine ernsthafte Öffnung und bewusste Zusammenarbeit mit lokalen Migrantenorganisationen und ihren Dachverbänden, wie beispielsweise dem im September 2015 in Dortmund gegründeten Bundesverband lokaler Netzwerke NEMO[1]. Die Servicestelle Kommunen in der Einen Welt der Engagement Global gründete 2011 ein Netzwerk zum Thema Migration und Entwicklung auf kommunaler Ebene. Auf bundesweiten und regionalen Treffen tauschen sich Vertreter_innen aus Kommunalverwaltung und -politik sowie aus entwicklungspolitisch aktiven Migrantenorganisationen und weiteren Eine-Welt Akteuren regelmäßig aus und bringen neue Ideen auf den Weg, die dann in kommunalen Projekten münden. Und diese gehen weit über einen nur paternalistischen Integrationsgedanken hinaus: Migrant_innen werden nicht als Bedürftige und Zu-Versorgende gesehen, sondern als politische und gesellschaftliche Akteure mit gleichen Rechten. Eine beiderseitige interkulturelle Öffnung soll einen Veränderungsprozess in Gang setzen, um die bestehenden Strukturen in Politik, Verwaltung und Zivilgesellschaft zugunsten einer ernsthaften Teilhabe aller in einer Kommune Lebenden weiterzuentwickeln. Dazu gehört unbedingt, dass gerade auch Menschen mit Migrationshintergrund in der entwicklungspolitischen Arbeit einer Kommune professionell mit eingebunden sind. Der Mehrwert für alle ist groß, denn viel häufiger als dies medial sichtbar wird, engagieren sich Menschen mit Migrationshintergrund für entwicklungspolitische Fragestellungen in ihren Herkunftsregionen.

2.2 Migrantenorganisationen und Verwaltung

Die Voraussetzungen und Bedingungen in den einzelnen Kommunen, so die Erkenntnisse aus dem Handlungsfeld Migration und Entwicklung auf kommunaler Ebene, sind allerdings sehr unterschiedlich: In manchen sind Migrantenorganisationen über eine Integrationsagentur, eine(n) Beauftragte/n oder ein Forum sehr gut und breit vernetzt. In anderen Kommunen arbeiten sie hingegen eher parallel nebeneinander, da sie oftmals unterschiedliche entwicklungspolitische, religiöse oder soziale Interessen und Schwerpunkte haben. Darüber hinaus ist der

---

[1] www.bv-nemo.de

Organisationsgrad, wie auch bei anderen zivilgesellschaftlichen Formen, sehr unterschiedlich ausgeprägt. So gibt es Gruppen, die kleinere Projekte umsetzen und damit im Hintergrund bleiben oder Akteure, die stark sichtbar sind und den entwicklungspolitischen Diskurs bestimmen.

In den kommunalen Verwaltungen wiederum sind es mehrere Fachbereiche, wie beispielsweise Integration, Internationales oder Lokale Agenda 21, die das Themenfeld Migration und Entwicklung berühren. Selten sind diese inhaltlich miteinander vernetzt. Dezernats- oder ämterübergreifende Kooperationen finden meist nicht statt. Wie die zivilgesellschaftlichen Akteure auch, sehen sich diese Fachstellen oft einem Mangel an personellen und finanziellen Ressourcen ausgesetzt. Im Vorfeld einer Vernetzung mit migrantischen Akteuren bedarf es daher immer erst einer internen Abstimmung über die Zuständigkeit beziehungsweise einer sinnvollen Koordinierung der Arbeit. Grundsätzlich kann nun der Impuls der Zusammenarbeit aus der Kommunalverwaltung kommen oder von den Migrantenorganisationen selbst ausgehen. Um eine kommunale Entwicklungspolitik und auch das Thema Migration und Entwicklung verbindlich zu machen, rät die Servicestelle dringend dazu, einen grundlegenden Ratsbeschluss herbeizuführen, der möglichst fraktionsübergreifend gefasst werden sollte. Je breiter die politische Grundlage des Beschlusses ist, desto höher stehen die Chancen einer langfristigen und wirksamen Zusammenarbeit. Um dabei keine falschen Erwartungen zu wecken, sollte zu Beginn des Dialogprozesses die Frage nach gemeinsamen entwicklungspolitischen Interessen und Zielen in den Mittelpunkt gestellt werden. Unabdingbar für den Gesamtprozess ist – nach Ansicht der Servicestelle – die Identifizierung von Schlüsselpersonen sowohl von den Migrantenorganisationen als auch aus der Kommunalverwaltung, die Verantwortung übernehmen, sich kümmern und die Planung und Durchführung des Prozesses vorantreiben (vgl. SKEW-Praxisleitfaden 2010; Gutachten zu Migration und kommunaler Entwicklungspolitik 2012).

2.3 Gute Beispiele

Wie wichtig und erfolgreich solche „Kümmerer" sein können, belegen stellvertretend für dutzende weitere gute Projekte beispielhaft Erdaw Miko vom Kölner Verein Sonnenblume[2] und das Ehepaar Medhin und Haile Anday aus Ehingen. Mit dem Anspruch „kein Cent darf verloren gehen" sammelt Miko seit Jahren ausschließlich über Fundraising Gelder für Schulbänke und Brunnenbau in Dörfern seines Heimatlandes Äthiopien. Er und sein Verein sind seit Jahren im Netzwerk Eine-Welt Stadt Köln aktiv. Die Stadt erhielt dafür 2014 den ersten Platz beim Wettbewerb von Engagement Global „Kommune bewegt Welt".

---
2 www.sonnenblume-ev.de

Familie Anday, seit Jahren in der Kleinstadt über die Arbeit und Vereinsmitgliedschaften integriert, initiierte im Arbeitskreis „Eine Welt Ehingen" ein Hilfsprojekt für ihr Heimatdorf Weki in Eritrea. Kriegswitwen werden hier zu Weberinnen ausgebildet und mit eigenen Webstühlen ausgestattet. Die jahrelange erfolgreiche Projektarbeit erfuhr viel Unterstützung und Spenden von Schulen, Firmen und Vereinen in der Kleinstadt. Für ihr Engagement und die gute Verankerung des Projekts in der Ehinger Bürgerschaft wurden die Andays zusammen mit der Stadt 2014 mit dem Sonderpreis des Wettbewerbs „Kommune bewegt Welt" ausgezeichnet.[3]

3. Flucht als „neues" Thema der kommunalen Entwicklungspolitik

3.1 Ansätze in Kinderschuhen

Die Frage der Einbindung des Themas Flucht und von Geflüchteten als Akteure in der kommunalen Entwicklungspolitik eröffnet ein neues Feld. Die Servicestelle gab daher gezielt ein praxisnahes Gutachten in Auftrag (Dünnwald und Drubig 2015). Grundlage bildeten zwei Workshops im Spätherbst 2014 und im Frühjahr 2015 sowie vertiefende Interviews – mit Geflüchteten, Vertreter_innen von Migrantenorganisationen, weiteren entwicklungspolitischen Nichtregierungsorganisationen, aus Kommunalverwaltungen, Durchführungsorganisationen der Entwicklungszusammenarbeit sowie Bundesbehörden. Die Gutachter stellten fest, dass eine Verbindung zwischen den Themen Flucht und kommunaler Entwicklungspolitik noch nicht ausgeprägt ist: „Ansätze dazu stecken in den Kinderschuhen und vielerorts stehen Strukturen des Empowerments für Flüchtlinge auf der einen und des entwicklungspolitisches Engagements der Kommunen auf der anderen Seite unverbunden nebeneinander" (ebd., S. 30). Vorherrschend sei meistens nur die Frage der praktischen Unterbringung und Versorgung und zu wenig ginge es um die Akzeptanz und das Verständnis für das Thema Flucht in der Bürgerschaft. Dies erfordere – als grundlegendes Thema der entwicklungspolitischen Bildungsarbeit und des Globalen Lernens – sich mit Fluchtursachen, Fluchtgründen und der Situation in den Herkunftsländern der Geflüchteten auseinanderzusetzen. Genau wie die Migrantenorganisationen verfügen viele Geflüchtete über Erfahrungen und Fähigkeiten, die sie in die kommunale Entwicklungspolitik einbringen und die umgekehrt von der Kommune unterstützt werden könnten. Auch die Handlungsfelder seien grundsätzlich die gleichen: Neben expliziten Entwicklungsprojekten in Herkunftsländern sind dies die entwicklungspolitische Bildungsarbeit in Deutschland, dann Rücküberweisungen und Inves-

---

3 www.lokale-agenda-ehingen.de

Entwicklungspolitisches Engagement von Migrantenorganisationen 111

titionen im Herkunftsland sowie die Rückkehr und rückkehrvorbereitende Projekte und Aktivitäten. Eingeschränkt werde dies allerdings durch die ausländerrechtlich festgelegten Restriktionen. Es würde sich daher anbieten, die Erfahrungen der Geflüchteten für die Bildungsarbeit im Rahmen von kommunaler Entwicklungspolitik einzubinden oder ihnen Qualifizierungs- und Weiterbildungsmöglichkeiten anzubieten. Generell sollten Geflüchtete als entwicklungspolitische Akteure sichtbarer werden und die Beziehungen zwischen etablierten Migrantenorganisationen und Geflüchteten oder Flüchtlingsselbstorganisationen stärker auf Austausch angelegt werden. Denn oftmals wissen sie nichts von der Existenz von MIgrantenorganisationen aus ihren Herkunftsländern. Zwar existieren gerade in Ballungszentren Listen oder Verzeichnisse von Organisationen, aber diese erreichen die Geflüchteten meist nicht. Hier könnte die Kommunalverwaltung positiv wirken und den Informationsfluss in beide Richtungen unterstützen. Allerdings solle die Rolle der Migrantenorganisationen nicht überschätzt werden. Auch sie seien nicht per se optimal aufgestellt hinsichtlich des Empowerments von Geflüchteten oder als Sprecher ihrer Interessen. Es bestünden oft wenige Kontakte und Kenntnisse, manchmal auch ein geringes Verständnis für die Situation von Geflüchteten oder auch die Befürchtung, dass eine eigene schon erreichte gesellschaftliche Anerkennung gefährdet sei, würde man sich zu sehr mit Geflüchteten solidarisieren. Die Selbstorganisation von Geflüchteten oder von Geflüchteten ergriffene Aktivitäten würden von der Bürgerschaft zuweilen als irritierend oder als nicht zielführend wahrgenommen. Ein Grund hierfür wird laut Gutachten darin vermutet, dass Geflüchtete als Menschen wahrgenommen werden, die Probleme verursachen, und nicht als Menschen, die sich in kommunale Angelegenheiten einbringen könnten.

3.2 Beispielhafte kommunale Arbeit

Dass es auch anders geht, belegt das Beispiel Ludwigsburg. Der Anteil der Menschen mit Migrationshintergrund liegt hier bei über 41 Prozent. Die Stadt koordiniert die verschiedenen Angebote für Geflüchtete von Ehrenamtlichen, Vereinen und Wohlfahrtsverbänden und das Stadtentwicklungskonzept wird um das Kapitel „Wir heißen Asylsuchende willkommen" erweitert. Ein mehrsprachiger Wegweiser für Neubürger_innen schließt auch Informationen für Asylsuchende ein. Ganz bewusst wird hier kein Unterschied zwischen Migrant_innen und Geflüchteten gemacht. Die Stadt vermittelt darüber hinaus Geflüchtete in Deutschkurse und den Ausbildungs- und Arbeitsmarkt durch niederschwellige Beschäftigungsangebote. Sie öffnet dazu auch die eigene Stadtverwaltung und bietet Jobs als beispielsweise Schulhausmeister_in und in der Sportflächenverwaltung an.

Sind derartige Grundlagen erst einmal vollzogen, heißt der nächste Schritt, die Themen Flucht und kommunale Entwicklungspolitik zusammen zu denken. Die

Servicestelle unterstützt daher mit ihrem neuen Programm „Flucht in der Einen Welt" gezielt aktive Kommunen und zivilgesellschaftliche Akteure bei der Vernetzung und Planung von Angeboten in den Bereichen Begegnung, Bewusstseinsentwicklung und Bildung. Beim ersten Begegnungs- und Arbeitsforum des Projektes im April 2016 in Aulendorf trafen geflüchtete Menschen aus verschiedenen Herkunftsländern mit Menschen aus lokalen Initiativen und Migrantenorganisationen, der Wirtschaft und Kommunalverwaltung zusammen. Dank des persönlichen Austausches eröffneten sich dabei neue Perspektiven: Es entstand die Idee zu einem Theaterstück, einem Businesstisch und einer gemeinsame Facebook-Gruppe. Alle drei Monate will man sich nun wieder treffen.

Für kleinere, bislang entwicklungspolitisch nicht aktive Kommunen soll mit dem Pilotprojekt „Kommunen als Initiatoren entwicklungspolitischer Bildungsarbeit" ein Einstiegsangebot geschaffen werden, sich im Kontext von Flucht (erstmalig) mit globalen Zusammenhängen zu befassen. Migrantenorganisationen und engagierten Menschen mit Migrationshintergrund sollen hierbei ganz bewusst bei der Planung und Umsetzung von Vorhaben der entwicklungspolitischen Bildungsarbeit beteiligt werden.

Ein weiteres Projekt im Bereich Flucht befasst sich mit der Qualifizierung von Geflüchteten in deutschen Kommunalverwaltungen. Beim Wiederaufbau der Herkunftsländer von Geflüchteten aus (Bürger-)Kriegsländern wird der Aufbau funktionierender Kommunalverwaltungen eine bedeutende Rolle spielen. Deutsche Kommunen können hier schon frühzeitig in Deutschland unterstützen, indem sie Geflüchteten eine entsprechende Qualifizierung anbieten. Diese könnten sich in der Folge gezielt und qualifiziert am Aufbau von Kommunalverwaltungen in ihren Herkunftsländern beteiligen – sei es bei Rückkehr oder durch Projekte, die sie von Deutschland aus beispielsweise zusammen mit deutschen Kommunen umsetzen. Idealerweise können hierdurch neue Brücken zwischen deutschen Kommunen und Kommunen im Globalen Süden entstehen.

Literatur

Fröhlich, Katrin/Lämmlin, Bernd 2009: Kommunale Entwicklungspolitik in Deutschland – Studie zum entwicklungspolitischen Engagement deutscher Städte, Gemeinden und Landkreise. Discussion Paper/Deutsches Institut für Entwicklungspolitik. Bonn, S. 41-45.
SKEW-Praxisleitfaden Migration und Entwicklung auf lokaler Ebene 2010, DG 22. Bonn.
Gutachten zu Migration und kommunaler Entwicklungspolitik 2012, DG 27. Bonn.
Dünnwald, Stephan/Drubig, Roland 2015: Partizipation von Flüchtlingen in der kommunalen Entwicklungspolitik – Gutachten. In: DG 36. Bonn.

3. Kapitel

Interkulturelle Öffnung

Birgit Jagusch
Einführung

Um bürgerschaftliches Engagement bei Menschen mit und ohne Migrationsgeschichten anregen und unterstützen zu können, bedarf es geeigneter Rahmenbedingungen und Strukturen, die dazu beitragen, dass Barrieren, die dem Engagement entgegenstehen, beseitigt werden. Nach wie vor sind Menschen mit Migrationsgeschichten in den Arenen des bürgerschaftlichen Engagements noch nicht adäquat repräsentiert und Exklusionsmechanismen auf verschiedenen Ebenen wirkmächtig. Um diese Ungleichverhältnisse auszugleichen, werden in den Institutionen des Engagements seit geraumer Zeit Prozesse der Interkulturellen Öffnung konzipiert und implementiert. Interkulturelle Öffnung kann verstanden werden als ein Prozess, der darauf abzielt, Organisationen und deren Arbeitsweisen, Aufgabengebiete, Angebote und Strukturen so zu verändern, dass alle Personen tatsächlich die Möglichkeit der Partizipation erhalten. Damit dient die Interkulturelle Öffnung, wie es Handschuck und Schröer formulieren, dem Ziel der Herstellung von „Soziale[r] Gerechtigkeit und Chancengleichheit [die als] aus dem Sozialstaatsgebot abgeleiteten Ziele sozialer Arbeit [gelten]" (o. J., S. 8). Insofern ist Interkulturelle Öffnung nicht nur ein Element innerhalb eines Organisationsentwicklungsprozesses, sondern kann gleichermaßen als „sozialpolitische Haltung" (ebd., S. 2) charakterisiert werden. Es gilt hierbei Organisationsentwicklungen dergestalt zu konzipieren, dass sie Interkulturelle Öffnung sowohl auf institutioneller Ebene wie auch auf den Ebenen der Prozesse und auch der Personen sowie individuellen Einstellungen adressieren. Diese Praxen, die damit verbundenen unterschiedlichen Sphären und institutionellen Kontexte sowie differente Handlungsstränge, sollen im Fokus des folgenden Kapitels stehen.

Der erste Artikel von *Stefan Gaitanides* beleuchtet die Eckpfeiler und Konstitutiva von Praxen der Interkulturellen Öffnung. Er skizziert die wesentlichen Maximen, die als Basis dafür angesehen werden können, wenn Institutionen Organisationsentwicklungsprozesse der Interkulturellen Öffnung einleiten. Dabei geht der Autor auch auf die Bedeutung der Kooperation von etablierten Einrichtungen mit Migrantenorganisationen als eine der Ausprägungen Interkultureller Öffnung ein und benennt Schwierigkeiten und Herausforderungen für Prozesse der Öffnung. Der folgende Artikel von *Heiko Klare* fokussiert eine grundlegende Ausgangsbedingung, die für die Beseitigung von diskriminierenden und exklusiven Praxen wesentlich ist und skizziert Anforderungen und Bedeutungen von rassismuskritischen Perspektiven auf die Praxen der Interkulturellen

Öffnung. Dabei geht es insbesondere darum, Fallstricke und Schwierigkeiten zu erläutern, die sich allzu leicht in Konzepte der Interkulturellen Öffnung einschleichen und Möglichkeiten zu eröffnen, wie eine selbstreflexive Analyse helfen kann, mit derartigen Schwierigkeiten umzugehen. Der folgende Artikel von *Sergio Andrés Cortés Núñez* und *Evîn Kofli* richtet das Augenmerk auf Prozesse der Interkulturellen Öffnung in Wohlfahrtsverbänden. Basierend auf einer kurzen Skizze der historischen Entwicklung der Zusammenarbeit mit und Teilhabe von Menschen mit Migrationsgeschichten in den Wohlfahrtsverbänden und der Beschreibung der Situation im Paritätischen Wohlfahrtsverband, richten sie ihren Fokus insbesondere auf die Frage, welche Beiträge der Interkulturellen Öffnung im Rahmen der Kooperation zwischen Migrantenorganisationen und etablierten Wohlfahrtsverbänden liegen und welche Rolle Migrantenorganisationen in der Landschaft der Wohlfahrtspflege spielen. Anschließend verdeutlicht *Robert Werner* die Entwicklung eines Verbandes auf dem Weg zur Interkulturellen Öffnung. Die djo-Deutsche Jugend in Europa hat sich im Verlauf der vergangenen Jahre zu einem wesentlichen Dachverband für Vereine von Jugendlichen mit Migrationsgeschichten (VJM) entwickelt und damit den Verband und sein Engagement für Jugendliche nachhaltig geöffnet. Damit stehen die djo und die dort repräsentierten VJM exemplarisch für die Interkulturelle Öffnung der Jugendverbandsarbeit. Der Autor stellt Entwicklungen dar und benennt zentrale Herausforderungen und Anregungen für die Praxis. *Veronika Fischer* fokussiert in ihrem Beitrag auf die Frage, welchen Beitrag die Familienbildung zur Förderung bürgerschaftlichen Engagement in der Migrationsgesellschaft leisten kann und wo in diesem institutionellen Kontext noch Ansatzpunkte zur Entwicklung von Projekten der Interkulturellen Öffnung liegen. Dabei geht sie auch auf den Aspekt ein, dass Menschen mit Migrationsgeschichten zu den Arenen der Familienbildung noch keine Zugänge gefunden haben und gleichzeitig auch Migrantenorganisationen als Träger von Maßnahmen der Familienbildung noch nicht ausreichende Anerkennung erhalten. In dem abschließenden Artikel rekurrieren *Andreas Foitzik* und *Annita Kalpaka* mit dem Bereich der Fort- und Weiterbildung auf eine zentrale Arena, in der Qualifizierungsangebote und Weiterbildungsmaßnahmen für haupt- und ehrenamtlich Aktive entwickelt werden. Der Prozess der Interkulturellen Öffnung von Institutionen kann nicht ohne Bezug auf die Frage in Gang kommen, wie sich die Maximen der Interkulturellen Öffnung auch in Konzepten der Aus- und Weiterbildung niederschlagen. Deutlich wird in diesem Beitrag, der sich entlang der Analyse eines für die Fort- und Weiterbildung entwickelten Konzepts der diversitätsbezogenen Arbeit entfaltet, insbesondere wie wichtig es ist, die Perspektive der Akteur_innen und Teilnehmenden im Blick zu behalten und bei der Konzeption von Angeboten rassismuskritische Aspekte zu beachten.

Einführung

Die Artikel des folgenden Kapitels spannen dementsprechend den Bogen zu ganz unterschiedlichen Bereichen und Ebenen der Interkulturellen Öffnung und exemplifizieren, wie notwendig eine mehrdimensionale Herangehensweise ist, wenn es darum geht, Exklusionen für das Engagement von Menschen mit Migrationsgeschichten zu identifizieren und abzubauen.

Literatur

Handschuck, Sabine/Schröer, Hubertus (o. J.): Interkulturelle Orientierung und Öffnung von Organisationen. Strategische Ansätze und Beispiele der Umsetzung. Ohne Ort.

Stefan Gaitanides
Interkulturelle Öffnungsprozesse

1. Klärung von Grundbegriffen

Bei aller Differenzierung, die das Paradigma der Interkulturellen Öffnung im Verlaufe der sozialwissenschaftlichen und sozialpolitischen Debatte erfahren hat, und der Vieldeutigkeit der Konnotationen der Begriffe Interkulturelle Orientierung, Interkulturelle Kompetenz und Interkulturelle Öffnung, lassen sich doch bestimmte Gemeinsamkeiten im Hinblick auf deren inhaltlichen Bestimmung benennen. Unter den Autor_innen, die sich mit der Ausarbeitung von Zielen und Umsetzungskonzepten der Interkulturelle Öffnung befasst haben, herrscht weitestgehend ein Konsens bezüglich der wichtigsten Eckpunkte, die im Folgenden skizziert werden. Dabei orientieren sich die meisten von ihnen an der Systematik des Qualitätsmanagements und bewährten Modellen der Organisations- und Personalentwicklung (u. a. Lima Curvello 2005; Fischer 2008; Gaitanides 2006, 2016; Handschuck und Schröer 2012).

1.1 Interkulturelle Orientierung

Interkulturelle Orientierung als Leitbild für die Organisationsentwicklung zielt letztlich auf die Erfüllung der menschenrechtlich begründeten Postulate des freiheitlich/demokratischen Rechts- und Sozialstaates und schließt an einen partizipativen Integrationsbegriff an, wie ihn an prominenter Stelle die von der Bundesregierung eingesetzte unabhängige Zuwanderungskommission („Süssmuth-Kommission") in ihrem Abschlussbericht von 2001 definiert. Aufgabe von Integrationspolitik sei es „[…] die gleichberechtigte Teilhabe am gesellschaftlichen, wirtschaftlichen, kulturellen und politischen Leben unter Respektierung der kulturellen Vielfalt zu ermöglichen. Dessen ungeachtet haben die Zuwanderer – wie jeder Bürger – die Pflicht, die Verfassung und die Gesetze zu respektieren und zu befolgen" (Bericht der unabhängigen „Kommission Zuwanderung" Berlin 2001, S. 200). Der Abbau der Zugangsbarrieren zu öffentlichen Gütern ist ein Gebot des Gleichbehandlungsgrundsatzes. Niemand darf wegen seiner ethnischen, nationalen oder religiösen Herkunft „beim Zugang zu öffentlichen Gütern und Dienstleistungen" benachteiligt werden (Allgemeines Gleichbehandlungsgesetz 2006: § 2, (1) 8). Benachteiligung liegt auch dann vor, wenn öffentliche Dienstleistungen trotz formaler Gleichstellung aufgrund fehlender Passung

Interkulturelle Öffnungsprozesse 119

nicht in Anspruch genommen werden können. Faktische Versorgungsungerechtigkeit liegt zum Beispiel in der Kinder- und Jugendhilfe vor, wenn die unterschiedlichen „sozialen und kulturellen Bedürfnisse" der jeweiligen Adressaten nicht berücksichtigt werden (vgl. auch § 9,2 SGB VIII). Ein weiterer in das Leitbild der Interkulturellen Orientierung gehörender Eckpfeiler, ist die Respektierung kultureller vielfältiger Lebensformen und -stile sowie der Vielfalt religiöser Gemeinschaften. Sie sind verfassungsrechtlich geschützt solange sie nicht mit höherrangigeren Grundrechten kollidieren. Individuelle Freiheitsrechte haben einen höheren Rang als kulturelle Gruppenrechte. Hier kann beispielsweise das Elternrecht auch seine Grenze finden. So im Falle der Schulen und der Kinder- und Jugendhilfe, wenn die Persönlichkeitsentwicklung im Bildungssystem oder das Kindeswohl durch kulturell legitimierte Erziehungspraktiken der Eltern gefährdet ist.

1.2 Interkulturelle Kompetenz

Interkulturelle Kompetenz beinhaltet ein Set von analytischen, personalen, sozialen und handlungsorientierten Kompetenzen, die es ermöglichen in einer sozial und kulturell stark differenzierten Gesellschaft angemessen, erfolgreich und einer transkulturellen Ethik verpflichtet zu kommunizieren und zu kooperieren (angelehnt an Grosch et al. 2000, S. 8).

Vorbeugend gegen kulturalistisches Missverstehen des Begriffsinhaltes wirkt die Ergänzung durch das Prädikat „reflexiv". „Reflexive interkulturelle Kompetenz" (Hamburger 2009) beinhaltet vieles mehr als die Wahrnehmung und Reflexion unterschiedlicher kultureller Codes in der Interaktion und daran orientierter Handlungskonzepte. Explizit und an vorderster Stelle schließt sie auch die Reflexion und Dekonstruktion von wechselseitigen homogenisierenden und generalisierenden kulturellen Zuschreibungen ein. Die meisten Expertisen und seriösen Trainingskonzepte vertreten einen multidimensionalen Ansatz, der – neben kulturellen Aspekten – das strukturell bedingte Machtgefälle in der Kommunikationsbeziehung berücksichtigt sowie die mit dem Migrationsstatus und der Migrationsbiografie zusammenhängenden sozialen, sozialpsychologischen wie rechtlich/politischen Aspekte.

1.3 Interkulturelle Öffnung

Dieser Begriff bezieht sich auf die Entwicklung einer von Menschen mit Migrationsgeschichte inkludierenden Organisationsstruktur und -kultur. Davon leiten sich strategische Ziele, Strukturveränderungen und Qualifizierungsprozesse ab, darunter ein auf Schlüsselprozesse fokussiertes Qualitätsmanagement. Nach einer quantitativen wie qualitativen analytischen Bestandsaufnahme der Zugangsbarrieren werden darauf aufbauend Öffnungskonzepte und -standards entwickelt, die an den spezifischen Kontext des Berufsfeldes und dessen Zielgruppe angepasst sind.

2. Bausteine des prozessualen Handlungskonzeptes der Interkulturellen Öffnung

In den folgenden Abschnitten sollen Bausteine des prozessualen Handlungskonzeptes der Interkulturellen Öffnung exemplarisch für den Bereich der sozialen Dienste erläutert werden, ein Bereich den der Verfasser seit Anfang der 1990er-Jahre – bezüglich des Zugangs von Menschen mit Migrationsgeschichte – beforscht und beraten hat.

2.1 Diskursive Erarbeitung eines interkulturellen bzw. Gleichstellungs-Leitbildes

Für die Identifikation der Mitarbeiter_innen mit einem Leitbild ist es von großer Bedeutung, ob es gemeinschaftlich diskursiv erarbeitet wird. Dies setzt eine Beschäftigung mit verfassungsrechtlichen und berufsethischen Begründungen des Postulats Interkultureller bzw. antidiskriminierender Öffnung voraus sowie eine davon abgeleitete Konsensstiftung über die grundsätzliche normative Positionierung der Organisation in der Einwanderungsgesellschaft. Sie ist erfahrungsgemäß besonders wichtig für die kollegiale Entscheidungsfindung im beruflichen Kontext bei strittigen Themen wie etwa: „Was ist rassistisch", „Was sind die Grenzen interkultureller Toleranz?"

2.2 Quantitatives Monitoring

Im Mittelpunkt steht dabei die Beobachtung und Dokumentation der Anteile von Nutzer_innen mit Migrationsgeschichte und des relativen Erfolgs der Arbeit unter Berücksichtigung komplexer Merkmale – u. a. Aufenthaltsstatus, Einwanderungsgeneration, Geschlecht, Alter, sozioökonomischer Status –, um multifaktorielle Zusammenhänge beurteilen zu können.

Vorbildlich ist hier die jährliche Kinder- und Jugendhilfestatistik des Statistischen Bundesamtes, die seit 2007 differenzierte mehrdimensionale Analysen ermöglicht. Auf Grundlage dieses Datensatzes kann beispielsweise belegt werden, dass die rein quantitative Repräsentanz der Fallzahlen von Kindern mit Migrationshintergrund kein verlässlicher Indikator für den Abbau von Zugangsbarrieren und der Verbesserung der Ergebnisqualität ist. So sind Kinder aus Familien, in denen zu Hause vorrangig Deutsch gesprochen wird, bei der präventiven Erziehungsberatung stark unterrepräsentiert. Bei den Maßnahmen stationärer Unterbringung, deren Beendigung ohne Erreichung der Hilfeplanziele insgesamt enorm hoch ist (2013: 46 Prozent), sind sie dagegen überrepräsentiert (Gaitanides 2016).

2.3 Qualitative Evaluation

Hier geht es insbesondere um die Zugangs- und Inanspruchnahmebarrieren sowie unterschiedliche Ergebnisqualität, die durch rekonstruktive Fallanalysen, Befragung externer Expert_innen, Focusgruppenbefragungen von Nutzer_innen (Gaitanides 2003) bzw. von bedürftigen Nicht-Nutzer_innen, die den Weg noch nicht in die Einrichtung gefunden haben, erhoben werden.

Bei der Analyse der Zugangsprobleme ist zu beachten, dass die Fachkräfte nicht nur die Gründe bei den Defiziten und Motiven der Migrant_innen suchen, sondern auch die eigenen – möglicherweise ausgrenzenden – Einstellungen, Verhaltensmuster und die institutionellen Arrangements hypothetisch und selbstreflexiv in den Blick nehmen. Nichtinanspruchnahme oder geringerer Erfolg der Beratungs- bzw. Hilfeleistung sind häufig auch das Ergebnis asymmetrischer Interaktion. Dabei liegt die Hauptverantwortung für Reflexion und Abbau der Barrieren bei den Institutionen (vertiefend Gaitanides 2006).

2.4 Abbau der Zugangsbarrieren

Wesentlich ist dabei eine bedarfsgerechte, niedrigschwellige Öffentlichkeitsarbeit und Veränderung der Angebotsstrukturen. Um dem Mangel an Informationen über die Struktur und Funktion der sozialen Dienste zu beheben und um in Migrantenmilieus zirkulierende Ressentiments und Ängste beispielsweise gegenüber dem Jugendamt und Erziehungshilfen entgegenzuwirken, reichen mehrsprachige Flyer nicht aus. Am wirkungsvollsten sind mündliche Informationen übermittelt durch Multiplikator_innen aus dem Sozialraum (muttersprachliche Sozialarbeiter_innen, Vereinsvertreter_innen, Geistliche, geschulte Stadtteilmütter usw.) und die „Mundpropaganda" zufriedener Nutzer_innen. Zielführend sind auch Informationsveranstaltungen in Selbstorganisationen, aber auch mit Kitas und Schulen, wenn für die Übersetzung von Brückenpersonen gesorgt ist (Gaitanides 2015). Für die Kontaktaufnahme ist das äußere Erscheinungsbild der Einrichtungen von Bedeutung. Dazu gehört nicht nur ein willkommen heißendes räumliches Ambiente und Setting – z. B. durch einen offenen Schnupperbereich – vor allem aber auch die Repräsentation von muttersprachlichen Fachkräften, die in der Regel einen Vertrauensvorschuss haben. Für die Inanspruchnahme von Angeboten sind die Erreichbarkeit und an die Lebensrealität angepasste Zeitstrukturen eine wichtige Voraussetzung und dies besonders bei jungen Müttern, deren Mobilität sehr eingeschränkt ist. Räumliche Nähe allein vermag aber die Zugangsschwelle nicht zu senken, wenn sich die Einrichtung nicht interkulturell geöffnet hat. Sozialraumorientierung ohne Interkulturelle Öffnung führt nicht zu den gewünschten Ergebnissen (Straßburger 2009).

2.5 Externe Vernetzung

Vernetzung bezieht sich in diesem Kontext besonders auf Migrations- und Regeldienste, Integrationszentren sowie Integrationsbeauftragte, einschlägige Fach- und Stadtteilarbeitskreise und Migrantenorganisationen[1]. Ohne interinstitutionelle Kommunikationsbeziehungen und Kooperationen kann die Komplexität Interkultureller Öffnungsprozesse nicht bewältigt werden. Zudem können die Foren fach- und kommunalpolitisch engagierter Repräsentant_innen der „Community of Practice" über ihren Expertenstatus auch auf die kommunalpolitische Debatte Einfluss nehmen. Der Zugang zu den zivilgesellschaftlichen Akteur_innen wird durch eine interkulturelle Zusammensetzung der Mitarbeiterschaft und ein interkulturell fortgeschrittenes Profil wesentlich erleichtert. Eine tragfähige Kooperation mit Migrantenorganisationen kann aber nur gelingen, wenn „Augenhöhe" nicht nur ein wohlfeiles Versprechen bleibt und die Zusammenarbeit beiden Seiten Gewinn bringt (Weiss 2013).

2.6 Personalentwicklung

Dabei kommt es insbesondere auf eine angemessene Repräsentation von Fachkräften mit Migrationsgeschichte auf allen Statusebenen der Organisation an, auf strukturierte Vermittlung bzw. Weiterentwicklung der Interkulturellen Kompetenz als Schlüsselkompetenz aller Mitarbeiter_innen und interkulturelle Teamentwicklung. Mitarbeiter_innen mit Migrationsgeschichte verfügen wie erwähnt über einen Vertrauensvorschuss bei der Klientel und können diesen auch auf die Kolleg_innen bzw. die Institution übertragen. Appelle der „eigenen Leute" – auch konfrontative – werden eher angenommen und sie können als Rollenmodelle dienen, als Zugewanderte, die den Spagat zwischen der Herkunftskultur und den Anforderungen der Einwanderungsgesellschaft gemeistert haben. Neben den muttersprachlichen Kenntnissen, die auch eine große Bedeutung für die Mitteilung von Emotionen haben, sind sie durch ihre Biografie mit der Lebenswelt der Zuwanderer relativ vertraut. Erleichterte Zugänge und kulturelle Vertrautheit bedeuten allerdings nicht, dass sie automatisch zu besseren Arbeitsergebnissen führen. Neben den vorausgesetzten professionellen Kompetenzen müssen auch die migrantischen Mitarbeiter_innen ihre Interkulturelle Kompetenz systematisch weiterentwickeln. Das „Inter" bezieht sich dabei u. a. auf die Fähigkeit zur Selbstwahrnehmung und -reflexion eigener (sozio)kultureller Befangenheiten und zum (sozio)kulturellen Perspektivenwechsel. „Reflexive" Interkulturelle Kompetenz impliziert darüber hinaus die kritische Auseinandersetzung mit generalisierenden (sozio)kulturellen Fremd- und Selbstbildkonstruktionen (Vorurteilsbewusstheit) sowie die Fähigkeit zur Ausbalancierung widersprüchlicher Erwartungen von Be-

---
1 Der Begriff „Migrantenselbstorganisation" ist als Synonym zu verstehen.

zugsgruppen bei Bewahrung der eigenen Ich-Identität und Handlungsautonomie (Rollendistanz, Ambiguitätstoleranz, Konfliktfähigkeit, Dialogfähigkeit). Wichtig ist auch eine theoretische Auseinandersetzung mit der relativen Bedeutung kultureller Aspekte (Verwendung eines dynamischen Kulturbegriffs und historisch-gesellschaftliche Relativierung kultureller Orientierungssysteme, multiperspektivische Problemdiagnose), um nicht in die „Kulturalismusfalle" zu tappen.

Neben Inhouse-Fortbildungen bietet der Austausch in gut gemischten interkulturell besetzten Teams die beste Gelegenheit zur Erweiterung interkultureller, migrations- und vorurteilsbewusster Kompetenz durch multiperspektivische kollegiale Praxisreflexion begleitet von Teamentwicklungsphasen durch strukturierte Metakommunikation über interkulturelle Aspekte der Teambeziehungen.

3. Interkulturelle Öffnung als eine Querschnitts- und Führungsaufgabe

Die Zielsetzungen der Interkulturellen Öffnung müssen auf allen Ebenen und in allen Bereichen der Organisation offensiv verfolgt werden. Die Verantwortung für das Veränderungsmanagement ist eine auf Dauer gestellte Leitungsaufgabe aller Abteilungen der Organisation. Eine weitgehende Delegation an die Fachabteilungen für Migration oder die Integrationsbeauftragten führt zu keinen nachhaltigen Ergebnissen. Top-down-Initiativen der Leitungsebene zeigen auch nur dann Wirkung, wenn sie mit einer Bottom-up-Verankerung in der Mitarbeiterschaft verbunden werden – etwa durch die Bildung von Qualitätszirkeln und den Einsatz einschlägig qualifizierter externen Prozessbegleiter_innen und Expert_innen mit Felderfahrung. Die Überprüfung der gesteckten Ziele sollte turnusmäßig evaluiert werden. Die Erfahrung zeigt, dass Reformanstöße von der Mitarbeiterbasis proaktiv getragen werden, wenn die Leitung sich inhaltlich mit der Interkulturellen Öffnung identifiziert und ihr eine gebührende Priorität einräumt, und auch nur dann, wenn die Qualitätspolitik primär die Verbesserung der Qualität der Dienstleistung verfolgt und nicht als versteckte Kostensenkungsmaßnahme instrumentalisiert wird (vgl. Erfahrungen des Verfassers als beratender Experte in einem interkulturell orientierten Qualitätsmanagement Projekt; LH München, Sozialreferat 2003 und Übersicht über Interkulturelle Öffnungsprozesse bei den Wohlfahrtsverbänden; Gaitanides 2016).

4. Interkulturelle Öffnung und Partizipation von Migrantenorganisationen

Die Programmatik Interkulturelle Öffnung kann auch für die Verbesserung der Partizipation der zivilgesellschaftlichen Akteur_innen der zugewanderten Bevölkerung an der Ausrichtung und Prozessgestaltung der Integrationsarbeit Früchte tragen. Und auch die bisher mehrheitsgesellschaftlich dominierten übergreifenden Initiativen und Verbände bürgerschaftlichen Engagements können ihre Mitgliederbasis erweitern und ihre Resonanz bei der zugewanderten Bevölkerung verstärken, wenn sie die Kernsystematik der Interkulturellen Öffnungskonzepte umsetzen. Vice versa gilt dies auch für die Migrantenvereine, wenn sie sich ihrer Umwelt gegenüber und auch intern interkulturell öffnen. Dann finden sie auch eher Anschluss an öffentliche Projektförderung (Weiss 2013).

Literatur

Gaitanides, Stefan 2003: Ergebnisse der wissenschaftlichen Begleitung eines Projektes zur Einführung des Qualitätsmanagements in der interkulturellen Kinder-, Jugend- und Familienarbeit in München. In: Landeshauptstadt München, Sozialreferat/Jugendamt (Hrsg.): Offen für Qualität. Interkulturell orientiertes Qualitätsmanagement in Einrichtungen der Migrationssozialarbeit. München, S. 53-104.

Gaitanides, Stefan 2006: Interkulturelle Öffnung der Sozialen Dienste. In: Otto, Hans-Uwe/Schrödter, Mark (Hrsg.): Soziale Arbeit in der Migrationsgesellschaft. Sonderheft 8 der Zeitschrift „neue praxis". Lahnstein, S. 222-233.

Gaitanides, Stefan 2015: Niedrigschwellige, partizipative Elternbildung in Berlin-Neukölln. In: Migration und Soziale Arbeit 2/2015, S. 165-169.

Gaitanides, Stefan 2016: Soziale Arbeit in der Einwanderungsgesellschaft. Ihr (möglicher) Beitrag zu Integration und Partizipation. In: Gesemann, Frank/Roth, Roland (Hrsg.): Handbuch Lokale Integrationspolitik in der Einwanderungsgesellschaft. Wiesbaden, 2. überarbeitete Auflage, im Erscheinen.

Grosch, Harald/Groß, Andreas/Leenen, Wolf-Rainer 2000: Methoden interkulturellen Lernens, AES Methoden für interkulturelle Bildung. Saarbrücken.

Hamburger, Franz 2009: Abschied von der Interkulturellen Pädagogik. Plädoyer für einen Wandel sozialpädagogischer Konzepte. Weinheim.

Fischer, Veronika 2008: Praxisleitfaden. Interkulturelle Öffnung der Familienbildung. Hrsgg. vom Ministerium für Generationen, Familie, Frauen und Integration NRW. Düsseldorf.

Handschuck, Sabine/Schröer, Hubertus 2012: Interkulturelle Orientierung und Öffnung. Theoretische Grundlagen und 50 Aktivitäten zur Umsetzung. Augsburg.

Lima Curvello, Tatiana 2005: Das Projekt Transfer interkulturelle Kompetenz (TiK). In: Migration und Soziale Arbeit 1/2005, S. 42-47.

Straßburger, Gaby 2009: Sozialraumorientierung interkulturell. Interkulturelle Öffnung und Sozialraumorientierung Hand in Hand. In: Migration und Soziale Arbeit 3/4, S. 229-235.

Weiss, Karin 2013: Migrantenorganisationen und Staat. Anerkennung, Zusammenarbeit, Förderung. In: Schultze, Günther/Thränhardt, Dietrich (Hrsg.): Migrantenorganisationen, FES WISO Diskurs, S. 21-31.

Heiko Klare
„Im Vordergrund steht vor allem die Minimierung von Konfliktpotenzial"
Rassismuskritik und Antidiskriminierung als Conditio sine qua non der Interkulturellen Öffnung

1. Vorbemerkung

„Notwendig ist jedenfalls der Umbau des gemeinsamen Hauses" schreibt Mark Terkessidis in seinem lesenswerten Buch „Interkultur" (Terkessidis 2010, S. 114). Es geht ihm nicht um die Anpassung der ‚Anderen' oder ‚Hinzugekommenen' an die gegebenen Strukturen, sondern um die Veränderung der Institutionen, die sich den individuellen Unterschieden und Voraussetzungen öffnen müssen. Die Zielvorstellung einer solchen „Barrierefreiheit" setzt aber voraus, „dass es den ‚Normbenutzer' nicht gibt, sondern dass Personen sich in allen möglichen Beziehungen unterscheiden" – und die müssten eigentlich schon „bei der Planung [des Hauses] berücksichtigt werden" (ebd., S. 113).

Für die Interkulturelle Öffnung in den Arenen der Zivilgesellschaft bedeutet das folgerichtig, dass sie als „strategische Ausrichtung verstanden werden [muss], die sich in der Vision einer Organisation, im Leitbild beispielsweise einer Kommune oder eines Verbandes, niederschlägt, die sich in den jeweiligen Zielen konkretisiert und die die Organisation auf die Querschnittsaufgabe [...] verbindlich verpflichtet" (Schröer 2014, S. 133). Es geht also nicht allein um das Individuum, also die Mitarbeiter_innen oder Nutzer_innen einer Organisation. Es geht um die Veränderung der Einrichtung selbst. Rassismuskritik und eine antidiskriminierende Perspektive sind dafür grundlegende Voraussetzungen.

Auf Basis dieser These soll dieser Diskussionsimpuls die an Handlungsfeldern und Strukturen orientierten Beiträge in diesem Kapitel kritisch ergänzen. Dabei soll weder das Instrument der Interkulturellen Öffnung noch die mit ihm arbeitenden Akteur_innen in Misskredit gezogen oder die bisher gemachten Erfahrungen und Erfolge missachtet werden. Vielmehr wird aus einer rassismuskritischen und antidiskriminierenden Perspektive bewusst pointiert auf Herausforderungen und Fallstricke hingewiesen, die gerade in der praktischen Umsetzung der „geduldigen Papiere", die in den oft langjährigen Prozessen erstellt werden, auftreten können und damit die Chance eröffnen, durch neue Denkanstöße Veränderungen in Einrichtungen zivilgesellschaftlichen Engagements zu fördern.[1]

2. Herausforderungen aus rassismuskritischer Perspektive: Beispiele aus der Praxis

Beim sechsten „Tag der Kulturen" der nordrhein-westfälischen Polizei in Münster erklärte ein Lehrender des Fachbereichs „Interkulturelle Kompetenz" im Landesamt für Aus- und Fortbildung der Polizei angesichts der steigenden Einstellungszahlen von Migrant_innen: „Die Kenntnisse, Kompetenzen und Fähigkeiten dieser Mitarbeiterinnen und Mitarbeiter helfen mit, die Einsatzbewältigung zu optimieren und somit unserer Aufgabe, insbesondere eine rechtstaatliche, professionelle und bürgerorientierte Polizei für die Bürgerinnen und Bürger zu sein, in adäquater zeitgemäßer Weise Rechnung zu tragen" (Redaktion Streife 2013, S. 43). Zur Notwendigkeit Interkultureller Kompetenz bei den Polizeibeamt_innen heißt es an anderer Stelle: „Hintergrundwissen über andere Kulturen und Kulturbesonderheiten zu besitzen ist in jeder Situation sehr hilfreich. [...] Die polizeiliche Praxis erfordert zunehmend Kenntnisse in Bezug auf fremde Kulturen, Religionen und deren Denkstrukturen. [...] Im Vordergrund steht vor allem die Minimierung von Stress- und Konfliktpotenzial ‚auf beiden Seiten', insbesondere im Einsatzfall" (Stratmann und Keller o. J., S. 3).

In einem viel zitierten „Ratgeber für das Ehrenamt" für Engagierte in der Unterstützung von Geflüchteten heißt es: „‚Interkulturelle Kompetenz' verstehen wir als Fähigkeit, zwischen Menschen unterschiedlicher Kulturen eine Beziehung aufzubauen und Verständnis zu ermöglichen" (Caritas Köln 2014, S. 29). Die Ergebnisse eines Forschungsprojekts der Hochschule München zeigen unterschiedliche Motivationstypen für Engagierte, häufig sei der „Motivtypus ‚interkulturelle Geselligkeit'". Die „Neugier und das Fremde" reizen die Aktiven, zudem wird die interkulturelle Geselligkeit als „‚Geben und Nehmen' erlebt [...], etwa beim Kochen oder Musizieren" (Mutz et al. 2015, S. 27).

Die Stadtverwaltung Münster setzt sich als Leitziel für die Interkulturelle Öffnung, „eine gleichberechtigte Teilhabe und Integration aller Menschen in verwaltungsbezogenen Arbeits- und Bildungsprozessen voranzutreiben". Dazu will sie neben der vermehrten Einstellung von Migrant_innen „durch permanente und obligatorische Fortbildungen für alle Mitarbeiterinnen und Mitarbeiter die inter-

---

[1] Dieser Ansatz ist weder neu noch kann im gegebenen Rahmen eine erschöpfende Behandlung erfolgen – als Anregung mag er aber zu reflexiven Gedanken und Kritik anregen. Die Tatsache, dass der Autor ein privilegierter weißer deutscher Mann ist, weist auf weitere diskussionswürdige Punkte hin, die auch den Herausgeber_innen bewusst sind. (Anmerkung des Autors)

kulturelle Offenheit und Kompetenz der Stadtverwaltung [...] fördern" (Stadt Münster 2014, S. 17).

Diese drei Eindrücke aus der praktischen Ausgestaltung Interkultureller Öffnung in unterschiedlichen gesellschaftlichen Zusammenhängen zeigen beispielhaft die Herausforderungen, die aus einer rassismuskritischen Perspektive diskutiert werden können. Die genannten Organisationen und viele andere haben sich teils über viele Jahre mit Öffnungsprozessen auseinandergesetzt, dabei wissenschaftliche Begleitung und Evaluation genutzt und sich in Reflexionsprozesse begeben. Darüber hinaus wurde, wie in solchen Prozessen üblich, viel Papier produziert.

Trotzdem lassen sich immer wieder ähnliche Fallstricke und blinde Flecke erkennen, die vor allem dann zu Tage treten, wenn die entwickelten Leitlinien und Handbücher mit dem „echten Leben" in Kontakt kommen:

2.1 Konstruktion der „Anderen" – Kulturalisierungen und Ethnisierungen

Gerade im behördlichen Kontext, zumal bei den Ordnungsbehörden, lässt sich eine Perspektive erkennen, die Differenz – genauer gesagt das „Anderssein" der „Anderen" – vor allem als Problem für das Handeln der eigenen Institution sieht. Ausgangspunkt dieser Sichtweise ist in der Regel die Feststellung, dass es zu konfliktbehafteter Kommunikation zwischen den Mitarbeiter_innen der Behörde und – tatsächlich existierenden oder nur als solchen konstruierten – Gruppen kommt. Interkulturelle Öffnung erscheint in dieser Wahrnehmung als Lösung, wenn sie bedeutet, mehr Migrant_innen als „Kulturmittler" einzustellen, die gleichsam als Wander_innen zwischen den unterschiedlichen Welten Miss- und Unverständnisse auflösen. „Kultur" wird mithin nicht als dynamischer Aushandlungsprozess, als „Orientierungssystem", das sich „mit der Veränderung der Lebensverhältnisse verändern muss" (Auernheimer 1999, S. 28), verstanden. Vielmehr werden Differenzen entlang kultureller oder ethnischer Grenzziehungen betont und unter Umständen so zementiert.

Zu fragen ist des Weiteren, ob der Fokus auf die Einstellung von Migrant_innen tatsächlich eine nachhaltige Änderung der Institutionen bewirken kann. Werden hier tatsächlich Menschen aus bisher nicht oder kaum repräsentierten Milieus erreicht? Oder werden doch eher diejenigen angesprochen, die als ‚Etablierte' (vgl. Elias und Scotson 1990) in relativ gesicherter sozialer Lage bürgerlichen und intellektuellen Milieus (vgl. Barz et al. 2015) entstammen – die gegebenenfalls ähnlich viel oder eben wenig Interesse am „Umbau des gemeinsamen Hauses" haben?

Hinzu kommt ein instrumentelles Verhalten gegenüber den einzustellenden Menschen, wenn diese vor allem als kompensatorischer Moment im Umgang mit problembehafteten Situationen – wie „Stresspotenzial" – in Bezug auf „fremde Kulturen" oder zur „Optimierung" der eigenen Abläufe genutzt werden sollen. Sie bleiben somit auch innerhalb der Institution im schlimmsten Fall als „Andere" gelabelt und werden als solche adressiert. Mit der Zuweisung einer Funktion zur Lösung eines Problems der sie einstellenden Institution wird die subjektive Motivation und Einstellung der Betroffenen zur Nebensache, ihre Beweggründe und Ziele werden nicht anerkannt.

2.2 Wer spricht mit wem über wen? Partizipation und Anerkennung

Das Problem fehlender Anerkennung und Einbindung aller Beteiligten und ihrer unterschiedlichen Sichtweisen spiegelt sich aktuell in der Ausgestaltung der Unterstützung Geflüchteter und den von einer Vielzahl von Akteur_innen angebotenen Fortbildungen und Sensibilisierungsmaßnahmen unter dem in diesem Zusammenhang interpretationsoffenen Stichwort Interkulturelle Kompetenz wider. Hier steht – wie auch in den Beispielen oben – häufig das ‚Verstehen' der ‚Anderen' und damit unter Umständen erst ihre Konstruktion im Vordergrund der Auseinandersetzung.

„Anerkennung setzt Verstehensprozesse voraus und Verstehen stößt an die hermeneutischen Unzulänglichkeiten der Anderen" (Broden 2009, S. 130), fasst Anne Broden das damit verbundene Dilemma zusammen. Die Neugier nach dem ‚Fremden', das Verstehen-wollen des Gegenübers, verstellt aber die notwendige kritische Auseinandersetzung mit dem ‚Eigenen' und dem ‚Anderen'. Die dem Verstehensprozess zu Grunde liegenden gesellschaftlichen Machtverhältnisse, Positionierungen und die Frage, wer mit wem über wen spricht oder sprechen darf, müssen daher im Prozess der Interkulturellen Öffnung thematisiert werden. Sie dürfen „nicht zugunsten einer harmonisierenden und simplifizierenden Perspektive ausgeblendet werden", vielmehr sollten „die adressierten Subjekte selber die Definitionshoheit darüber bekommen, sich und ihre Persönlichkeit zu definieren" (Jagusch 2010, S. 430).

Gerade in den Organisationen, in denen Migrant_innen beziehungsweise *people of colour* bisher massiv unterrepräsentiert sind, wird Interkulturelle Öffnung konzeptioniert, geplant und durchgeführt von privilegierten, weißen Deutschen. In der fachwissenschaftlichen, aber auch gesellschaftlichen Debatte zur Notwendigkeit von Interkultureller Kompetenz und Öffnung ist die Perspektive der *people of colour* ebenso unterrepräsentiert wie im Spektrum der Aktiven, die sich in zivilgesellschaftlichen Initiativen vor Ort gegen Rassismus einsetzen. Dass ihre Stimmen nur bedingt gehört werden, hat Konsequenzen für die Diskussion wie auch die Entwicklung unserer Gesellschaft, die bisher wenig reflektiert werden.

2.3 Dilemma Differenz vs. Defizit

Die oben beschriebene Verkürzung Interkultureller Öffnung auf einen unkritischen Verstehensbegriff, aber auch ein ‚traditionelles' Verständnis von Interkultureller Kompetenz droht, horizontale Ungleichheit (wie etwa ethnische Herkunft) zu betonen oder sogar zu konstruieren. Es braucht daher eine ergänzende Perspektive, die Diskriminierung in den Blick nimmt und damit auch vertikale Ungleichheiten (wie etwa Machtverhältnisse, Teilhabechancen und Bildungszugänge) thematisiert. Nur so können gesellschaftliche Rahmenbedingungen sowie Macht- und Repräsentationsverhältnisse bearbeitet werden, die Grundlage für strukturelle Formen von Diskriminierung und Rassismus sind. Dass auch hier die Gefahr eine Überbetonung der Defizite besteht, macht es für die Aktiven und Engagierten nicht einfacher. Sich dieses Dilemmas bewusst zu sein und es immer wieder im Rahmen der eigenen Arbeit reflexiv nutzbar zu machen, ist Aufgabe Interkultureller Öffnung, sie „muss daher das doppelte Gesicht der Diskriminierung verstehen: Unterschiede zu übersehen oder das Gegenüber auf einen Unterschied zu reduzieren" (Foitzik und Pohl 2011, S. 67).

2.4 Fehlender struktureller Ansatz

Im einleitenden Beispiel setzt die Stadt Münster ihr Ziel der Interkulturellen Öffnung vor allem mit Maßnahmen um, die auf die Fortbildung von Mitarbeiter_innen zielen. Diese Individualisierung und Weitergabe des identifizierten Problems an untere Hierarchieebenen ist ein häufig zu beobachtendes Phänomen, wenn es an die konkrete Ausgestaltung der vereinbarten Schritte und Prozesse in einer Organisation geht: Es werden mehrstündige, selten auch -tägige Trainings angeboten, in denen Interkulturelle Kompetenz ‚vermittelt' werden soll. Ansatzpunkt ist dabei in der Regel die respektvolle Begegnung der Mitarbeiter_innen mit den Nutzer_innen, es werden „individuelle Lösungen" für die „Kommunikationsfähigkeit im professionellen Handeln in der Einwanderungsgesellschaft" (Die Städte Bielefeld, Hamm und Münster, S. 5) angestrebt.

Die Zielebene der Organisation selbst, ihre Leitbilder und -ziele, geraten somit in der alltäglichen Umsetzung Interkultureller Öffnung aus dem Blick. Die Individualisierung und Problemweitergabe blendet systematisch die den identifizierten Problemen in der Kommunikation mit den Nutzer_innen zugrunde liegenden gesellschaftlichen Herrschafts- und Machtstrukturen aus. Diese Rahmenbedingungen müssen aber aus rassismuskritischer Perspektive thematisiert werden, wenn Veränderung stattfinden soll.

3. Fazit

Was ist also nun zu tun? Kommt ein solcher Forderungskatalog nicht einer Überforderung der adressierten Strukturen gleich? Ist es nicht schon gut, wenn sich Kommunen, Verbände und andere zivilgesellschaftliche Akteur_innen „überhaupt auf den Weg machen"?

Wenn das Ziel Interkultureller Öffnung tatsächlich sein soll, ihr kritisches Potenzial zu entfalten und im Sinne von Terkessidis „das gemeinsame Haus umzubauen", dann reicht es nicht aus, auf Dilemmata und strukturelle Hürden zu verweisen. Dann braucht es Agent_innen mit „Störauftrag", die gesellschaftliche Verhältnisse und die Institution selbst zum Teil der Verhandlung machen. Es ist mit Foitzik und Pohl Aufgabe externer Berater_innen, die Akteur_innen vor Ort mit dem Druck, Ergebnisse zu erzielen, nicht allein zu lassen und sie zu unterstützen, Interesse an einer kritischen Reflexion zu entwickeln (vgl. Foitzik und Pohl 2011, S. 73). Wir „Profis" haben damit immer auch die Aufgabe, unsere Argumente zu schärfen und den Wert des längeren Weges zu erklären.

Literatur

Auernheimer, Georg 1999: Notizen zum Kulturbegriff unter dem Aspekt interkultureller Bildung. In: Gemende, Marion/Schröer, Wolfgang/Sting, Stephan (Hrsg.): Zwischen den Kulturen. Pädagogische und sozialpädagogische Zugänge zur Interkulturalität. Weinheim/München, S. 27-36.

Barz, Heiner/Barth, Katrin/Cerci-Thoms, Meral/Dereköy, Zeynep/Först, Mareike/Thao Le, Thi/Mitchnik, Igor 2015: Große Vielfalt, wenig Chancen. Eine Studie über die Bildungserfahrungen und Bildungsziele von Menschen mit Migrationshintergrund in Deutschland. Essen/Düsseldorf.

Broden, Anne 2009: Verstehen der Anderen? Rassismuskritische Anmerkungen zu einem zentralen Topos der interkulturellen Bildung. In: Rassismuskritik. Band 2: Rassismuskritische Bildungsarbeit. Schwalbach/Ts.

Caritasverband für die Stadt Köln 2014: Ratgeber für das Ehrenamt. Flüchtlinge in Köln. Köln.

Die Städte Bielefeld, Hamm und Münster 2011: Interkulturelle Personalentwicklung. Ein Gemeinschaftsprojekt der Städte Bielefeld, Hamm und Münster.

Elias, Norbert/Scotson, John L. 1990: Etablierte und Außenseiter. Frankfurt/M.

Foitzik, Andreas/Pohl, Axel 2011: Das Lob der Haare in der Suppe. Selbstreflexivität interkultureller Öffnung. In: Scharathow, Wiebke/Leiprecht, Rudolf (Hrsg): Rassismuskritik. Band 2: Rassismuskritische Bildungsarbeit. Schwalbach/Ts., S. 61-65.

Jagusch, Birgit 2010: Anerkennung und Empowerment als Strategien rassismuskritischer Bildung. In: Lösch, Bettina/Thimmel, Andreas (Hrsg.): Kritisch politische Bildung. Ein Handbuch. Schwalbach/Ts., S. 423-431.

Mutz, Georg/Costa-Schott, Rosário/Hammer, Ines/Layritz, Georgina/Lexhaller, Claudia/Mayer, Michaela/Poryadina, Tatiana/Ragus, Sonja/Wolff, Lisa 2015: Engagement für Flücht-

linge in München, Online: http://www.b-b-e.de/fileadmin/inhalte/aktuelles/2015/10/newsletter-21-abschlussbericht.pdf (10.06.2016).
Redaktion Streife 2013: Wir werden bunter und vielfältiger. In: Streife. Das Magazin der Polizei des Landes Nordrhein-Westfalen 02/2013, S. 43-44.
Schröer, Hubertus 2013: Interkulturelle Orientierung und Öffnung. In: Diakonie Württemberg (Hrsg.): Woher komme ich? Reflexive und methodische Anregungen für eine rassismuskritische Bildungsarbeit. Stuttgart, S. 133-139.
Stadt Münster 2014: Leitbild „Migration und Integration Münster".
Stratmann, Wilhelm/Keller, Christoph (o. J.): Merhaba, Privjet und guten Tag – Interkulturelle Kompetenz in der Polizei NRW, Online: http://www.bamf.de/SharedDocs/CLS-DB/AnsprechpartnerExperten/532/stratmann-anlage%202.pdf?__blob=publicationFile (07.06.2016).
Terkessidis, Mark 2010: Interkultur. Berlin.

Sergio Andrés Cortés Núñez, Evîn Kofli

Zusammenarbeit zwischen Wohlfahrtsverbänden und Migrantenorganisationen

1. Vorbemerkung

Die Spitzenverbände der freien Wohlfahrtspflege verfolgen mit unterschiedlichen Strategien und Konzepten die Interkulturelle Öffnung ihrer Einrichtungen und Strukturen. Diese Öffnung verstanden „als ein bewusst gestalteter Prozess, der (selbst)reflexive Lern- und Veränderungsprozesse von und zwischen unterschiedlichen Menschen, Lebensweisen und Organisationsformen ermöglicht, wodurch Zugangsbarrieren und Abgrenzungsmechanismen in den zu öffnenden Organisationen abgebaut werden und Anerkennung ermöglicht wird" (Schröer 2007 (a), S. 10), ist eine grundsätzliche Herausforderung für die Wohlfahrtspflege.

Einige Verbände verfügen über verbindliche Leitlinien zur Interkulturellen Öffnung und investieren Ressourcen in diesem Prozess. Die Umsetzung läuft allerdings je nach Verband und Fachbereich in unterschiedlichem Tempo. So ist etwa die Kinder- und Jugendhilfe um einiges weiter als andere Bereiche. Grundsätzlich wird die Interkulturelle Öffnung als eine Querschnittsaufgabe gesehen. Bisher liegt jedoch keine weitreichende, umfassende Untersuchung der qualitativen Umsetzung der Konzepte und Leitlinien der Verbände vor.

In der konkreten Umsetzung der Interkulturellen Öffnung wird die Zusammenarbeit zwischen Migrantenorganisationen und Wohlfahrtsverbänden als fördernde Strategie gesehen (Hunger und Metzger 2013, S. 12). Auf lokaler Ebene gibt es unzählige Beispiele der erfolgreichen Zusammenarbeit zwischen den Verbänden und örtlichen Migrantenorganisationen. Auch sind sehr viele Migrantenorganisationen Teil der Wohlfahrtspflege, darunter die im Forum der Migrantinnen und Migranten im Paritätischen organisierten Migrantenorganisationen. Sie beteiligen sich an einem Drittel der durch die vom Paritätischen verwaltenden Bundesprogramme (MBE, gemeinwesenorientierte Projekte und andere Fördermittel).

Die Wohlfahrtspflege ist recht früh in Berührung mit zugewanderten Gruppen gekommen. Im Zuge der Anwerbeabkommen ab 1955 stieg der Bedarf an Betreuung und Beratung von ausländischen Arbeitnehmer_innen. Sie wurden nach Religion oder Herkunft auf die Strukturen verteilt. So wurden die sogenannten

"Gastarbeiter_innen" aus Italien, Spanien, Portugal und Jugoslawien dem Deutschen Caritasverband (DCV), die aus Griechenland der Diakonie Deutschland (DD) und jene aus der Türkei, muslimische Arbeitnehmer_innen aus Jugoslawien und aus Marokko der Deutschen Arbeiterwohlfahrt (AWO) zugewiesen. Das Deutsche Rote Kreuz (DRK) und der Paritätische Wohlfahrtsverband waren aus der Versorgungsstruktur der sozialen Dienste für Migrant_innen weitestgehend ausgeschlossen. In den 1980er-Jahren kam die Kritik auf, die Wohlfahrtsverbände hätten lange Zeit durch paternalistische Betreuungsstrukturen und segregierende Versorgung ungleiche Machtverhältnisse und Zugangsbarrieren geschaffen. Zudem hieß es, dass die Einrichtungen „(bei) der zugewanderten bzw. in der Bundesrepublik Deutschland aufgewachsenen (jungen) Migrationsbevölkerung von defizitäre(n) und hilfsbedürftige(n) Personen" ausgingen (Schröer 2007 (b), S. 6. nach Filsinger 2002, S. 5).

Unter anderem die Tatsache, dass eine große Anzahl an Migrant_innen dauerhaft in Deutschland geblieben ist, gab in den 1990er-Jahren den Anstoß zu einer Auseinandersetzung mit dem Thema Interkulturelle Öffnung. So machte sich das DRK zum Leitprinzip, „Migranten als mitgestaltende Partner in alle Bereiche des verbandlichen Lebens einzubeziehen" (DRK 2011, S. 80). Die Heranführung von Migrantenorganisationen an die sozialdienstlichen und politischen Angebote der Wohlfahrtsverbände, war Teil dieses Prozesses, der jedoch erst in den 2000er-Jahren richtig in Gang gekommen ist. Zwar gab es bereits in den 1980er- und 1990er-Jahren einzelne Kooperationsprojekte – vor allem beim Paritätischen – die sich allerdings auf die klassischen Bereiche der Integrationspolitik beschränkten und zeitlich begrenzt waren.

In diesem Beitrag möchten wir uns mit der Zusammenarbeit zwischen Wohlfahrtsverbänden und Migrantenorganisationen auseinandersetzen. Der Beitrag ist eine Zusammenfassung unserer Erfahrungen in der Zusammenarbeit mit Migrantenorganisationen. Sie sind in verschiedene Kategorien aufgeteilt. Das ermöglicht eine bessere Einordnung und Darstellung der Zusammenarbeit.

2. Etablierte Migrantenorganisationen

Wir verstehen Migrantenorganisationen als Organisationen, die a) von Menschen mit Migrationshintergrund gegründet sind, b) deren Vorstand, Mitarbeiterschaft und Mitglieder mehrheitlich aus Personen mit Migrationshintergrund bestehen und die c) soziale Arbeit leisten oder Selbsthilfe organisieren. Die Realität zeigt eine umfassende Zusammenarbeit auf allen föderalen Ebenen zwischen Migrantenorganisationen und Wohlfahrtsverbänden. Die Heterogenität der Zusammenarbeit und der Organisationen und Organisationsformen macht es notwendig, einen differenzierten Blick auf die Thematik zu werfen.

Nicht alle Migrantenorganisationen arbeiten rein ehrenamtlich, sondern gehören teilweise zum Spektrum der etablierten Verbände. Wir verstehen hier als eine etablierte Migrantenorganisation eine Organisation, die hauptamtliche projektunabhängige Mitarbeiter_innen beschäftigt, eine Infrastruktur, und verschiedene Dienstleistungen für ihre Nutznießer_innen anbietet und langfristige bestehende Kooperationen mit anderen Akteur_innen unterhält.

Viele dieser Organisationen sind Mitglied in wohlfahrtsverbandlichen Strukturen und somit Teil der Wohlfahrtsverbände oder kooperieren eng mit Einrichtungen der Wohlfahrtsverbände.

In sehr vielen Kommunen und fast allen Ländern gibt es Migrantenorganisationen, welche an den Regelangeboten der Sozialarbeit partizipieren. Längst richten sich ihre Angebote nicht mehr ausschließlich an Migrant_innen und sind nicht mehr ausschließlich in der klassischen Integrationsarbeit tätig. Sie sind unter anderem anerkannte Träger der freien Jugendhilfe, betreiben Kindertagesstätten, ambulante Familienhilfe, Schuldnerberatungsstellen, Schwangerschaftsberatung und Beratung für Menschen mit Behinderung. Sie haben mehrere Standorte und Beschäftigen hauptamlich Tausende von Menschen.

Diese etablierten Migrantenorganisationen liefern eine Expertise für die Interkulturelle Öffnung verschiedener Bereiche der sozialen Arbeit. Bedauerlicherweise sind sie in den Fachgremien auf allen föderalen Ebenen nicht ausreichend eingebunden. Immer noch sind sie mit dem Vorurteil konfrontiert, als Migrantenorganisation würden sie nicht so professionell arbeiten, wie „etablierte" Träger. Außerdem sind sie mit der Wahrnehmung konfrontiert, dass sie nur für Migrant_innen – oder noch kurioser für migrantische Themen (was immer das bedeuten mag) – zuständig wären. Die Fachkolleg_innen aus diesen Migrantenorganisationen sollten einen dauerhaften Sitz in den zuständigen Fachgremien haben und nicht auf Integrationsgremien festgelegt werden. Der Aufbau von Fachstrukturen und Diversifizierung der Expertise bei den Organisationen sollte gefördert werden. Hierbei haben die Wohlfahrtsverbände eine entscheidende Rolle, der dauerhafte Austausch auf fachlicher Ebene sollte unabhängig von projektgebundenen Maßnahmen stattfinden.

3. Dachverbände

Als Dachverband von Migrantenorganisationen verstehen wir die bundesweit agierenden Dachorganisationen, die die Interessen ihrer Mitglieder auf Bundesebene vertreten und Dienstleistungen für sie bereitstellen. Auf diese Weise sind sie als solche nicht direkt vor Ort aktiv, sondern ihre Untergliederungen. Sie haben vordergründig einen politischen und repräsentativen Charakter. Während der Recherchen für das Projekt Strukturelle Förderung von Migrantenorganisationen (SFMO) (siehe unten) im Jahr 2011 haben wir insgesamt 60 Dachverbände von Migrantenorganisationen identifiziert. Seit 2011 hat sich die Landschaft der Dachverbände noch mehr verdichtet. Einige herkunftsheterogene Dachverbände haben sich gebildet. Viele Mitglieder dieser Organisationen sind wiederum Mitglied im Paritätischen.

Ein weiteres Beispiel für die Bündelung von Synergien zwischen Wohlfahrtsverband und Migrantenorganisation ist das Projekt SFMO, welches auf Initiative des FdM und unter der Gesamtkoordination des Paritätischen von Ende 2010 bis 2012 bundesweit durchgeführt wurde. Sieben bundesweit tätige Migrantendachverbände und das FdM arbeiteten in Zusammenarbeit mit dem Bundesamt für Migration und Flüchtlinge (BAMF) sowie Vertreter_innen zuständiger Ministerien Empfehlungen aus, wie eine strukturelle Förderung von bundesweit tätigen Migrantenorganisationen aussehen könnte (Der Paritätische 2011, S. 5). In der zweiten Phase des Projekts ging es im Kern um die Präzisierung der formulierten Vorschläge und um die Umsetzung dieser (Der Paritätische 2012, S. 5). Unmittelbar nach Ende dieses Projekts veröffentlichte das BAMF eine Projektausschreibung zur Beantragung von Mitteln für eine Strukturförderung von Migrantenorganisationen auf Bundesebene.

Dennoch beschränkt sich die Kooperation zwischen den Dachverbänden und Wohlfahrtsverbänden auf Bundesebene auf punktuelle Maßnahmen und Projekte, wie das bereits erwähnte SFMO sowie auf die gemeinsame Teilnahme an verschiedene Bündnissen und Netzwerken. Eine langfristige Zusammenarbeit zwischen den Migrantendachverbanden und der Verbände der Bundesarbeitsgemeinschaft der freien Wohlfahrtspflege (BAGFW) ist noch ausbaufähig. Ein Austausch auf fachpolitischer Ebene sollte initiiert werden.

4. Glaubensgebundene Migrantenorganisationen

Viele Migrantenorganisationen orientieren sich an religiösen Inhalten und leisten soziale Arbeit aus einer theologischen Motivation und unter religiösen Vorkehrungen. Hier sind nicht nur einige Moscheegemeinden gemeint, wenngleich diese in der öffentliche Diskussion sehr präsent sind, sondern auch eine Reihe anderer konfessioneller Migrantenorganisationen, die verschiedene soziale Angebote für ihrer Mitglieder bzw. Glaubensgenoss_innen bereitstellen. Bundesweit gibt es zahlreiche dieser Organisationen, z. B. baptistische Gemeinden in den lateinamerikanischen und afrikanischen Communities, russisch und griechisch orthodoxe Gemeinden, koreanische Freikirchen, ezidische und alevitische Gemeinden und andere. Diese Migrantengemeinden bieten eine Reihe von sozialen Dienstleistungen, etwa im Bereich Bildungs-, Jugend- oder Seniorenarbeit an. Wie die Zusammenarbeit der Wohlfahrtsverbände mit diesen Organisationen funktioniert oder ob sie überhaupt stattfindet, ist nicht ausreichend bekannt. Im Rahmen der Deutschen Islam Konferenz (DIK) wurde 2015 eine Erhebung über die Dienstleistungen in den Verbänden der BAGFW in den Bereichen der Kinder- und Jugendhilfe sowie der Altenhilfe für Menschen muslimischen Glaubens gemacht. Dabei wurden zahlreiche Formen der Kooperation dargestellt. Alle Wohlfahrtsverbände arbeiten in irgendeiner Form mit Moscheevereinen und Verbänden zusammen. Auf Bundesebene tauschen sich die DIK-Verbände mit der BAGFW regelmäßig aus.

Zweifelsfrei haben glaubensgebundene Migrantenorganisationen als Dienstleister im sozialen Bereich erhebliches Potenzial. Eine Auswertung der Zusammenarbeit mit Wohlfahrtsverbänden und die Untersuchung ihrer Auswirkungen auf die Trägerlandschaft, stehen noch aus.

5. Geflüchtetenselbstorganisationen

Die Geflüchtetenselbstorganisationen sind kein neues Phänomen. Diese von Menschen mit Fluchterfahrung gegründeten Organisationen, die sich hauptsächlich im politischen Aktivismus und der Beratung und Vernetzung einzelner Geflüchteten bewegen, begleiten alle Flüchtströme nach Deutschland.

Hierbei sind zwei unterschiedliche Formen der Organisierung von Geflüchteten in Zusammenhang mit der Zusammenarbeit mit den Wohlfahrtsverbänden relevant. Die erste Form umfasst jene Organisationen, die als Vereine agieren und Regelangebote und Dienstleistungen anbieten, sogenannte „etablierte Träger", z. B. der Verein iranischer Flüchtlinge in Berlin. Diese sind im Trägerkreis der Regelangebote integriert und partiell Teil der Wohlfahrtsverbände, z. B. als Mitglied des Paritätischen. Mit diesen Organisationen findet ein Austausch auf fachlicher Ebene statt, der jedoch immer noch nicht ausreichend ist und gefördert werden sollte.

Die zweite Form besteht aus allen Organisationen, die als Initiativen ohne eigene juristische Persönlichkeit agieren. Diese haben häufig ihren Schwerpunkt in politischen Aktionen und richten sind eher auf die Erzeugung medialer Aufmerksamkeit. Sie haben eine hohe Fluktuation an ehrenamtlichen Mitarbeiter_innen und kaum ausgeprägte Strukturen. Diese zwei Eigenschaften erschweren die Zusammenarbeit zwischen den Akteur_innen. Zum einen macht das Fehlen der juristischen Persönlichkeit eine Finanzierung der Aktivitäten der Initiativen unmöglich, zum anderen verhindert die hohe Rotation von Ansprechpartner_innen eine langfristige Zusammenarbeit.

6. Neue Deutsche Organisationen

Diese Organisationen sind z. B. als Neue deutsche Medienmacher, Deutscher Soldat, DeutschPlus e. V. oder Buntesrepublik bekannt und werden auch unter dem Begriff der „Postmigrantischen Organisationen" verstanden. Eine kosmopolitische Weltanschauung und offene Haltung zur Frage, was Deutschsein und Migrant_insein ist, prägen das (Selbst)Bild dieser Organisationen. Die Mitglieder und Unterstützer_innen stammen vor allem aus der dritten und vierten Generation und setzen sich für einen offenen und liberalen Diskurs zu integrationspolitischen Themen ein. Sie sehen, anders als ihre Vorgängergenerationen, in ihrem Migrationshintergrund und ihrer Mehrsprachigkeit eine Bereicherung. Foroutan schreibt zur Selbstwahrnehmung dieser neuen Generation: „Bei ihnen ist stattdessen verstärkt ein mehrkulturelles Selbstbewusstsein zu beobachten, ohne ihre ‚Wurzeln' vergessen zu wollen, samt einer für sich selbst angenommenen postintegrativen Perspektive: Sie sind längst in dieser Gesellschaft angekommen, zumindest aus ihrer Sicht und aus der Sicht jenes Teils der Bevölkerung, der in Deutschland ein plurales, heterogenes und postmodernes Land sieht" (Foroutan 2010, S. 11).

Die Neuen Deutschen Organisationen – nicht nur als ein Sammelbegriff für hybrid-identitäre, emanzipierte Selbstorganisationen zu verstehen, sondern auch als ein Zusammenschluss dieser – sind vor allem auf medialer Ebene präsent. Seit 2015 organisiert eine Steuergruppe die Koordinierungsstelle auf Bundesebene und veranstaltet zwei Jahre in Folge einen Kongress, der dem Austausch, der Vernetzung und der Erarbeitung gemeinsamer Strategien dient.

Eine Annäherung zwischen den Neuen Deutschen Organisationen und Wohlfahrtsverbänden fand bisher breitflächig nicht statt. Ein gezielter und gewollter fachlicher Austausch zwischen den Akteur_innen könnte durchaus Mehrwert auf beiden Seiten schaffen. Vorbehalte können dadurch reduziert und das beidseitige Selbstverständnis in einer wohlwollenden, offenen Atmosphäre kommuniziert werden. Perspektivisch gibt es eine Fülle von Fragen und Themen, die beide Seiten beschäftigen. So können Interkulturelle Öffnung, die Bekämpfung von Rassismus sowie Professionalisierung von Organisationsstrukturen einen Erfahrungsaustausch anregen.

7. Migrantenorganisationen 4.0

Die Digitalisierung der Kommunikation und der Austausch über soziale Medien, Onlinekarten, Foren etc. haben auch Auswirkungen auf die Organisationsformen und auf das Engagement von Migrant_innen. Es existieren verschiedene virtuelle Räume der Mobilisierung, des Austauschs und der Beratung. Diese virtuellen

Räumlichkeiten ermöglichen einen zeit- und ortsungebundenen Austausch, manchmal auch transnational. Facebook oder WhatsApp-Gruppen, Onlineberatung oder kollektiv entworfene Onlinekarten haben Konjunktur. Junge Migrant_innen mobilisieren Ressourcen und Engagement außerhalb der Strukturen der traditionellen Migrantenorganisationen. Wir sprechen hier über eine digitale Selbstorganisation von Migrant_innen, der jegliche Merkmale einer klassischen Selbstorganisation – wie Mitglieder, Vorstand und feste Räumlichkeiten – fehlen.

Asyl-in.de, Chaos Computer Club Berlin e. V., Refugee Hackathon, Maptime Berlin, metroZones, Migration Hub, Refugee Emancipation e. V., reboot.fm, We Are Born Free! und Empowerment Radio haben Anfang 2016 die Konferenz „Civil Society 4.0 – Refugees and Digital Self Organization" ausgerichtet. Dabei wurden sehr viele Beispiele aufgezeigt, wie diese Räume aufgebaut sind. Als Beispiel sei die kollektiv organisierte Onlinekarte „Arriving in Berlin" genannt, anhand dieser können Geflüchtete verschiedene Einrichtungen und Dienstleistungen übersichtlich auf einer Karte finden und zudem neue einbringen.

Welche Potenziale in dieser Form der Organisation – im Hinblick auf die Zusammenarbeit mit den Wohlfahrtsverbänden – stecken, ist noch nicht ausreichend diskutiert. In vielen Bereichen der Präventionsarbeit, insbesondere vor Ort, wäre das Mitwirken in solchen Plattformen wichtig.

Literatur

Antwort der Bundesregierung auf die Kleine Anfrage der Abgeordneten Sevim Dağdelen, Ulla Jelpke, Frank Tempel, weiterer Abgeordneter und der Fraktion DIE LINKE, Finanzielle Förderung von Migrantenorganisationen durch den Bund, Drucksache 18/8206 22.04.2016, Online: http://dip21.bundestag.de/dip21/btd/18/082/1808206.pdf (18.05. 2016).

Bundesregierung 2007: Der Nationale Integrationsplan. Neue Wege – Neue Chancen. Berlin.

Deutscher Paritätischer Wohlfahrtsverband Gesamtverband 2011: Expertise: Stärken und Potentiale von bundesweit organisierten und tätigen Migrantendachorganisationen. Berlin.

Deutscher Paritätischer Wohlfahrtsverband Gesamtverband 2012: Migrantendachorganisationen: Ihr Beitrag zur Mitgestaltung der Gesellschaft. Berlin.

DRK Generalsekretariat 2011: Viele Gesichter – Ein Verband Die Interkulturelle Öffnung im DRK. Berlin.

Foroutan, Naika 2010: Neue Deutsche, Postmigranten und Bindungs-Identitäten. In: Aus Politik und Zeitgeschichte 46-47, S. 9-15.

Hunger, Uwe/Metzger, Stefan (Hrsg.) 2013. Interkulturelle Öffnung auf dem Prüfstand. Neue Wege der Kooperation und Partizipation. Studien zu Migration und Minderheiten, Bd. 23. Berlin.

Muriel, Lucia 2013: Die (bundesdeutsche) eine-Welt aus einem Guss? Über das Verhältnis von Eine-Welt-Organisationen und migrantischen Organisationen in der Eine-Welt-Arbeit. Berlin.
Nagel, Alexander-Kenneth (Hrsg.) 2015: Religiöse Netzwerke Die zivilgesellschaftlichen Potentiale religiöser Migrantengemeinden. Bielefeld.
Neue Deutsche Organisationen, Online: http://neue-deutsche-organisationen.de/de/ (15.05.2016).
Schröer, Hubertus 2007 (a): Interkulturelle Öffnung. Statement für den Workshop des Gesprächskreises Migration und Integration der Friedrich-Ebert-Stiftung zum Thema „Chancengleichheit in Betrieben und Verwaltungen – Empirische Befunde und strategische Optionen", 23. April 2007, Online: http://www.fes.de/wiso/pdf/integration/2007/14_Schroer_230407.pdf (13.05.2016).
Schröer, Hubertus 2007 (b): Interkulturelle Öffnung und Diversity Management. Konzepte und Handlungsstrategien zur Arbeitsmarktintegration von Migrantinnen und Migranten. Handreichung im Auftrag des Netzwerks „Integration durch Qualifizierung IQ". München.

Robert Werner

Interkulturelle Öffnung in der Jugendverbandsarbeit
Umgestaltung von Engagementstrukturen für neue Zielgruppen

1. Vorbemerkung

Interkulturelle Öffnung wird derzeit verstärkt vor dem Hintergrund der steigenden Anzahl von Jugendlichen mit Migrationshintergrund diskutiert – insbesondere im Zuge der Flüchtlingskrise erscheint das Thema fast schon en vogue. Es gab im vergangenen Jahr kaum einen Jugendverband, der sich zu der Frage nicht positioniert oder für junge Geflüchtete in irgendeiner Form engagiert hat. Aber Jugendliche mit Migrationshintergrund leben in Deutschland bereits seit Jahrzehnten, sodass sich zunehmend das Verständnis einer vielfältigen Gesellschaft entwickelt. Das Selbstverständnis unserer Gesellschaft als Einwanderungsland und eine zunehmend diversitätsbewusste Perspektive wirken sich auch auf die Jugendverbandsarbeit aus. Viele Jugendverbände haben erkannt, dass die Interkulturelle Öffnung für sie eine zunehmende Dringlichkeit besitzt. Es gibt vermutlich nicht nur eine intrinsische Motivation der Verbände sich zu öffnen, auch von außen wird an die Jugendverbände der Anspruch zu einem Wandel gestellt.

In der Jugendverbandsarbeit lassen sich ganz generell zwei Formen der Interkulturellen Öffnung beschreiben. Die Öffnung von Angeboten und Mitgliedsstrukturen etablierter Jugendverbände und Jugendringe für Jugendliche mit Migrationshintergrund und zum anderen der von Migrantenjugendorganisationen[1] und deren Integration in die bestehenden Systeme der Jugendhilfe (Riß und Thimmel 2009, S. 22).

2. Interkulturelle Öffnung etablierter Strukturen

Die Interkulturelle Öffnung in den traditionellen Jugendverbänden hat die Zielsetzung, bessere Zugänge für Jugendliche mit Migrationshintergrund zu bestehenden Angeboten der einzelnen Träger zu schaffen. Hierbei muss man unterscheiden zwischen Angeboten der offenen und der verbandlichen Jugendarbeit. Während die offene Jugendarbeit Jugendliche mit Migrationshintergrund überwiegend sehr gut erreicht, konstatieren nahezu alle Jugendverbände, dass es eine

---
1 Der Begriff „Migrantenjugendselbstorganisation" ist als Synonym zu verstehen.

Hürde darstellt, neue Zielgruppen in ihre verbandlichen Angebote einzubeziehen und als Mitglieder zu gewinnen (Bundschuh 2003, S. 327). Aber auch hier zeigen sich große Unterschiede in der jeweiligen konkreten Umsetzung. Ob es einem Verband gelingt, sich zu öffnen oder keine Angebote implementiert werden oder aber die Angebote weniger erfolgreich verlaufen, hat vielfältige Gründe (Bundschuh und Jagusch 2005, S. 14).

Die mit der Interkulturellen Öffnung verbundenen Herausforderungen in Jugendverbänden unterscheiden sich nicht wesentlich von anderen Organisationsentwicklungsprozessen zur Gewinnung neuer Zielgruppen. Die Gründe, warum es einem Jugendverband z. b. nicht gelingt mehr Arbeiterkinder oder junge Frauen zu erreichen, ähneln oftmals denen, warum Jugendliche mit Migrationshintergrund nicht zu den bestehenden Angeboten eines Trägers finden. Jugendverbände zeichnen sich dadurch aus, dass sie in ihrer verbandlich-originären Arbeit meist ein sehr spezielles Angebot für eine sehr spezifische Zielgruppe entwickelt haben. So finden Jugendliche häufig über die Familie, Freunde oder Institutionen (z. B. Kirche, Gewerkschaft) Zugang zu einem Jugendverband. Jugendverbände haben weiterhin eine sehr starke interne Identität entwickelt, die sich in unterschiedlichen Formen ausprägt. Das kann für einige Jugendliche attraktiv sein, andere fühlen sich davon wiederum nicht angesprochen. Bei der Interkulturellen Öffnung geht es aber gerade nicht darum, die Eigenheiten der Jugendverbände abzuschleifen, sondern vielmehr darum, die bewussten oder unbewussten Codes und ihre mögliche ausgrenzende Wirkung zu reflektieren (Drücker 2013, S. 8).

Auch wenn Jugendverbände den Anspruch haben offen für alle Jugendlichen zu sein, sind sie sich doch auch meist darüber bewusst, dass sie immer nur diejenigen erreichen können, die sich für deren spezifischen Verbandsaktivitäten auch tatsächlich interessieren. Wenn sie aber gezielt neue Zielgruppen ansprechen wollen, ergibt sich daraus ein Dilemma – entweder sie überdenken und verändern hergebrachte Formen des Zusammenseins oder sie müssen akzeptieren, dass sie nur einen begrenzten Ausschnitt der Gesellschaft erreichen. Interkulturelle Öffnung heißt also auch, die eigene Organisationskultur infrage zu stellen und Gewohnheiten zu hinterfragen. Es geht aber auch nicht nur darum, die Zugänge zu den eigenen Aktivitäten zu erleichtern, sondern vor allem darum, Bleibestrukturen zu schaffen, also eine Umgebung in der sich Jugendliche mit Migrationshintergrund auf Augenhöhe angesprochen und wertgeschätzt fühlen, verbunden mit attraktiven Angeboten.

Um Jugendliche mit Migrationshintergrund gleichberechtigt in die jugendverbandliche Arbeit einzubeziehen, sollten sie nicht ausschließlich auf ihren Migrationshintergrund reduziert und entsprechend als die Jugendlichen mit Migrationshintergrund sondern einfach als Jugendliche angesprochen und aufgenommen werden. Nur, wenn sie ohne eine beständige Sonderrolle im Verband aktiv sein können, werden sie sich langfristig dort auch aufgehoben fühlen.

Grundsätzlich gilt, dass sich Jugendverbände der Interkulturellen Öffnung auf vielfältige Weise stellen. In den zurückliegenden Jahren gab es eine Vielzahl an Modellprojekten, in denen die Möglichkeiten für eine Interkulturelle Öffnung in den eigenen Strukturen eruiert und nötige Veränderungen kommuniziert und angegangen wurden. Jugendverbände haben eigene bestehende Angebote so überarbeitet, dass sie an Attraktivität für neue Zielgruppen gewinnen. Sie haben aber auch neue Angebote entwickelt, mit denen gezielt Jugendliche mit Migrationshintergrund angesprochen werden können. Bewährt haben sich insbesondere auch Kooperationen mit Migrantenjugendorganisationen, die den Zugang zu den gewünschten Zielgruppen mitbringen und oftmals viel schneller überblicken, wie Angebote umgestaltet werden können, um sie attraktiver für Jugendliche mit Migrationshintergrund zu gestalten.

3. Migrantenjugendorganisationen – zwischen hohem Engagement und geringer Anerkennung

Die Motive von Jugendlichen sich Migrantenjugendorganisationen anzuschließen sind sehr unterschiedlich. Sie haben viel mit den persönlichen Hintergründen und der Art der individuellen Zuwanderungsgeschichte, aber auch mit ihren persönlichen Interessenslagen zu tun. Kinder und Jugendliche, die erst kürzlich nach Deutschland gekommen sind, suchen häufig stark nach Orientierung. Sie erhoffen sich von den Migrantenjugendorganisationen Hilfe bei der Lösung von alltäglichen Problemen in der für sie noch fremden Umwelt. Kinder und Jugendliche, die bereits länger in Deutschland sind, suchen hingegen nach einer sinnvollen Freizeitbeschäftigung. Dafür kommen die Angebote der traditionellen Jugendverbände oder andere Jugendverbände infrage. Für diejenigen Jugendlichen, die bereits in Deutschland geboren wurden und in Migrantenjugendorganisationen aktiv werden, kann es auch um einen Teil ihrer Identität gehen, die sie bewahren wollen. Viele möchten sich für Menschen engagieren, die einen gleichen oder ähnlichen Hintergrund haben (Hoffmann und Klimovskikh 2010, S. 31 f.).

Noch vor wenigen Jahren mussten sich Migrantenorganisation oftmals rechtfertigen, inwieweit sie eine begrüßenswerte oder eher kritische Form der Selbstorganisation darstellen. Inzwischen hat sich der Diskurs verschoben, der wichtige gesellschaftliche Beitrag der Migrantenjugendorganisationen wird anerkannt. Sie werden inzwischen zwar immer noch als neuer aber durchaus selbstverständlicher Teil der Jugendverbandslandschaft wahrgenommen. Zunehmend werden Migrantenjugendorganisationen auf kommunaler, Landes- und Bundesebene Mitglied der jeweiligen Jugendringe. Auf Bundesebene und in einigen Bundesländern werden Migrantenjugendorganisationen schrittweise in die längerfristige Förderung der Jugendhilfe aufgenommen. Gleichzeitig ändert sich der Blick auf Migrantenjugendorganisationen, die großen Unterschiede in ihrer inhaltlichen Ausprägung sind zunehmend stärker wahrnehmbar. Auch die Migrantenjugendorganisationen positionieren sich längst nicht mehr (nur) als Migrantenorganisation, sondern dezidiert als z. B. konfessionelle, kulturelle oder Arbeiterjugendverbände.

Mit der politischen Anerkennung und zunehmenden Sichtbarkeit von Migrantenjugendorganisationen ist allerdings auch eine gesteigerte Erwartungshaltung den Organisationen gegenüber verbunden. Von ihnen wird ein entscheidender Beitrag zur Integration junger Menschen in Deutschland erwartet. Dabei wird häufig übersehen, dass Migrantenjugendorganisationen sehr stark ehrenamtlich geprägt sind und – im Gegensatz zu etablierten Trägern mit längerfristigen Förderstrukturen – nahezu ausnahmslos auf Projektförderungen angewiesen sind. Angebote zur Mitarbeit in den Strukturen der jugendpolitischen Interessensvertretung sind darauf nicht ausgelegt, Tagungen finden in der Woche statt und viele jugendpolitische Partizipationsmöglichkeiten setzen eine Verwaltungsstruktur und eine Professionalisierung voraus, die in dieser Form noch nicht aufgebaut werden konnte. Dies führt dazu, dass erfolgreiche Migrantenjugendorganisationen immer am Rande der Überforderung ihres ehrenamtlichen und hauptamtlichen Personals arbeiten. Die finanziell wie strukturell benachteiligten neuen Jugendorganisationen müssen den Wettbewerbsvorteil der etablierten Jugendverbände durch ein erhöhtes Maß an Eigenengagement ausgleichen. Lösungen für diese Dilemmata können Patenschaften mit etablierten Trägern und die sich langsam entwickelnden und auf Langfristigkeit ausgelegten Förderprogramme auf Bundes- und Landesebene sein. Durch diese neuen Formen der strukturellen Förderung wird zum einen die Leistung der Migrantenjugendorganisationen bei ihrem Strukturaufbau gewürdigt und gleichzeitig aber auch die jahrelange strukturelle Benachteiligung der Verbände langsam aufgehoben.

Interessanterweise entwickelte sich das erste nachhaltige Förderinstrument für Migrantenjugendorganisationen auf Bundesebene im Nachgang zu dem Projekt „Jugend 2014 – Migrantenjugendorganisationen als Akteure der Zivilgesellschaft" der djo-Deutsche Jugend in Europa. Seit 2015 erhalten erstmals fünf Migrantenjugendorganisationen über den Kinder- und Jugendplan des Bundes eine strukturelle, d. h. nicht projektgebundene Förderung ihrer Arbeit. Im Rahmen des Projektes arbeiteten die Migrantenjugendorganisationen, der Deutsche Bundesjugendring, das Bundesfamilienministerium und das Bundesamt für Migration und Flüchtlinge eng miteinander zusammen, um eine jugendpolitische Bewertung vorzunehmen und strukturelle Hindernisse auszuräumen. Seit kurzem gibt es ähnlich gestaltete Modellprojekte, z. B. in Bayern und Berlin, in deren Rahmen ebenfalls Lösungen zur Förderung von Migrantenjugendorganisationen gesucht werden. Denn trotz des hohen Engagements der neuen Jugendverbände erfüllen deren Strukturen oft noch nicht die Kriterien für eine Förderung auf Landes- oder Bundesebene. Die Hürden sind teilweise so groß, dass sie allein durch ehrenamtliches Engagement häufig nicht genommen werden können. Daher wird nunmehr häufig auf eine Anschubfinanzierung zurückgegriffen, um die Verbände mittelfristig in die Lage zu versetzen, aus eigenen Kräften eine Förderung zu beantragen. Aufgrund der im Föderalismus wurzelnden großen Unterschiede der Förderstrukturen in den einzelnen Bundesländern, müssen immer wieder landesspezifische Lösungen zur Interkulturellen Öffnung der Jugendverbandsstrukturen gefunden werden. Die Geschwindigkeiten sind hierbei sehr unterschiedlich und es zeigt sich deutlich, dass die Migrantenjugendorganisationen – unabhängig von ihrem eigenen Engagement – auf den guten Willen anderer Akteure in den Ländern angewiesen sind. Damit ist und bleibt die strukturelle und politische Teilhabe im Fördersystem der verbandlichen Jugendarbeit auch weiterhin eine der zentralen jugendpolitischen Anliegen der Migrantenjugendorganisationen und Gradmesser für eine gelungene Interkulturelle Öffnung der Strukturen.

4. Interkulturelle Öffnung und geflüchtete Jugendliche

Auch die Öffnung von Jugendverbänden und Strukturen für geflüchtete Jugendliche ist kein neues Thema. Bereits im Zuge der Jugoslawienkriege flüchteten in den 1990er-Jahren Hunderttausende nach Deutschland, darunter viele junge Menschen. Auch damals wurde in den Jugendverbänden viel über die Beteiligung dieser Menschen diskutiert und jugendpolitisch Stellung bezogen. Denjenigen, die sich noch an diese Zeiten erinnern, können, müssen die heutigen Diskussionen sehr vertraut anmuten.

Nachdem sich Jugendverbände in den vergangenen Monaten recht spontan auf den erhöhten Zuzug reagierten und auf allen Ebenen unterstützende Maßnahmen entwickelt wurden, findet nun langsam ein Konsolidierungsprozess statt. Es zeichnet sich ab, dass nach der Zeit der Euphorie um die deutsche Willkommenskultur und den zahlreichen unterstützenden Aktionen auch Jugendverbände Strategien benötigen, wie sie langfristig geflüchtete Jugendliche in ihre Arbeit integrieren können. Nachdem in den zurückliegenden Monaten viele Aktivitäten durch ein erhöhtes Engagement Ehren- und Hauptamtlicher möglich war, wird inzwischen über die Grenzen dieses Engagements gesprochen. Dabei gibt es mindestens vier Strategien, wie die Jugendverbandslandschaft auf diese Herausforderung reagiert:

Es gibt Verbände, insbesondere im Bereich der Wohlfahrtsverbände, aber z. B. auch Migrantenjugendorganisationen, die klassische Angebote der Jugendsozialarbeit nutzen, um den Neuankömmlingen Orientierung und konkrete Hilfe zukommen zu lassen. Andere Jugendverbände versuchen geflüchtete Jugendliche in bestehende Angebote einzubeziehen und suchen sie dafür gezielt in Flüchtlingsunterkünften oder Erstaufnahmeeinrichtungen auf. Oftmals werden allerdings auch neue oder erweiterte Angebote gezielt für diese Zielgruppe entwickelt. Die Spannbreite der Aktivitäten – von interkulturellen Kochabenden bis hin zu Fahrradwerkstätten – ist groß. Aber junge Geflüchtete können sich auch selbst organisieren. Mit Jugend ohne Grenzen (JOG) gibt es eine Selbstorganisation junger Geflüchteter, über die bereits eine jugendpolitische Interessensvertretung erfolgt. Es ist zu erwarten, dass dieser Initiative weitere folgen werden.

Auch wenn der Wille groß ist, gibt es auch eine Vielzahl an Herausforderungen, die den Einbezug geflüchteter Jugendlicher erschweren. Die Zielgruppe ist sehr heterogen und nicht klar zu fassen. Mit dem Flüchtlingsstatus ist eine Vielzahl von administrativen und rechtlichen Sanktionen verbunden, wodurch die Jugendlichen in ihrer Bewegungsfreiheit im Vergleich zu Altersgenossen erheblich eingeschränkt sind. Je nach Herkunftsland haben Geflüchtete sehr unterschiedliche Bleibeperspektiven. Während Jugendliche aus den Balkanländern mit hoher Sicherheit in ihre Heimatländer zurückreisen müssen, können Jugendliche aus Syrien und Afghanistan mindestens mit einem befristeten Aufenthaltstitel rechnen. Viele Jugendverbände merken jetzt, dass mit der Klärung des Aufenthaltstitels bzw. der Erteilung einer Duldung auch neue Fragen verbunden sind. Aus dem geflüchteten Jugendlichen wird plötzlich der Jugendliche mit Migrationshintergrund, der oftmals gekommen ist, um zu bleiben. Damit greifen viele Maßnahmen, die auf einer ersten Hilfe nach der Ankunft ausgerichtet sind, wieder zu kurz. Die Jugendverbände müssen erkennen, dass sie in der Verantwortung stehen, sich auch langfristig für die Integration der neuen Mitbürger_innen einzusetzen und sich für deren Interessen und Bedürfnisse nachhaltig öffnen.

Literatur

Bundschuh, Stephan 2003: Abstrakte Solidarität – Konkrete Konkurrenz. Das Verhältnis der klassischen deutschen Jugendverbände zu Jugendorganisationen von MigrantInnen. In: Badawia, Tarek/Hamburger, Franz/Hummrich, Merle (Hrsg.): Wider die Ethnisierung einer Generation. Beiträge zur qualitativen Migrationsforschung, S. 326-336.
Bundschuh, Stephan/Jagusch, Birgit 2005: Interkulturelle Öffnung der Jugendverbände Quo vadis? In: Jugendpolitik 1/2005 Migration – Integration: Die Rolle der Jugendarbeit (Zeitschrift des Deutschen Bundesjugendrings), S. 13-15.
Drücker, Ansgar 2013: Die Interkulturelle Öffnung der Jugendverbandsarbeit – eine Einführung. In: Drücker, Ansgar (Hrsg.): Die Interkulturelle Öffnung der Jugendverbandsarbeit. Bestandsaufnahme und Erfahrungen aus Projekten, S. 4-9.

Hoffmann, Thomas/Klimovskikh, Maria 2010: Migration und Ehrenamt-Partizipation von Kindern und Jugendlichen mit Migrationshintergrund in der Jugendverbandsarbeit. In: Argumente 1/2010 S. 31-34.

Riß, Katrin/Thimmel, Andreas 2009: Interkulturelle Öffnung von Jugendverbandsarbeit – Dimensionen eines Modernisierungsprozesses. In: djo-Deutsche Jugend in Europa, Landesverband NRW (Hrsg.): Integration oder Isolation? Chancen und Ressourcen von Selbstorganisation junger MigrantInnen, S. 22-30.

Veronika Fischer

Familienbildung – Orte gelebter Diversität?

Der Beitrag bürgerschaftlichen Engagements von Migrantenorganisationen zur Interkulturellen Öffnung der Familienbildung

1. Inklusion als normative Orientierung für Bildung auf allen Ebenen

Der Ruf nach einer „Bildung für alle", der insbesondere in Deutschland im Zuge der Reformvorhaben der 1960er-Jahre in vielen bildungspolitischen Statements Verbreitung erlangte, hat nichts an seiner Aktualität verloren. Sowohl auf internationaler als auch nationaler Ebene werden die Ziele der Bildungsgerechtigkeit – etwa im Kontext der Diskussion um Inklusion – vertreten.[1] Im globalen Rahmen haben die Vereinten Nationen im September 2015 Ziele einer nachhaltigen Entwicklung für die Staatengemeinschaft deklariert, unter anderem auch für eine globale Bildungsagenda. So will man „bis 2030 für alle Menschen inklusive, chancengerechte und hochwertige Bildung sicherstellen sowie Möglichkeiten zum lebenslangen Lernen fördern" (Dt. UNESCO-Kommission e. V. 2010, S. 8). In der „Recommendation on Adult Learning and Education", die auf der 38. Generalkonferenz der United Nations Educational, Scientific and Cultural Organization (UNESCO) am 13. November 2015 verabschiedet worden ist, werden die Mitgliedsstaaten aufgefordert, inklusive Politikstrategien zu entwickeln, „that address the learning needs of all adults by providing equitable access to learning opportunities, and differentiated strategies without discrimination on any grounds" (UNESCO 2015, S. 4). Besondere Aufmerksamkeit soll benachteiligten oder vulnerablen Gruppen zukommen. Doch immer noch gilt:"Adults with the greatest education and training needs have the least opportunity to benefit from lifelong learning" (European Commission et al. 2015, S. 8).

---

1 Inklusion wird in diesem Artikel als „gesellschaftliche Zugehörigkeit und Teilhabe" (Kronauer 2010, S. 17, 44) verstanden, die nicht nur in der formalen Einbindung von Menschen in die Bildungsinstitutionen, sondern auch in den Veränderungspotentialen der Institutionen und den möglichen Formen der Mitgestaltung der Teilnehmenden besteht.

2. Disparitäten in der Weiterbildungsteilnahme – eingeschränkte Diversität

Auch in Deutschland wurde eine ungleiche Verteilung in der Weiterbildungsbeteiligung festgestellt. So kommt der Bildungsbericht 2014 im Kapitel „Weiterbildung" zu dem Ergebnis, dass – trotz einer Steigerung der Weiterbildungsteilhabe – die soziale Ungleichheitsstruktur, die bereits Vorgängerberichte konstatiert haben, weiterbesteht. Pointiert heißt es: „Bei der sozialen Ungleichheit in der Weiterbildung sticht als ökonomisch wie sozial in gleicher Weise problematischer Sachverhalt die mangelhafte Einbeziehung von Personen mit Migrationshintergrund und von Geringqualifizierten hervor" (Autorengruppe 2014, S. 155). Ein Blick auf Zahlen aus dem Adult Education Survey (AES 2015) verrät, dass die Weiterbildungsteilhabe zwar bei den Deutschen ohne Migrationshintergrund im Zeitraum 2003 bis 2014 auf 53 Prozent angestiegen ist (2003: 43 Prozent), bei Ausländer_innen und Deutschen mit Migrationshintergrund im gleichen Zeitraum ohne nennenswerte Steigerungen zwischen 29 und 34 Prozent schwankt (BMBF 2015, S. 38).

Auch wenn die Familienbildung in den Statistiken des AES nicht gesondert ausgewiesen ist, liegt die Annahme nahe, dass ähnliche Ungleichgewichte in der Weiterbildungsbeteiligung vorliegen, die zugleich verdeutlichen, dass die Einrichtungen bislang nur eingeschränkt Orte gelebter Diversität sind.[2]

3. Konzepte Interkultureller Öffnung

Einrichtungen der Familienbildung müssen daher ein Inklusionskonzept entwickeln, das in einem ersten Schritt die Exklusionsmechanismen identifiziert, die Menschen daran hindern, die Einrichtung aufzusuchen. Diese Ausschlusslinien können nach individuellen, institutionellen und gesellschaftlich-strukturellen Faktoren unterschieden werden. In Abgrenzung von gruppenbezogenen Zuschreibungen, die pauschal unterstellen, dass beispielsweise Migrant_innen, Arbeitslose oder Behinderte von Exklusion betroffen sind, wird hier ein Ansatz vertreten, der die Exklusionslinien und nicht die Gruppen in den Blick nimmt. Gruppenbezogene Zuschreibungen tendieren leicht zur Homogenisierung und Essentialisierung, indem sie eine Einheitlichkeit unterstellen, die es faktisch nicht gibt, und zugleich ein singuläres Moment zum Wesensmerkmal der Betroffenen stilisieren. Längst haben Untersuchungen zu den Migrantenmilieus (Wippermann und Flaig

---

2 In einer landesweiten Evaluation der Familienbildung in NRW (Fischer et al. 2007a) konnte darüber hinaus festgestellt werden, dass dies auch für die Zusammensetzung des hauptberuflichen Personals gilt. Zehn Jahre nach dieser Erhebung wäre eine erneute Evaluation der Einrichtungen nötig, um Fortschritte feststellen zu können.

Familienbildung – Orte gelebter Diversität? 149

2009; Barz 2015) die Fehler eines „Containerdenkens" entlarvt, das suggeriert, es gäbe den Migranten schlechthin.

In diesem Beitrag wird ein besonderes Augenmerk auf solche Zugangsbarrieren gelegt, die im Kontext der Migrationsgeschichte und sozialen Herkunft von Familien zu sehen sind.

Exklusion wird aufgrund unterschiedlicher Faktoren auf drei Ebenen verortet: der Ebene des Subjekts und seines Mikrosystems, der institutionellen Ebene des Mesosystems sowie der gesellschaftlich makrostrukturellen Ebene. In diesem Kontext werden a) belastende soziale Lagen, b) subjektive Hemmschwellen und c) institutionelle Barrieren wirksam.

Belastende soziale Lagen (a.) stehen u. a. im Zusammenhang mit einem geringen Einkommen am Rande des Existenzminimums, hohen Arbeitsbelastungen durch schwere körperliche Arbeit, hohem Zeitaufwand bei mehreren Minijobs, unregelmäßiger Tagesstrukturierung bei Schichtarbeit, einem Rechtsstatus mit unsicherer Bleibeperspektive oder der Unterbringung in Übergangswohnheimen.

Subjektive Hemmschwellen (b.) sind oft zurückzuführen auf niedrige bzw. fehlende Bildungsabschlüsse, fehlende oder unzureichende Deutschkenntnisse, Analphabetismus, Informationsdefizite im Hinblick auf Weiterbildung/Familienbildung, Distanz zu dem „mittelschichtgeprägten Milieu" von Bildungsinstitutionen, psychosoziale Belastungen wie Traumatisierungen im Gefolge einer Flucht, Erfahrung von Diskriminierung und rassistischer Stigmatisierung.

Institutionelle Barrieren (c.) ergeben sich vielfach aus einer vorherrschenden Komm-Struktur der Bildungsarbeit, überwiegend schriftsprachlicher Werbung, fehlender Anerkennungskultur in der Einrichtung, bürokratischen Hürden bei der Anmeldung, fehlenden muttersprachlichen Kontaktpersonen, fehlender gezielter Bildungsberatung oder hohen Gebühren, womit Faktoren angesprochen sind, die letztlich einem fehlenden Konzept zur Interkulturellen Öffnung einer Einrichtung geschuldet sind (Fischer 2011, S. 428 ff.).

Diese Faktoren treten meistens kumulativ auf und verstärken sich gegenseitig, sodass es interessant ist, sie in ihrer wechselseitigen Beeinflussung und gegenseitigen Verstärkung zu untersuchen. Gleichzeitig ist es sinnvoll nicht nur auf Hemmschwellen, sondern auch auf die Potenziale zu blicken und zu überlegen, auf welchen Ebenen und in welchen Bereichen subjektive Ressourcen vorhanden sind, die es im Sinne eines Empowerments zu stärken gälte.

Als Reaktion auf die geringe Teilhabe von Menschen mit Migrationshintergrund an Weiterbildungs- und Familienbildungsangeboten hat sich der Begriff der Interkulturellen Öffnung etabliert, der hier als ein Prozess der Organisationsentwicklung bezeichnet wird, der Exklusionsmechanismen in den Blick nimmt, die dem Migrationskontext geschuldet sind.[3] Da es sich um eine „doppelte Bildungsdistanz" (Bremer et al. 2015, S. 17 f.) handelt, nämlich der Distanz der Adressat_innen zu den Einrichtungen und umgekehrt der Distanz der Einrichtungen zu den Adressat_innen, müssen auch beide Seiten betrachtet werden. Aufseiten der Adressat_innen sind die Hemmschwellen zu ermitteln, die zu einer Skepsis und Distanz gegenüber der Einrichtung geführt haben. Auf institutioneller Ebene müssen Zielgruppenansprache, Angebotsstruktur, Beratung und Bildung auf die Bedürfnisse der Familien ausgerichtet, interkulturelle Fortbildungen des Personals durchgeführt und Mitbestimmungsmöglichkeiten der Teilnehmenden geschaffen werden. Interkulturelle Öffnung darf nicht verkürzt als eine am Markt orientierte Strategie verstanden werden, die die Adressat_innen lediglich als Weiterbildungskonsumenten wahrnimmt und für die Institution gewinnen will. Vielmehr muss der öffentliche Bildungsauftrag mit dem Gedanken des Empowerments verbunden sein, der die Subjekte stärken und ihre Potenziale freisetzen soll. Die Kunst besteht darin, selbstbestimmte Wege zur Teilhabe zu eröffnen und sich dabei an der Leitlinie der Partizipation zu orientieren (OED Network 2014, S. 8).

Beispielhaft soll im Folgenden die kooperative Elternbildung in Verbindung mit Migrantenorganisationen[4] skizziert werden:

4. Kooperation mit Migrantenorganisationen

So hebt der Sachverständigenrat deutscher Stiftungen für Integration und Migration die Mittlerrolle von „Migrantenorganisationen in der kooperativen Elternarbeit" in einem policy-Brief lobend hervor. Sie seien „häufig besser als die ‚traditionellen' Institutionen und etablierten Handlungsträger in der Lage, die Eltern aus ihrer Community zu erreichen und gezielt zu informieren" (2014, S. 3). Eine Empfehlung in Richtung einer „kooperativen Elternarbeit" im Sinne einer „Erziehungs- und Bildungspartnerschaft" wird ausgesprochen. Um diese Aufgabe angemessen erfüllen zu können, bräuchten die Organisationen nachhaltige und professionelle Arbeitsstrukturen, die langfristig nur durch eine entsprechende finanzielle Förderung zu gewährleisten seien. Es gelte die fachlichen Kompetenzen der Verantwortlichen zu stärken, damit die Organisationen auch eigene praktische Angebote entwickeln und realisieren könnten, um sich als eigenständige Akteur_innen behaupten und so einen Beitrag zur Interkulturellen Öffnung der Weiterbildungslandschaft leisten zu können.

---

3 Andere Ausschlusslinien, die im Zusammenhang mit Gender, Behinderung oder anderen Differenzlinien stehen, werden hier nicht näher behandelt.
4 Begriff „Migrantenselbstorganisation" ist als Synonym zu verstehen.

Die Kooperation zwischen etablierten Bildungsträgern und Migrantenorganisationen hat sich allerdings in der Vergangenheit nicht unbedingt als einfach herausgestellt. Im Rahmen der Evaluation des Elternnetzwerks NRW gaben von 27 befragten Vereinsvorständen 13 an, es sei ihnen im Anschluss an die Seminare gelungen, die öffentlichen Bildungsinstitutionen für die Arbeit der Vereine zu interessieren, 14 verneinten dies (Fischer et al. 2007b, S. 161). Vermutet werden Ängste und Vorurteile, sich ggf. einen Kooperationspartner mit fundamentalistischer Orientierung ins Haus zu holen oder die Sorge, Migranteneltern könnten sich stärker in die Belange der Einrichtung einmischen.

Uwe Hunger und Stefan Metzger (2011, Kapitel 4) identifizieren in ihrer Studie über die „Kooperation mit Migrantenorganisationen" einige Muster für den Erfolg und Misserfolg von Kooperationen. Als hinderlich für eine gleichberechtigte Kooperation zwischen etablierten Bildungsträgern und Migrantenorganisationen haben sich einerseits auf der interpersonalen Ebene unterschiedliche Einstellungen, Verhaltensweisen und Praktiken herausgestellt und auf der strukturellen Ebene eine ungleiche Verteilung von Ressourcen und Macht. So fühlen sich die Migrant_innen häufig als Informations- und Klientelbeschaffer (S. 54) oder als Vorzeigeobjekt instrumentalisiert (S. 53), in einer Opferrolle wahrgenommen, nicht als gleichwertige Partner anerkannt, sondern als untergeordneter Teil in einer Hierarchie, in der es an Transparenz, Informationsfluss und Kommunikation mangelt. Die ungleichgewichtige Verteilung der Ressourcen – im Hinblick auf Personalausstattung, Finanzen, Räumen und Material – trägt vielfach zu einer asymmetrischen Beziehung bei, in der sich die ehrenamtlich engagierten Akteur_innen aus den Migrantenorganisationen chronisch benachteiligt, bevormundet und überfordert fühlen. Als förderlich für eine Kooperation gilt, wenn eine Partnerschaft auf „Augenhöhe" praktiziert wird, die Initiative von den Migrantenorganisationen kommt, Interessenlagen deckungsgleich sind und Konzepte gemeinsam erarbeitet werden. Im Zuge der Zusammenarbeit müssen gegenseitiges Vertrauen und Wertschätzung aufgebaut und klare, transparente Kooperationsverträge abgeschlossen werden, sodass beide Seiten in einer Win-win-Situation voneinander profitieren können. Die etablierten Träger können durch Fortbildungen und Einbindung der Migrant_innen in das Projektmanagement dafür sorgen, dass *Capacity Building* und damit eine Organisationsentwicklung seitens der Migrantenorganisationen stattfindet.

5. Fazit

Als Bilanz kann festgehalten werden, dass der Kooperation mit Migrantenorganisationen bei der Interkulturellen Öffnung der Eltern- und Familienbildung eine Schlüsselrolle zukommen kann. Familienbildungseinrichtungen werden Orte gelebter Diversität, wenn es gelingt, ein Bewusstsein zu schaffen, dass Vielfalt zur Normalität des gesellschaftlichen Zusammenlebens gehört und daher auch in der Zusammensetzung der Teilnehmerschaft und des Personals der Familienbildung zum Ausdruck kommen sollte. Darüber hinaus sollte sich eine solche Arbeit von den Prinzipien der Partizipation und Selbstbestimmung leiten lassen.

Literatur

Autorengruppe Bildungsberichterstattung 2014: Bildung in Deutschland 2014. Ein indikatorengestützter Bericht mit einer Analyse zur Bildung von Menschen mit Behinderungen. Bielefeld.

Barz, Heiner/Barth, Katrin/Cerci-Thoms, Meral/Dereköy, Zeynep/Först, Mareike/Thao Le, Thi/Mitchnik, Igor 2015: Große Vielfalt, weniger Chancen. Eine Studie über die Bildungserfahrungen und Bildungsziele von Menschen mit Migrationshintergrund in Deutschland. Essen, Düsseldorf.

Bremer, Helmut/Kleemann-Göhring, Mark/Wagner, Farina 2015: Weiterbildung und Weiterbildungsberatung für „Bildungsferne". Ergebnisse, Erfahrungen und theoretische Einordnungen aus der wissenschaftlichen Begleitung von Praxisprojekten in NRW. Bielefeld.

Bundesministerium für Bildung und Forschung (Hrsg.) 2015: Weiterbildungsverhalten in Deutschland. AES 2014. Trendbericht. Bonn.

Deutsche UNESCO-Kommission e. V. (Hrsg.) 2010: Inklusion: Leitlinien für die Bildungspolitik. 2. Auflage. Bonn, Online: https://www.unesco.de/fileadmin/medien/Dokumente/ Bibliothek/InklusionLeitlinienBildungspolitik.pdf (08.05.2016).

European Commission/EACEA/Eurydice 2015: Adult Education and Training in Europe. Widening Access to Learning Opportunities. Eurydice Report. Luxembourg: Publication Office of the European Union.

Fischer, Veronika/Krumpholz, Doris/Schmitz, Adelheid 2007a: Zuwanderung – Eine Chance für die Familienbildung. Bestandsaufnahme und Empfehlungen zur Eltern- und Familienbildung in Nordrhein-Westfalen, Ministerium für Generationen, Familie, Frauen und Integration des Landes Nordrhein-Westfalen (Hrsg.). Düsseldorf.

Fischer, Veronika/Krumpholz, Doris/Schmitz, Adelheid/Patocs, Csilla 2007b: Stärkung der Selbsthilfepotenziale und Vernetzung zugewanderter Eltern. Eine Untersuchung des Elternnetzwerks NRW unter besonderer Berücksichtigung des Fortbildungsbedarfs. Im Auftrag des Ministeriums für Generationen, Familie, Frauen und Integration des Landes NRW. Düsseldorf, Online: http://soz-kult.fh-duesseldorf.de/forschung/forschungsprojekte/ migrateltern

Fischer, Veronika 2011: Eltern- und Familienbildung. In: Fischer, Veronika/Springer, Monika (Hrsg.): Handbuch Migration und Familie. Schwalbach/Ts., S. 419-433.

Hunger, Uwe/Metzger, Stefan 2011: Kooperation mit Migrantenorganisationen. Studie im Auftrag des Bundesamtes für Migration und Flüchtlinge. Münster, Online: https://www. bamf.de/SharedDocs/Anlagen/DE/Publikationen/Studien/2011-kooperationmigrantenorganisationen.pdf?__blob=publicationFile (08.05.2016).

Familienbildung – Orte gelebter Diversität?

Kronauer, Martin 2010: Einleitung – Oder warum Inklusion und Exklusion wichtige Themen für die Weiterbildung sind. In: ders. (Hrsg.): Inklusion und Weiterbildung. Reflexionen zur gesellschaftlichen Teilhabe in der Gegenwart. Bielefeld, S. 19-23.

OED Netzwerk 2014: Outreach, Empowerment, Diversity. Leitfaden für Trainerinnen und Trainer und Programmplanende in der Erwachsenenbildung, zusammengestellt von DVV, FOLAC und lernraum wien, Online: www.oed-network.eu

Sachverständigenrat deutscher Stiftungen für Integration und Migration/Forschungsbereich (Hrsg.) 2014: Migrantenorganisationen in der kooperativen Elternarbeit: Potenziale, Strukturbedingungen, Entwicklungsmöglichkeiten. Berlin, Online: https://www.stiftung-mercator.de/media/downloads/3_Publikationen/SVR_Migrantenorganisationen_in_der_kooperativen_Elternarbeit_2014.pdf (08.05.2016).

UNESCO 2015: Recommendation on Adult Learning and Education, Online: http://portal.unesco.org/en/ev.php-URL_ID=49354&URL_DO=DO_TOPIC&URL_SECTION=201.html (08.05.2016).

Wippermann, Carsten/Flaig, Berthold Bodo 2009: Lebenswelten von Migrantinnen und Migranten. In: APuZ 5/2009, S. 3-11.

Annita Kalpaka, Andreas Foitzik

Migrationsgesellschaftliche Anforderungen an Fort- und Weiterbildung
Schlaglichter auf ein Konzept

1. Vorbemerkung

Am Beispiel eines Weiterbildungskonzepts sollen im Folgenden Fragen an die Fort- und Weiterbildung in der Migrationsgesellschaft exemplarisch diskutiert werden. Sowohl konzeptionelle als auch methodisch-didaktische Fragen betrachten wir in diesem Beitrag unter dem Fokus von Teilhabe und Erweiterung von Handlungsfähigkeit in von sozialer Ungleichheit geprägten rassistischen Verhältnissen, die nicht nur außerhalb des Raums der Weiterbildung präsent sind.

In der pädagogischen Arbeit im Migrationskontext sind wir konfrontiert mit den Folgen von dem unzureichenden Zugang vieler Menschen zu Ressourcen und Leistungen. Dies korrespondiert mit sozialen Benachteiligungen, der Erfahrung von Diskriminierung und Rassismus auch in anderen Lebensbereichen und -phasen: Verteilung von Wohnraum, Einkommen, Teilhabe an politischer und ökonomischer Macht, berufliche Aufstiegsmöglichkeiten, gesundheitliche Versorgung. In verschiedenen Bereichen des bürgerschaftlichen Engagements zeigt sich ebenfalls eine nach wie vor unzureichende Repräsentation von Menschen mit Rassismuserfahrungen. Weder sind die Zugänge für Personen, die sich engagieren wollen, ausreichend offen noch sind Migrantenorganisationen gleichberechtigte Partner in den institutionellen Arenen des bürgerschaftlichen Engagements.

Die Einführung des Begriffs Interkulturelle Öffnung, wie unterschiedlich auch immer er ausgelegt wird, markierte eine Fokusverschiebung in der Fachdebatte von den vermeintlichen Defiziten der Adressat_innen zu den Defiziten von Einrichtungen und pädagogischen Konzepten, die der Tatsache der Migrationsgesellschaft kaum Rechnung tragen. Unter dem Label Interkulturelle Öffnung[1] wird seit den 1990er-Jahren die Veränderung von Institutionen mit dem Ziel einge-

---

[1] In dieser Unbestimmtheit ermöglicht der Begriff eine weitgehende Akzeptanz als Zielperspektive innerhalb der Jugendhilfe und der sozialen Arbeit. Zu einer konsequenten Umsetzung hat diese Akzeptanz bisher nicht geführt, vielmehr finden sich Beispiele, die als gute Praxis herausgestellt werden. Zur Auseinandersetzung mit dem Konzept siehe Filsinger 2002; Kalpaka und Mecheril 2010; Foitzik und Pohl 2011.

Migrationsgesellschaftliche Anforderungen an Fort- und Weiterbildung 155

fordert, Zugangsbarrieren zu Ressourcen und Dienstleistungen abzubauen und qualitativ verbesserte Angebote für Migrant_innen zu entwickeln.

Ein Umbau der Institutionen in der Migrationsgesellschaft, darunter auch Einrichtungen aus dem Sektor des bürgerschaftlichen Engagements, ist weiterhin eine zentrale Aufgabe, die wir in unserem Weiterbildungskonzept in den Analyserahmen institutionelle Diskriminierung und Rassismus stellen. Für die Entwicklung und Begleitung solcher Veränderungsprozesse braucht es – neben Führungskräften, die zu einer Qualitätsentwicklung entschlossenen sind, sowie engagierten Mitarbeiter_innen – auch qualifizierte Multiplikator_innen.

Das Weiterbildungsangebot „Pädagogisches Handeln in der Einwanderungsgesellschaft – Weiterbildung für Trainer_innen und Berater_innen"[2] setzt an dieser Stelle an und verfolgt das Ziel, Multiplikator_innen für Fortbildungen und die Begleitung von institutionellen Veränderungsprozessen in der Migrationsgesellschaft zu qualifizieren.

Um Veränderungsprozesse in Institutionen anstoßen und zugleich Menschen mit Rassismuserfahrungen bei der Bearbeitung solcher Erfahrungen begleiten zu können, brauchen professionelle Multiplikator_innen die Kompetenz, Ausgrenzungsmechanismen zu erkennen und zu benennen, um die Akteur_innen im jeweiligen Feld bei der Entwicklung von Konzepten und Handlungsstrategien für die jeweilige spezifische Situation zu begleiten. Dafür ist es nötig, Diskriminierung, verweigerte Anerkennung und Rassismus wahrzunehmen, zu thematisieren und Handlungsschritte für einen angemessenen Umgang mit Rassismuserfahrungen von Mitarbeiter_innen und Adressat_innen zu suchen. Dies bedeutet, dass sie sich auf die vorgefundenen Strukturen auf eine Weise einlassen können, die es ermöglicht, strukturelle Barrieren in den Blick zu nehmen und die in den Institutionen Tätigen dabei zu begleiten, Handlungskonzepte und Strategien zu entwickeln, um bestehende Grenzen zu verschieben.

Nicht zuletzt benötigen sie ein erweitertes Methodenrepertoire, das nicht als Sozialtechnologie verstanden wird und der kritischen Reflexion zugänglich bleibt.

---

2 Das Weiterbildungskonzept entstand 2008 in einer Kooperation des Paritätischen Jugendwerks Baden-Württemberg (www.pjw-bw.de) mit Verbänden der Jugendarbeit und dem Netzwerk rassismuskritische Migrationspädagogik (www.rassismuskritik-bw.de) und wurde in den nachfolgenden Durchgängen weiterentwickelt. Ein ausführliches Exposé zu dieser Weiterbildung findet sich unter: www.zepra-hamburg.de/bildungsangebot/
Aktuell wird die Weiterbildung an der HAW Hamburg angeboten. Die Möglichkeit einer institutionellen Anbindung an Hochschule nutzen wir, um zum einen eine Zertifizierung zu ermöglichen, die auf dem „Markt" anerkannt wird. Zum anderen wollen wir damit einen Diskussionsanstoß geben, sich auch im Hochschulkontext der Frage der Beteiligung von Menschen mit Migrations- und Rassismuserfahrungen bzw. der Berücksichtigung ihrer (Lern-)Bedürfnisse bei den sogenannten „regulären Angeboten" zu stellen.

Zentral dafür sind deshalb auch Methoden der Selbstreflexion und Kompetenzen für die Anleitung und Begleitung reflexiver Prozesse.

2. Konzeptionelle Ansatzpunkte

Eine der Voraussetzungen für die Teilnahme an dieser Weiterbildung sind eigene Praxiserfahrungen in der Fort- und Weiterbildung und/oder in Feldern von Pädagogik und Sozialer Arbeit. Die Praxisreflexion bildet in diesem Konzept den Ausgangspunkt und die Grundlage für die Qualifizierung für die Praxis als Multiplikator_in. Denn als Multiplikator_innen müssen sie in der Lage sein, ihre eigene Praxis bezogen auf den jeweils institutionellen und gesellschaftlichen Umgang mit migrationsbezogenen Ungleichheitsverhältnissen zu reflektieren, um diese Reflexion auch in Gruppen im Rahmen von Fortbildungsangeboten oder Beratungsprozessen selbst anleiten zu können.

Die eigene Praxis ist das Beste, weil bekannteste Feld, um sich mit den ambivalenten Herausforderungen des „Pädagogischen Handelns in der Einwanderungsgesellschaft" konkret auseinanderzusetzen. Hier werden relevante Fragen und Themen generiert, die im Laufe der Weiterbildung systematisch bearbeitet werden können. Themen wie Ausgrenzung, Rassismus, Partizipation, Antidiskriminierungsarbeit, professionelles Handeln etc. sind dabei Lerngegenstände, die anhand der Reflexion eigener Praxis herausgearbeitet und konkretisiert werden können. Ausgehend von dieser Kontextualisierung erfolgt deren Bearbeitung auf theoretischer Ebene erfahrungsbezogen und reflexiv. Die Auseinandersetzung mit der eigenen Praxis geschieht mit Bezug auf die jeweilige soziale Positionierung im Kontext der Migrationsgesellschaft, also auch im Hinblick auf die Fragen nach den eigenen Migrations- und/oder Rassismuserfahrung bzw. den Erfahrungen von Privilegiertheit und whiteness. Aber auch andere Differenzlinien (Gender, soziale Herkunft) können hier bedeutsam werden. Bestandteil dieser Praxisreflexion ist das durchzuführende ‚Praxisprojekt', in dem die Teilnehmenden begleitet werden, eine eigene von ihnen durchzuführende Fortbildung oder einen Ausschnitt eines Beratungsprozesses zu konzipieren, zu evaluieren und zu reflektieren.

Mit dieser Herangehensweise legen wir bewusst einen anderen Fokus als Fortbildungskonzepte, die auf eine sogenannte Sensibilisierung der Teilnehmenden, wahlweise für Vielfalt oder für Rassismus, mittels Übungen zielen. Denn zum einen abstrahieren solche Übungen in der Regel von dem konkreten Kontext, den widersprüchlichen Anforderungen des pädagogischen Alltags und der darin Handelnden und bleiben deshalb auf eine Weise individualisierend bzw. fokussieren auf Einstellungsveränderung. Zum anderen richten sich diese eher an Mehrheitsangehörige, die andere Mehrheitsangehörige in den Fortbildungen sensibilisieren sollen. Somit kommen Lernbedürfnisse und -interessen von Teilnehmenden mit

Rassismuserfahrungen kaum in den Blick, vielmehr dienen ihre Erfahrungen den Lernprozessen von Mehrheitsangehörigen.

3. Die Zusammensetzung der Lerngruppe

Wir überlassen die Zusammensetzung nicht dem Zufall der zeitlichen Reihenfolge der Anmeldungen, sondern streben durch ein Auswahlverfahren eine Lerngruppe an, die jeweils zur Hälfte aus Teilnehmenden mit und ohne Rassismuserfahrungen zusammengesetzt ist. Der Anspruch „offen für alle" zu sein, bedeutet in hierarchisch und rassistisch strukturierten Verhältnissen oftmals, dass Mehrheitsangehörige die Angebote nutzen, während sich Teilnehmende mit Migrations- und Rassismuserfahrungen nicht angesprochen fühlen bzw. daran zweifeln, ob sie wirklich gemeint sind und mit ihren Anliegen in dem Angebot vorkommen. In der Folge sind sie in Fortbildungsangeboten oft unterrepräsentiert. Darüber hinaus begründet sich die Entscheidung einer „quotierten" Gruppe aus den Lernmöglichkeiten, die diese bieten kann.[3]

Die Fragen, die sich für Multiplikator_innen mit und ohne Rassismuserfahrungen in den jeweiligen Praxiskontexten stellen, unterscheiden sich in vielerlei Hinsicht. Entsprechend verschieden sind auch die Lernziele, die sich die Einzelnen für die Weiterbildung setzen. An den eingebrachten Praxiserfahrungen, die Gegenstand der Reflexion werden, werden die Widersprüche der Praxis deutlich und zugleich die je nach Positionierung unterschiedlichen Zugänge und Handlungsstrategien. Auch die Anforderungen an und Zumutungen für die Multiplikator_innen, die die Trainings- und Beratungspraxis in migrationsgesellschaftlichen Diskriminierungsverhältnissen bedeutet, fallen unterschiedlich aus. Dies spiegelt sich auch in dem Prozess der Formulierung von jeweils eigenen Lernvereinbarungen der Teilnehmenden wider, die den Charakter von work in progress haben und explizit dazu ermutigen, sich der eigenen Lernziele bewusst zu werden, diese immer wieder zu überprüfen und sich den Lernraum dafür zu nehmen. In diesem Sinne sind wir auch in der Lerngruppe mit dem Umgang mit Differenz und Dominanz befasst.

Die unterschiedlichen Perspektiven nutzen wir als ein für alle Beteiligten herausforderndes Lernfeld, das bewusst und prozessorientiert gestaltet werden muss. Daraus ergibt sich eine doppelte Aufmerksamkeitsrichtung bei der Begleitung der

---
3 Dieses Herangehen steht nicht im Widerspruch zu einer langjährigen Praxis von Bildungsangeboten mit dem Fokus Empowerment, die von POC/Migrant_innen/Menschen mit Rassismuserfahrungen für POC angeboten werden. Vielmehr zeigt die bisherige Erfahrung, dass es um ein komplementäres Format geht. Denn viele Teilnehmende mit Rassismuserfahrungen haben im Vorfeld bzw. parallel zu dieser Weiterbildung an Empowerment-Trainings und Workshops teilgenommen bzw. bieten solche selbst an.

Reflexionsprozesse in der Lerngruppe: zum einen mit Bezug auf die zu bearbeitenden Sachthemen, zum anderen auf das Geschehen in der Lerngruppe bei der Bearbeitung dieser Themen.

4. Risiken und Nebenwirkungen

Den Widersprüchen und Dilemmata, die sich bei jeder Form der „Quotierung" stellen, entkommt auch dieses Weiterbildungsangebot nicht. Denn die Auswahl impliziert immer eine Zuordnung zu einer Gruppe und steht damit in der Gefahr, Kategorisierungen zu (re-)produzieren, die es aufzubrechen gilt. Die Entscheidung der eigenen Zuordnung treffen die Teilnehmenden bei ihrer Bewerbung selbst. Wir bewegen uns dennoch in einer Paradoxie: Das Anerkennen bedeutet festschreiben und ist gleichzeitig die Voraussetzung dafür, das Festgeschriebene wiederum zu dekonstruieren. Anerkennung von Zugehörigkeiten und „Verschiebung von Zugehörigkeitsordnungen", wie Mecheril (2010, S. 191) diese Bewegung nennt, stehen in einem unauflösbaren Spannungsverhältnis zueinander. Dieses Spannungsverhältnis deutlich zu machen und den Umgang damit zu reflektieren, sich dabei vereindeutigenden Lösungen zu widersetzen, ist für Leitende und Teilnehmende eine Herausforderung.

Durch die Mitwirkung einer möglichst großen Anzahl von Teilnehmenden mit Rassismuserfahrungen kann allerdings eher vermieden werden, dass vereinzelte Teilnehmende mit Rassismuserfahrungen als Repräsentant_innen und „lebendige Beispiele" funktionalisiert werden (Elverich und Reindlmeier 2009, S. 38). Dies zu unterbinden, ist sicherlich nicht nur eine Frage der Anzahl, sondern auch eine Leitungsaufgabe bzw. Anforderung an Leitende.

5. Ressourcen

Durch die beschriebene Zusammensetzung wird der Wechsel von Lernprozessen in temporär getrennten Räumen, verschränkt mit den Lernmöglichkeiten in der Begegnung in der Gesamtgruppe, möglich. Eine temporäre Gruppenteilung in Teilnehmende mit und ohne Migrations-/Rassismuserfahrungen ist je nach zu bearbeitendem Thema möglich und wird von Leitenden angeregt bzw. von Teilnehmenden gewünscht. Diese Gruppenteilung kann für die jeweilige Gruppe einen Rahmen bieten, der mehr Offenheit und zugleich Sicherheit ermöglicht, um aus den jeweiligen Perspektiven zu den Themen Rassismus, rassistische Strukturen, eigene Verstrickungen, erprobte Handlungsstrategien u. a. zu arbeiten. Denn wenn sich Teilnehmende ohne Rassismuserfahrungen mit eigenen Verstrickungen in rassistische Verhältnisse, mit Hilf- oder Ratlosigkeit angesichts dieser Involviertheit oder auch mit Gegenstrategien auseinandersetzen und zugleich darauf achten wollen, andere nicht zu verletzen, führt dies oft dazu, dass Gedanken und Gefühle nicht ausgesprochen und dadurch auch nicht bearbeitet bzw. reflektiert werden.

Teilnehmende mit Rassismuserfahrungen wollen sich vor weiteren verletzenden Erfahrungen beim Sprechen in der Gesamtgruppe schützen, oft um den Preis, dass sie für sie zentrale Themen nicht einbringen. Eine reflektierende Auseinandersetzung mit erprobten Handlungsstrategien oder auch eine Distanzierung von den Handlungsweisen anderer Teilnehmender mit Rassismuserfahrungen stoßen an Grenzen, nicht zuletzt aus Angst vor Spaltungen oder Entsolidarisierungstendenzen.

Insofern ist es nicht verwunderlich, dass in den temporär getrennten Räumen nicht nur Gemeinsamkeiten, sondern vor allem auch Differenzen und Differenzierungen innerhalb der Gruppen sichtbar und besprechbar werden. Um solche Prozesse zu begleiten, ist es wiederum unerlässlich, dass Professionelle mit und ohne Rassismuserfahrungen auch in der Leitungsposition repräsentiert sind.

Über ihre Erfahrungen sowie ihre Lernprozesse kommen die Teilnehmenden mit und ohne Migrations- und/oder Rassismuserfahrungen aber auch in der Gesamtgruppe immer wieder miteinander ins Gespräch. Ferner fließen die Prozesse und Erkenntnisse aus der Arbeit in den Teilgruppen auch in die Interaktionen der Gesamtgruppe ein und werden wieder zum Gegenstand der Reflexion.

6. Fazit und Ausblick

An diesen Ausführungen wird deutlich, dass eine temporäre Trennung im Rahmen dieses Konzepts nur unzulänglich mit der Vorstellung von „Schutz" bzw. „Schutzräumen" erfasst werden kann. Es geht um die Erweiterung von Lern- und Handlungsmöglichkeiten, um die Überprüfung der Tauglichkeit eigener Handlungsstrategien und um Grenzverschiebungen. In diesem Sinne sind es eher Lern-Herausforderungs-Räume als Schutzräume, Räume, die es den Teilnehmenden ermöglichen können, selbsterforschend neues Wissen zu generieren.

Weiterbildung in der Migrationsgesellschaft muss ein Angebot sein, um Verhältnisse, in denen wir handeln, besser zu begreifen. Wird das Handeln von Subjekten im Kontext konkreter Bedingungen gesellschaftlicher Ungleichheit reflektiert, wird auch die Notwendigkeit sichtbar, diese Bedingungen selbst zu verändern. Weiterbildung kann zur Entwicklung von Handlungskompetenzen und -strategien für diese Veränderung beitragen. Diesem Ziel fühlt sich dieses Konzept verpflichtet.[4] Damit kann es auch Impulse zur weiteren Qualifizierung der Enga-

---

4 Wir sehen diese Weiterbildung daher auch in einem engen Zusammenhang mit Netzwerken, die sich für eine Repolitisierung Sozialer Arbeit einsetzen (z. B. www.rassismuskritik-bw.de), sowie fachlich begründeten Einmischungen (z. B. www.aufruf-fuer-solidarische-bildung.de).

gierten im bürgerschaftlichen Engagement geben. Denn die Frage der unterschiedlichen Positioniertheit in migrationsgesellschaftlichen Diskriminierungsverhältnissen wird in der Kooperation zwischen etablierten Träger und Migrantenorganisationen oft ausgeblendet. Würde sie als Ausgangspunkt für die Entwicklung von Formaten und Konzepten genommen werden (vgl. Goltz 2015), könnte Instrumentalisierungen und Exklusionsprozessen entgegengewirkt werden.

Literatur

Elverich, Gabi/Reindlmeier, Karin 2009: „Prinzipien antirassistischer Bildungsarbeit" – ein Fortbildungskonzept in der Reflexion. In: Elverich, Gabi/Kalpaka, Annita/Reindlmeier, Karin (Hrsg.): Spurensicherung – Reflexion von Bildungsarbeit in der Einwanderungsgesellschaft. Münster.

Filsinger, Dieter 2002: Interkulturelle Öffnung Sozialer Dienste. Expertise im Auftrag der Regiestelle E&C Berlin. Berlin, Online: www.eundc.de

Foitzik, Andreas/Pohl, Axel 2011: Das Lob der Haare in der Suppe. Selbstreflexivität Interkultureller Öffnung. In: Scharathow, Wiebke/Leiprecht, Rudolf (Hrsg.): Rasssimuskritik, Band 2: Rassismuskritische Bildungsarbeit.

Goltz, Jutta 2015: Die Frage der Augenhöhe. Eine Arbeitshilfe zur Kooperation mit Migrantenorganisationen und Schlüsselpersonen im Feld der Sozialen Arbeit, Aktion Jugendschutz Baden-Württemberg. Stuttgart, Online: www.ajs-bw.de

Kalpaka, Annita/Mecheril, Paul 2010: „Interkulturell". Von spezifisch kulturalistischen Ansätzen zu allgemein reflexiven Perspektiven. In: Mecheril, Paul/Castro Varela, María do Mar/Dirim, Inci/Kalpaka, Annita/Melter, Claus (Hrsg.): Migrationspädagogik. Weinheim und Basel.

Mecheril, Paul 2010: Anerkennung und Befragung von Zugehörigkeitsverhältnissen. Umriss einer migrationspädagogischen Orientierung. In: Mecheril, Paul/Castro Varela, María do Mar/Dirim, Inci/Kalpaka, Annita/Melter, Claus (Hrsg.): Migrationspädagogik. Weinheim und Basel.

4. Kapitel

Engagementbereiche

Susanne Huth
Einführung

Das freiwillige und bürgerschaftliche Engagement von Menschen mit Migrationshintergrund war im Jahr 2001 erstmals Gegenstand einer Bestandsaufnahme (Huth 2003). Seither erlangte es in der Diskussion um Bürgergesellschaft und Integration zunehmende Beachtung und es vollzog sich ein Paradigmenwechsel (vgl. Huth 2007): Menschen mit Migrationshintergrund wurden nicht länger nur als Zielgruppe sozialer Arbeit und ehrenamtlicher Aktivitäten wahrgenommen, sondern vielmehr als Akteure der Bürgergesellschaft. Ihr eigenes Engagementverhalten und ihre Engagementpotenziale rückten in den Mittelpunkt des Interesses, nicht zuletzt auch im Nationalen Integrationsplan (vgl. Beauftragte der Bundesregierung 2007).

Nach den Ergebnissen des Freiwilligensurvey 2014 sind Menschen mit Migrationshintergrund zwar in einem geringeren Maße freiwillig engagiert als die Bevölkerung ohne Migrationshintergrund. Dabei zeigen sich jedoch deutliche Unterschiede nach Migrationsstatus: Menschen mit Migrationshintergrund, die in Deutschland geboren wurden und die deutsche Staatsangehörigkeit besitzen, sind mit 43,2 Prozent ähnlich häufig freiwillig engagiert wie Personen ohne Migrationshintergrund (46,8 Prozent). Wer in Deutschland geboren wurde, jedoch nicht die deutsche Staatsangehörigkeit hat, engagiert sich deutlich seltener (31,1 Prozent). Eigene Migrationserfahrung verringert die Engagementquote noch weiter: 26,4 Prozent der eingebürgerten Personen und 21,7 Prozent derjenigen ohne deutsche Staatsangehörigkeit sind freiwillig engagiert. „Offensichtlich", so die Schlussfolgerung, „sind prägende Erfahrungen in Kindheit und Jugend [sowie die Staatsangehörigkeit] [...] von erheblicher Bedeutung für das freiwillige Engagement" (Vogel et al. 2016, S. 579).

Bei der Ausgestaltung des freiwilligen Engagements wird deutlich, dass es wesentlich mehr Gemeinsamkeiten von Engagierten mit und ohne Migrationshintergrund als Unterschiede gibt: Sie engagieren sich in den großen Engagementbereichen (bspw. Sport/Bewegung sowie Schule/Kindergarten) am häufigsten, so wie dies auch Menschen ohne Migrationshintergrund tun (ebd., S. 610). Die folgenden Beiträge gehen dem Engagement von Menschen mit Migrationshintergrund in verschiedenen gesellschaftlichen Bereichen nach.

Silvester Stahl betrachtet den Engagementbereich Sport als Setting für die Partizipation von Zuwander_innen, der einerseits niedrigschwellige Möglichkeiten zur aktiven Teilhabe am gesellschaftlichen Leben bietet, andererseits aber auch gruppenspezifische Partizipationshemmnisse aufweist. So sind Menschen mit Migrationshintergrund sowohl als Mitglieder als auch als freiwillig Engagierte in den deutschen Sportvereinen deutlich unterrepräsentiert, auch wenn der Sport der gesellschaftliche Bereich ist, in dem sie sich mit Abstand am häufigsten engagieren. Im Mittelpunkt des Beitrags betrachtet Stahl die Selbstorganisation von Migrant_innen in ethnischen Sportvereinen, die nicht nur Möglichkeiten der Partizipation durch Mitbestimmung und freiwilliges Engagement im Sport bieten, sondern „unter günstigen Umständen [auch] Integrations- und Lerneffekte, die in andere Lebens- und Gesellschaftsbereiche ausstrahlen".

Im Bereich Schule und Kindertageseinrichtungen engagieren sich Menschen mit Migrationshintergrund am zweithäufigsten. Ausgehend von dem Befund, dass der Bildungserfolg von Kindern in Deutschland sehr stark vom sozioökonomischen Status der Eltern und deren Einbindung in den Bildungsinstitutionen abhängt, geht *Mehmet Alpbek* der Frage nach, welche Beteiligungsrechte Eltern haben und ob Eltern mit Migrationshintergrund durch die traditionellen Beteiligungsformen erreicht werden und benennt Hinderungsgründe, die einer gleichberechtigten Teilhabe – trotz weitgehender Mitwirkungs- und Entscheidungsmöglichkeiten – entgegenstehen. Alpbek verdeutlicht die bedeutende Rolle, die Migrantenelternvereinen dabei zukommt, diese Hindernisse zu überwinden und Eltern zu befähigen, sich für die Belange ihrer Kinder zu engagieren. Der Zusammenarbeit und Vernetzung von Migrantenelternvereinen dient die Gründung eines Bundeselternnetzwerks mit Migrantenorganisationen.

Christoph Klapproth widmet sich dem Engagementbereich Feuerwehr, der eher zu den kleineren, aber gesellschaftlich bedeutenden Bereichen zählt. Bislang ist der Anteil der Menschen mit Migrationshintergrund unter den Mitgliedern der Freiwilligen Feuerwehren in Deutschland sehr gering. Dies liegt z. T. auch daran, dass ihnen Informationen sowohl über Struktur und Aufgaben der Feuerwehren in Deutschland als auch über die Partizipationsmöglichkeiten in diesem Engagementbereich fehlen. Dabei versteht sich die Feuerwehr als Akteur der Zivilgesellschaft, der sich zum Ziel gesetzt hat, die gesamte Gesellschaft innerhalb der Feuerwehren abzubilden und mehr Menschen mit Migrationshintergrund zu inkludieren, bspw. durch niedrigschwellige Partizipationsmöglichkeiten. Auf dieser Grundlage erläutert Klapproth Aufgaben und Ansätze zur Mitgliedergewinnung im Rahmen der Geflüchtetenbewegung sowie übergeordnete Projekte für Integration.

Lotsen-, Paten- und Mentorenprojekte erfahren seit Mitte der 2000er-Jahre einen anhaltenden Boom. *Susanne Huth* beschreibt Gemeinsamkeiten und Unterschiede dieser Projektansätze und ihre Bedeutung für gesellschaftliche Teilhabe und Integration. Lots_innen, Pat_innen und Mentor_innen, vor allem solche mit Migrationshintergrund, vermögen es, Neuzugewanderte ebenso wie bereits lange

Einführung

in Deutschland lebende bzw. hier geborene junge wie ältere Menschen mit Migrationshintergrund zu begleiten, zu unterstützen, zu fördern und ihnen damit Zugänge zu eröffnen, die ihnen sonst verschlossen blieben. Huth geht dabei auch auf Besonderheiten im Flüchtlingsbereich ein, mit denen spezifische Herausforderungen für das Freiwilligenmanagement verbunden sind, und erläutert Potenziale wie Grenzen von Lotsen-, Paten- und Mentorenprojekten.

Dem Beitrag von *Tülin Kabis-Staubach und Reiner Staubach* über Beteiligung im Stadtteil liegt ein Partizipationsbegriff zugrunde, der weit über formalrechtliche Beteiligung an öffentlichen Planungsverfahren hinaus geht, und auf die ressourcenorientierte und integrierte Entwicklung von Quartieren abzielt. Sie gehen dabei auf Schwierigkeiten bei Ansätzen zur Aktivierung und Beteiligung von Personen mit Migrationshintergrund ein und erläutern Beispiele in der Dortmunder Nordstadt, die auf einem sozialräumlichen Arbeitsansatz des Planerladen e. V. beruhen. Dabei kommen unterschiedliche Formate wie Bewohnerarbeitsgruppen, Nachbarschafts- und Quartiersforen sowie Haustürgespräche zum Einsatz. Als Erfolgsfaktoren gelingender sozialräumlicher Aktivierung und Beteiligung identifizieren Kabis-Staubach und Staubach neben Kultur- und Sprachvermittler_innen den Dialog auf Augenhöhe als eine Voraussetzung für gelingende Kommunikation und eine tragfähige Vertrauensbasis für die Kooperations- und Mitwirkungsbereitschaft der Bewohner_innen.

Juliane Meinhold widmet sich in ihrem Beitrag dem Bundesfreiwilligendienst (BFD) mit Flüchtlingsbezug, einem Sonderprogramm, das im Dezember 2015 mit dem Ziel startete, mehr Freiwilligen ein Engagement in der Flüchtlingshilfe zu ermöglichen sowie Geflüchteten selbst die Möglichkeit zu eröffnen, einen Freiwilligendienst zu absolvieren. Auch wenn diese Zielsetzung Konsens ist, war die Einführung des Programms mit Kritik seitens der verbandlichen Akteure verbunden, die im Kern darin besteht, dass das Programm nur für den BFD und nicht die Jugendfreiwilligendienste gilt und nur geflüchtete Menschen mit einer Bleibeperspektive in Deutschland daran partizipieren dürfen. Als Vorteile des Sonderprogramms erläutert Meinhold die Möglichkeiten, die eine höhere Flexibilität in der Ausgestaltung des Dienstes bietet. Sie reflektiert ferner über Möglichkeiten und Grenzen aufseiten der verbandlichen Akteure, das Spannungsverhältnis zwischen Lebensrealitäten und Behördenrealitäten sowie die Balance zwischen bewährten Grundsätzen und neuen Konzepten und schließt mit der Frage nach den aktuellen Herausforderungen in den Freiwilligendiensten.

Literatur

Beauftragte der Bundesregierung für Migration, Flüchtlinge und Integration 2007: Der Nationale Integrationsplan, Online: www.nationaler-integrationsplan.de (24.07.2016).

Huth, Susanne 2003: Freiwilliges Engagement und Selbstorganisationen von Migranten im Kontext wissenschaftlicher Diskussionen. In: Beauftragte der Bundesregierung für Migration, Flüchtlinge und Integration (Hrsg.): Migranten sind aktiv. Zum gesellschaftlichen Engagement von Migrantinnen und Migranten. Berlin und Bonn, S. 14-22.

Huth, Susanne 2007: Bürgerschaftliches Engagement von Migrantinnen und Migranten – Lernorte und Wege zu sozialer Integration, Online: http://www.inbas-sozialforschung.de/projekte/migranten-handeln-und-lernen.html (24.07.2016).

Vogel, Claudia/Simonson, Julia/Tesch-Römer, Clemens 2016: Freiwilliges Engagement und informelle Unterstützungsleistungen von Personen mit Migrationshintergrund. In: Simonson, Julia/Vogel, Claudia/Tesch-Römer, Clemens (Hrsg.): Freiwilliges Engagement in Deutschland. Der Deutsche Freiwilligensurvey 2014. Berlin, Online: https://www.dza.de/forschung/fws.html (24.07.2016).

Silvester Stahl
Sport

1. Vorbemerkung

Der Sport stellt ein amibivalentes Setting für die Partizipation von Zuwander_innen dar: Einerseits bietet er Menschen mit Migrationshintergrund vielfältige, vergleichsweise niedrigschwellige Gelegenheiten zur aktiven Teilhabe am gesellschaftlichen Leben. Andererseits sind auch im Sport kulturell begründete Vorbehalte, soziale Schließungsprozesse und verschiedene Formen ethnischer Diskriminierung zu beobachten, die der Partizipation von Migrant_innen durch freiwilliges Engagement und aktive Mitbestimmung entgegenstehen.

So weist insbesondere der im Rahmen von Sportvereinen ausgeübte Amateur- und Jugendsport[1] grundsätzlich recht gute Partizipationsmöglichkeiten für Personen mit Migrationsgeschichte auf, da Sportvereine als typische Freiwilligenorganisationen des Dritten Sektors (vgl. Zimmer 1996) prinzipiell basisdemokratische Entscheidungsstrukturen haben und ihren Mitgliedern eine mehr oder weniger direkte Mitbestimmung bei den Vereinsaktivitäten ermöglichen. Zugleich werden sie überwiegend durch die unentgeltliche Mitarbeit ihrer Mitglieder getragen und bieten dementsprechend viele, zum Teil wenig voraussetzungsvolle Gelegenheiten für ehrenamtliches Engagement. Mit dem Sport als international verbreiteter Freizeitaktivität haben sie ein Tätigkeitsfeld, das auch in migrantischen Milieus hohe Wertschätzung genießt, vergleichsweise wenig ethnokulturell begründete Beteiligungshindernisse aufweist und sich zudem gut für die Selbstorganisation von Zuwander_innen in eigenen Vereinen eignet.

Gleichwohl bestehen im Vereinssport gruppenspezifische Partizipationshemmnisse: Zuwander_innen sind im Vergleich zur sonstigen Bevölkerung weniger sportlich aktiv und gehören seltener einem Sportverein als Mitglied an, was sowohl auf ethnokulturelle als auch auf sozioökonomische Ursachen zurückgeführt werden kann (vgl. Mutz 2012; Stahl 2011). Diese Unterrepräsentation setzt sich auf Ebene der Partizipation im engeren Sinne fort, da eigene Sportaktivitäten im Rahmen einer Vereinsmitgliedschaft typischerweise die Vorstufe eines ehrenamtlichen Engagements darstellen. Darüber hinaus haben Amateursportvereine als

---
1 Andere Sportformen wie kommerzielle Angebote oder informelle Arrangements bieten offenkundig nicht die gleichen Partizipationsgelegenheiten wie der Vereinssport und sind auch kaum erforscht. Sie bleiben in diesem Beitrag unberücksichtigt.

Gesellungs- und Organisationsform in den meisten Herkunftsländern nicht annähernd die Relevanz wie in der Bundesrepublik, sodass auch die Sozialfigur des ehrenamtlich im Sport engagierten Vereinsfunktionärs in den betreffenden Ländern und den entsprechenden Communitys in Deutschland kaum etabliert ist. Als echte Freiwilligenorganisationen mit starker Geselligkeitskomponente tendieren Sportvereine zudem zur sozialen Homogenität. Typischerweise rekrutieren sie neue Mitglieder zu einem erheblichen Teil aus den sozialen Netzwerken derjenigen, die bereits Vereinsmitglied sind, sodass allgemeine soziale Distanzen zwischen Einheimischen und Migrant_innen dazu beitragen, dass Letztere vergleichsweise selten den Weg in einen Sportverein finden. Im Übrigen bieten die vielfältigen Situationen des Sports viel Raum für (vermeintliche und reale) ethnische Diskriminierungen und rassistische Anfeindungen, die dazu führen können, dass Migrant_innen vom Vereinssport Abstand nehmen (vgl. Stahl 2011).

2. Mitgliedschaft und freiwilliges Engagement im Sportverein

Der Sportentwicklungsbericht 2013/2014 weist (auf Hochrechnungsbasis) 1,7 Millionen Sportvereinsmitglieder mit Migrationshintergrund aus, was einem Anteil an allen Mitgliedern von 6,2 Prozent entspricht (vgl. Breuer und Feiler 2014). Migrant_innen sind in den deutschen Sportvereinen also vergleichsweise stark vertreten, gemessen an ihrem Bevölkerungsanteil von etwa einem Fünftel aber deutlich unterrepräsentiert. Ihr Organisationsgrad variiert jedoch zwischen den verschiedenen Geschlechts- und Altersgruppen – auch im Vergleich zum jeweiligen Referenzwert für die restliche Bevölkerung – erheblich. Dies wurde in den vergangenen Jahren durch mehrere themenbezogene Sonderauswertungen von teilweise repräsentativen Datensätzen nachgewiesen, darunter vor allem Jugendsurveys wie die Shell-Jugendstudie 2000 (vgl. Nobis und Baur 2007), die PISA- Ergänzungsstudie 2000 (vgl. Mutz 2012), die SPRINT-Studie 2004 (vgl. Mutz und Burrmann 2011) und die Studie „Aufwachsen in Deutschland: Alltagswelten" des Deutschen Jugendinstituts (vgl. Mutz 2013), die übereinstimmend zeigen, dass insbesondere Mädchen mit Migrationshintergrund relativ selten einem Sportverein angehören.

Der Sport ist der gesellschaftliche Bereich, in dem sich Personen mit Migrationshintergrund mit Abstand am häufigsten engagieren. Auf ihn entfallen nach den Ergebnissen des Freiwilligensurveys 2014 35,4 Prozent aller Engagierten aus dieser Bevölkerungsgruppe, was dem Vergleichswert für Engagierte ohne Migrationshintergrund von 37,7 Prozent sehr nahe kommt (vgl. BMFSFJ 2016).[2]

---

2 Die Daten beziehen sich auf die Angaben zu dem in der Befragung vorgegebenen Aktivitätsfeld Sport und Bewegung.

Für die vorangegangenen Wellen des Freiwilligensurveys (2004 und 2009) liegt eine Sekundäranalyse zum Engagement von Migrant_innen im Sport vor, die differenziertere Aussagen ermöglicht (vgl. Braun und Nobis 2012). Demnach waren im Jahr 2009 6,8 Prozent aller Migrant_innen in Deutschland freiwillig im Sport engagiert, was deutlich unter der mit 10,8 Prozent ausgewiesenen Engagementquote von Personen ohne Migrationshintergrund liegt. Besonders selten sind Migrantinnen im Sport engagiert, ihre Engagementquote liegt bei gerade mal 4,7 Prozent, im Gegensatz zu 7,6 Prozent bei männlichen Zuwanderern.

Die im Vergleich zur sonstigen Bevölkerung niedrigeren Engagementquoten bei Personen mit Migrationshintergrund lassen sich nicht allein auf deren Unterrepräsentation auf der Mitgliederebene zurückführen. Vielmehr ist auch unter denjenigen Zuwander_innen, die selbst im Sport aktiv sind, die Engagementquote mit 18 Prozent niedriger als bei autochthonen Sportaktiven, wo sie bei 25 Prozent liegt. Dabei zeigt sich wiederum eine deutliche Geschlechterdisparität: Während immerhin 22,6 Prozent der sportaktiven Migranten sich auch im Sport engagieren, tun dies nur 13,4 Prozent der sportaktiven Migrantinnen. Weitere Unterschiede werden deutlich, wenn man innerhalb der Gruppe sportaktiver Personen mit Migrationshintergrund nach Alter, Bildungsstand und Zuwanderungsgeneration differenziert. Besonders selten engagieren sich demnach sportaktive Migrant_innen im Alter von mindestens 65 Jahren (14,7 Prozent), mit geringem Bildungsniveau (14,2 Prozent) und aus der ersten Generation (15,7 Prozent).

Dem Sportentwicklungsberichts 2013/2014 zufolge sind hochgerechnet 45.600 Zuwander_innen in den Sportvereinen der Bundesrepublik ehrenamtlich engagiert (vgl. Breuer und Feiler 2014). Ihre Mitwirkung ist demnach ungleich auf die verschiedenen Leistungsbereiche, in denen Ehrenamtliche in Sportvereinen aktiv sind, verteilt: In 14,6 Prozent aller Sportvereine engagieren sich Migrant_innen auf der sportpraktischen Ausführungsebene, also z. B. als Trainer_in, Übungsleiter_in oder Schiedsrichter_in, während der Anteil von Vereinen, in denen Zuwander_innen im Vereinsvorstand vertreten sind, bei nur 10,8 Prozent liegt.

Der Deutsche Olympische Sportbund (DOSB) und die in ihm zusammengeschlossenen Sportverbände haben daher in den zurückliegenden Jahren gezielte Bemühungen zur Förderung des Engagements von Migrant_innen entfaltet, die nicht zuletzt vor dem Hintergrund des demografischen Wandels zu sehen sind. In diesem Zusammenhang ist vor allem das mit Bundesmitteln in Millionenhöhe finanzierte Bundesprogramm Integration durch Sport des DOSB zu nennen.[3]

---

3   www.integration-durch-sport.de

3. Selbstorganisation

Während Zuwander_innen im Allgemeinen eher selten an der Leitung und Verwaltung von Sportvereinen beteiligt sind, gibt es auch Vereine, die mehr oder minder explizit auf der Selbstorganisation von Migrant_innen als Migrant_innen beruhen.[4] Unter diesen selbstorganisierten Migrantensportvereinen überwiegen ethnische Vereine, die anhand ihrer Mitgliederzusammensetzung, ihrer Führungspersonen und ihres Vereinsprofils einer einzelnen Herkunftsgruppe zuzuordnen sind. Bis auf Ausnahmen handelt es sich bei den bundesweit etwa 500 Vereinen dieses Typs um Kleinvereine mit Mitgliederzahlen im höchstens dreistelligen Bereich. Der Fußballsport steht in diesem Vereinssegment noch stärker im Vordergrund als bei anderen Sportvereinen, was auch damit zusammenhängt, dass die männlichen Vereinsangehörigen hier insgesamt noch deutlicher in der Überzahl sind, als dies im Vereinssport auch sonst der Fall ist (vgl. Stahl et al. 2011; Stahl 2011).

Oft zeichnen sich ethnische Sportvereine durch ein besonders intensives Vereinsleben aus, zu dem üblicherweise regelmäßige Geselligkeiten und das Feiern herkunftsspezifischer Festtage gehören. Manche von ihnen haben eher multifunktionalen Charakter, da ihre Vereinstätigkeit auch umfangreiche außersportliche Angebote etwa im kulturellen Bereich einschließt. In vielen Gemeinden sind ethnische Sportvereine zudem stark in lokale ethnische Gemeinschaften eingebettet, und manche von ihnen haben enge Verbindungen zu anderen Migrantenorganisationen, wie Kultur-, Eltern- oder Moscheevereinen (vgl. Huhn et al. 2011).

Neben ethnischen Sportvereinen als der vorherrschenden Form der Selbstorganisation von Zuwander_innen im Vereinssport gibt es auch andere Typen von Migrantensportvereinen, denen einzelne Vereine anhand ihrer Mitgliederzusammensetzung und ihres Vereinsprofils zugeordnet werden können – wie zum Beispiel als multi- bzw. supraethnischer Sportverein, Aussiedlersportverein oder instrumenteller Integrationssportverein (vgl. Stahl 2009).

Die Selbstorganisation von Migrant_innen in eigenen Sportvereinen impliziert nicht nur ein Höchstmaß an unmittelbarer Partizipation durch aktive Mitbestimmung und freiwilliges Engagement im Sport selbst, sondern führt unter günstigen Umständen auch zu Integrations- und Lerneffekten, die in andere Lebens- und Gesellschaftsbereiche ausstrahlen. Vor allem für Funktionsträger_innen im Bereich der Vereinsorganisation bieten sich vielfältige Gelegenheiten zum Erwerb von integrationsförderlichen Kompetenzen im mentalen, sozialen und kommunikativen Bereich, die auch in anderen Gesellschafts- und Rechtsbereichen nutz-

---
4 Zwischen dem vorliegenden Text und früheren Publikationen des Verfassers zum gleichen Thema bestehen inhaltliche Parallelen, die auch bei Wortgleichheit nicht durchgängig als Selbstzitate ausgewiesen sind (vgl. Stahl 2009, 2011, 2015).

bar sind, wie zum Beispiel der Gebrauch von förmlichem Deutsch oder auch Führungsqualitäten und Organisationsvermögen.

Allerdings haben Migrantensportvereine mitunter gravierende Organisationsdefizite, aus denen manchmal massive Folgeprobleme im Sportbetrieb und in anderen Bereichen resultieren. Diese Organisationsmängel hängen vielfach mit einer hohen Personalfluktuation bei den Funktionsträger_innen zusammen, denn gerade von Migrant_innen betriebene Sportvereine haben vergleichsweise häufig Probleme, in hinreichendem Maße geeignete Personen für ein freiwilliges Engagement zu gewinnen. Die geringe Engagementbereitschaft unter den Mitgliedern führt nicht selten auch bei denjenigen zu Frustrationen, die zunächst noch motiviert sind, sich in die Vereinsorganisation einzubringen. Sie sind mit den im Verein anfallenden Aufgaben oft überlastet und ziehen sich manchmal schon nach kurzer Zeit resigniert zurück. Wo die Kontinuität der Vereinsarbeit über längere Zeit gewahrt bleibt, hängt dies nicht selten mit dem jahrelangen Einsatz von Einzelpersonen zusammen, denn Migrantensportvereine sind noch häufiger als andere Sportvereine stark von einzelnen Protagonist_innen geprägt (vgl. Stahl 2011).

Auch auf der gesellschaftlichen Meso-Ebene von Verbänden und institutionellen Netzwerken sind selbstorganisierte Migrantensportvereine in den vergangenen Jahren zu einer Triebkraft der gesellschaftlichen Partizipation von Zuwander_innen geworden. Im Bereich der Sport- und insbesondere Fußballverbände sind sie ein wichtiger Faktor für die (längst noch nicht abgeschlossene) Interkulturelle Öffnung von Verbandsstrukturen gewesen, indem sie die Perspektiven und Interessen ihrer Klientel, auch auf Grundlage ihres Stimmrechts in der Verbandsdemokratie, in verbandliche Diskurse und Entscheidungsprozesse eingebracht haben. Darüber hinaus sind manche Migrantensportvereine als Netzwerkpartner von Schulämtern, Polizeidienststellen, Präventionsräten oder kommunalen Jugendarbeitskreisen an Bildungsmaßnahmen, Integrationsprojekten oder Angeboten der Jugendarbeit beteiligt. Einige sind bei kommunalen Runden Tischen vertreten oder bringen sich in andere Formen der stadtentwicklungspolitischen Bewohnerbeteiligung ein (um zum Beispiel für einen eigenen Sportplatz zu kämpfen).

Obwohl selbstorganisierte Migrantensportvereine ihren Mitgliedern günstige Partizipationsgelegenheiten quasi in Reinform bieten und durch ihre Mitgliedschaft in den offiziellen Sportverbänden sowie die Teilnahme am allgemeinen Sportbetrieb klar auf Strukturen des Aufnahmelandes bezogen sind, ist doch zumindest bei einzelnen ethnischen Sportvereinen durchaus fraglich, ob sie tatsächlich die integrationswirksame Beteiligung ihrer Mitglieder auf (gesamt)gesellschaftlicher Ebene fördern, auf die der positiv besetzte Partizipationsbegriff üblicherweise abstellt. Denn bei einem Teil der ethnischen Sportvereine bestehen weltanschaulich motivierte segregative Tendenzen, sodass die Partizipation der Mitglieder auf ethnische oder heimatbezogene Referenzpunkte bezogen bleibt.

Literatur

Braun, Sebastian/Nobis, Tina 2012: Freiwilliges Engagement von Personen mit Migrationshintergrund im Sport. Frankfurt/M.
Breuer, Christoph/Feiler, Svenja 2014: Sportvereine in Deutschland. Frankfurt/M.
Bundesministerium für Familie, Senioren, Frauen und Jugend (BMFSFJ) (Hrsg.) 2016: Freiwilliges Engagement in Deutschland – Der Deutsche Freiwilligensurvey 2014. Berlin.
Huhn, Daniel/Kunstreich, Hannes/Metzger, Stefan 2011: Türkisch geprägte Fußballvereine im Ruhrgebiet und in Berlin. Münster.
Mutz, Michael 2012: Sport als Sprungbrett in die Gesellschaft? Sportengagements von Jugendlichen mit Migrationshintergrund und ihre Wirkung. Weinheim.
Mutz, Michael 2013: Die Partizipation von Migrantinnen und Migranten am vereinsorganisierten Sport. Frankfurt/M.
Mutz, Michael/Burrmann, Ulrike 2011: Sportliches Engagement jugendlicher Migranten in Schule und Verein: Eine Re-Analyse der PISA- und SPRINT-Studie. In: Braun, Sebastian/Nobis, Tina (Hrsg.): Migration, Integration und Sport – Zivilgesellschaft vor Ort. Wiesbaden, S. 99-124.
Nobis, Tina/Baur, Jürgen (Hrsg.) 2007: Soziale Integration vereinsorganisierter Jugendlicher. Köln.
Stahl, Silvester 2011: Selbstorganisation von Migranten im deutschen Vereinssport – Eine soziologische Annäherung. Potsdam.
Stahl, Silvester 2015: Ethnische Sportvereine in Deutschland: Integrationsleistungen, Segregationstendenzen und Potenziale für die Sozialarbeit. In: Migration und Soziale Arbeit, 37. Jahrgang, Heft 3, S. 214-220.
Stahl, Silvester/Wicker, Pamela/Breuer, Christoph 2011: Strukturelle und kontextuelle Spezifika von selbstorganisierten Migrantensportvereinen. Sport und Gesellschaft, Jahrgang 8 (2011), Heft 3, S. 197-231.
Zimmer, Annette 1996: Vereine – Basiselement der Demokratie. Opladen.

Mehmet Alpbek
Schule und Kindertageseinrichtungen

1. Einleitung

Wie PISA, IGLU (Solga und Dombrowski 2009) und ähnliche Vergleichsstudien zeigen, hängt der Bildungserfolg von Kindern in Deutschland sehr stark vom sozioökonomischen Status von Familien ab, gleichzeitig hat die Einbindung von Eltern für den Bildungserfolg der Kinder und damit für deren gesellschaftliche Teilhabe eine besondere Bedeutung.

Der Umgang mit Eltern in Bezug auf die Erziehung und Bildung ihrer Kinder hat in den vergangenen Jahrzehnten einen deutlichen Wandel erlebt. Während es früher eher die Praxis war, den Eltern vorzugeben, wie sie ihre Kinder erziehen und auf die Bildungsinstitutionen vorbereiten sollen, wird inzwischen von den Eltern als den Expert_innen ihrer Kinder gesprochen. Auch die Interaktion zwischen den Pädagog_innen (Erzieher_innen, Lehrer_innen) und Eltern durchläuft einen Wandel. So löst der Begriff Zusammenarbeit mit Eltern den Begriff Elternarbeit ab und es gibt erste gute Ansätze in Schulen und Kindertageseinrichtungen für eine kooperative Elternarbeit[1].

Die Wissenschaft weist mittlerweile auch auf die Bedeutung eines Paradigmenwechsels in der Zusammenarbeit mit Eltern hin, um insbesondere „bildungsungewohnte Eltern" (Tschöpe-Scheffler 2012, S. 2), aber auch Eltern, die andere Bildungserfahrungen mitbringen – z. B. durch Migration – oder die sprachliche Barrieren haben, zu gewinnen und aktiv einzubinden (vgl. ebd., S. 3 ff.). Trotzdem ist es nicht verkehrt, nach dem Stand der Einbindung der Eltern bzw. der Zusammenarbeit mit Eltern in Schule und Kindertageseinrichtungen zu fragen[2] aber auch, ob durch die traditionellen Beteiligungsformen alle Eltern erreicht werden. Um den aktuellen Zustand zu verstehen, ist es auch notwendig, sich die gesetzlichen Grundlagen anzuschauen.

---
1 Vgl. http://www.svr-migration.de/presse/presse-forschung/kooperative-elternarbeit-ausbauen-fuer-bessere-integration-und-chancengleichheit/
2 Zur Diskussion und Begriffsklärung siehe das Gespräch mit Maria Rocholl und Mehmet Alpbek (Der PARITÄTISCHE Gesamtverband 2010, S. 15 ff.).

2. Elternrechte

Die gesetzlichen Grundlagen für die Zuständigkeit der Eltern für die Erziehung ihrer Kinder legt das Grundgesetz fest, das den Eltern eine vorrangige Rolle einräumt. So heißt es im Grundgesetz Artikel 6 (2): „Pflege und Erziehung der Kinder sind das natürliche Recht der Eltern und die zuvörderst ihnen obliegende Pflicht. Über ihre Betätigung wacht die staatliche Gemeinschaft."[3]

Dies ist zunächst eine klare Aussage im Sinne der Eltern. In der Konsequenz spiegelt sich das auch in den Kita[4]- und Schulgesetzen wider, in denen die Einbeziehung sowie Informationsrechte der Eltern geregelt sind.[5] Wenn es nach den gesetzlichen Grundlagen geht, sind die Eltern in Kindertageseinrichtungen und in Schulen willkommen, wobei die Elternvertretungsgremien[6] in den Kindertageseinrichtungen und Schulen demokratisch gewählt und legitimiert sind.

Neben dem individuellen Recht von einzelnen Eltern, Informationen zu ihren Kindern zu erhalten, existieren Elternvertretungs- und Mitwirkungsorgane aller Eltern in den Kindertageseinrichtungen. Die Einrichtungen sollen ihre Entscheidungen in der Regel in Abstimmung mit den Eltern bzw. mit den gewählten Elterngremien durchführen. Dies beinhaltet ein Anhörungs- und Beratungsrecht der Elternvertretung bei Entscheidungen in der Kita, diese können u.a. sein: Jahresplanung, Umfang der Personalausstattung, Planung und Gestaltung von regelmäßigen Informations- und Bildungsveranstaltungen für die Eltern, Öffnungs- und Schließzeiten und Festlegung der Höhe der Elternbeiträge oder auch die Fortsetzung der pädagogischen Konzeption.

In den Schulgesetzen der Bundesländer ist die aktive und eigenverantwortliche Einbeziehung und Selbstorganisierung der Eltern innerhalb der Schulgemeinschaft festgeschrieben bzw. garantiert.[7] Während die Elternmitbestimmung in den Kindertageseinrichtungen als eine beratende Tätigkeit vorgesehen ist, sind die Elternbeteiligungs-, -mitwirkungs- und -mitbestimmungsrechte in der Schule weitgehender.

Wie in den Kindertageseinrichtungen haben die Eltern in der Schule individuelle Rechte der Einbindung (u. a. Recht auf Beratung, Entscheidungsrechte in Bezug

---

3   https://www.gesetze-im-internet.de/gg/art_6.html
4   Linkliste Kita-Gesetze: http://bage.de/menue/links/links-zu-den-kita-gesetzen-der-einzelnen-bundeslaender/
5   In den Gesetzen werden sowohl die Begriffe Erziehungsberechtigten als auch Eltern benutzt. Zur Vereinfachung wird im Text der Begriff „Eltern" verwendet.
6   In den Bundesländern werden die Eigengremien der Eltern als Elternvertretung, Elternbeirat, Elternausschuss, Elternkuratorium oder Elternpflegschaft bezeichnet. Es gibt keine einheitliche Bezeichnung. (vgl. wikipedia.org/wiki/Elternvertretung).
7   Linkliste Schulgesetze: https://www.kmk.org/dokumentation-und-statistik/rechtsvorschriften-lehrplaene/uebersicht-schulgesetze.html

auf die eigenen Kinder). Die weiteren Beteiligungs- und Mitentscheidungsrechte sind über die Elterngremien[8] geregelt. Die Klassenelternvertretungen und die Schulelternvertretung repräsentieren die Interessen der Eltern einer Klasse bzw. Schule.

Eltern sind darüber hinaus in weiteren Schulgremien, wie Lehrerkonferenzen, Schülervertretungen sowie Fachkonferenzen (mit beratender Stimme) und – soweit in dem jeweiligen Bundesland vorhanden, z. B. in Berlin, Brandenburg, Thüringen – beim höchsten Schulgremium, der Schulkonferenz, vertreten.[9] Eltern haben dadurch das Recht, wie auch die Lehrer_innen und Schüler_innen, an den Beratungs-, Anhörungs-, und Entscheidungsrechten der Schulkonferenz teilzunehmen.

Die Schulelternvertretungen schließen sich zu regionalen und Landeselternvertretungen und – obwohl Bildung Ländersache ist – zum Bundeselternrat zusammen.[10] Hier zeigt sich, dass viele Fragestellungen einen übergreifenden Charakter haben, die ein bundesweites Gremium der Elternvertretung notwendig machen.

3. Umsetzung der Zusammenarbeit mit Eltern in den Bildungsinstitutionen

Obwohl, wie oben beschrieben, die Eltern durchaus weitgehende Mitwirkungs- und Entscheidungsmöglichkeiten haben, sieht die Umsetzung in der Praxis häufig anders aus.

Gründe hierfür können u. a. sein:
- Die ungleiche Position der „Partner_innen": Hauptamtliche (Lehrkräfte, Erzieher_innen) agieren mit/gegen ehrenamtlich Engagierte(n) (Eltern).
- Die Sitzungen von verschiedenen Gremien (Lehrerkonferenzen, Fachkonferenzen, Klassenkonferenz u. Ä.) finden i. d. R. während der Unterrichtszeiten statt.
- Fehlende bzw. unzureichende Informationsmöglichkeiten (d. h. keine verbindlichen Informations- bzw. Fortbildungsangebote) für Elternvertreter_innen bzw. für interessierte Eltern innerhalb der Bildungsinstitutionen (insbesondere in der Schule).[11]

---

8 Linkliste Schulgesetze: https://www.kmk.org/dokumentation-und-statistik/rechtsvorschriften-lehrplaene/uebersicht-schulgesetze.html
9 Die Schulkonferenz hat eine herausragende Stellung, weil das Gremium Anhörungs-, Vorschlags- und Entscheidungsrechte in Schulangelegenheiten, unter Beteiligung aller Schulakteure, d. h. der Eltern, Schüler_innen und Lehrkräfte besitzt.
10 „Der Bundeselternrat ist die Dachorganisation der Landeselternvertretungen in Deutschland [...]. Er unterstützt die Elternvertreter in den Ländern bei der Mitwirkung in der Schule und koordiniert die Elternmitwirkung auf Bundesebene [...]." (http://www.bundeselternrat.de/home/der-ber.html)
11 Während das in den Kindertageseinrichtungen bis zu einem gewissen Grad „verkraftbar" ist, da die Eltern einen höheren Anwesenheitsgrad in der Kita haben, hat das Fehlen von verbindlichen Informa-

- Fehlende Elternunterstützungsmechanismen, die in den Schulstrukturen dauerhaft verankert und verbindlich sind. Gute Modelle der Elternunterstützung, bspw. Elternlotsen[12], die Vorort unterstützend tätig sind, sind nicht flächendeckend vorhanden.
- Fehlende gesetzlich verankerte Anlaufstellen für Eltern (aber auch für andere Schulakteure). Es gibt keine unabhängigen Antidiskriminierungsstellen, an die sich die Betroffenen wenden können.[13]

Aus den oben genannten Gründen ist auch eine grundlegende Haltungsänderung seitens der Bildungsinstitutionen gegenüber Eltern erforderlich, um sie als Partner mit einzubeziehen[14]. Ferner ist die Zusammenarbeit mit kompetenten externen – hauptamtlich eingesetzten – Personen bzw. Organisationen notwendig.

Dort, wo Kindertageseinrichtungen und Schulen die Zusammenarbeit mit den Elternvereinen suchen, bieten diese auch Dienstleistungen vor Ort an und übernehmen Elternlotsenfunktionen in den Schulen.[15]

4. Rolle und Aktivitäten der Migrantenelternvereine

Aktive Beteiligung in Form von freiwilligem Engagement hängt eng mit dem Bildungs- und sozioökonomischen Status zusammen. Auch andere Bildungserfahrungen aus anderen Ländern können hemmend wirken. So engagieren sich Menschen mit Migrationshintergrund vergleichsweise seltener freiwillig als Herkunftsdeutsche.[16] Dabei zeigt der Freiwilligensurvey 2014, dass – wenn sie sich engagieren – sie im Bereich Schule und Kindergarten sogar anteilig häufiger Aufgaben übernehmen als Engagierte ohne Migrationshintergrund (Vogel et al. 2016, S. 597). An dieser Stelle sind niederschwellige Unterstützungsmechanismen und

---

tions- und Qualifizierungsangeboten in der Schule größere Nachteile, weil das System Schule komplexer ist.

12 Ein Beispiel für ehrenamtliche Elternlotsen: NEST – Nürnberger Elternbüro Schulerfolg und Teilhabe Elternlots/innen für schulische Bildung (https://www.nuernberg.de/internet/paedagogisches_institut/nest.html#3).

13 Zu Empfehlungen zum Abbau von Benachteiligungen im Bildungsbereich i. S. d. Allgemeinen Gleichstellungsgesetzes (Antidiskriminierungsstelle des Bundes 2013, S. 157 ff.).

14 Eine lebendige Beschreibung, wie eine aktive Einbeziehung von Eltern aussehen kann, gibt Tschöpe-Scheffler (2012, S. 3 ff.) am Beispiel der Konzeption ZIEGE an einer Kindertagesstätte. Das deckt sich auch mit den eigenen Erfahrungen des Autors als Leiter eines Elternlotsenprojekts an verschiedenen Schulen in Berlin, in den Jahren 2008-2012. Dort, wo die Schulen bereit waren, Eltern aktiv anzuwerben, aber auch die Kompetenzen von externen Partnern zu nutzen, erhöhte sich die aktive Beteiligung der Eltern in den Schulen.

15 Zur Entwicklung und zum aktuellen Stand der Migrantenorganisationen in der Zusammenarbeit mit Eltern und Bildungsinstitutionen siehe Der PARITÄTISCHE Gesamtverband (2010).

16 Der Anteil der Engagierten unterscheidet sich dabei stark von der Art des Migrationshintergrundes und ist abhängig von eigenen Migrationserfahrungen und der deutschen Staatsangehörigkeit (Vogel et al. 2016, S. 593).

Angebote notwendig, die die Eltern informieren, motivieren und aktivieren. Dazu gehören in erster Linie Migrantenelternvereine oder -initiativen.

Die Tätigkeit von Migrantenelternvereinen entstand zunächst aus dem Bedarf heraus, Kinder aus der eigenen Community auf ihrem Bildungsweg zu begleiten und die Eltern dabei zu unterstützen, sich für die Belange ihrer Kinder einzusetzen. Das bekannteste Beispiel hierfür sind die spanischen Elternvereine[17], die bereits in den 1960er-Jahren, d.h. kurz nach dem Beginn der Arbeitsmigration nach Deutschland, gegründet wurden und den Bildungserfolg der spanischen Kinder mitbegründeten.

Hingegen war der Ansatz für die Gründung von türkischen Elternvereinen Mitte der 1980er-Jahre eher eine Reaktion auf die Verschlechterung der Bildungssituation von türkischstämmigen Kindern im deutschen Bildungssystem. Um die Chancen der Kinder im Bildungssystem zu verbessern, halten die Mitgliedsvereine der Föderation Türkischer Elternvereine in Deutschland (FÖTED) mittlerweile unterschiedliche Angebote für Schüler_innen und Eltern vor. Dies sind u. a. Hausaufgabenhilfe, Beratung und Information und Qualifizierungsseminare für Eltern sowie Vermittlung bei Konfliktsituationen aber auch bildungspolitische Forderungen.[18]

5. Perspektiven der Organisation und Vernetzung von Migranteneltern

Die bundesweite Zusammenarbeit und Vernetzung von Migrantenvereinen, die mit Eltern arbeiten, ist in den vergangenen Jahrzehnten stärker in den Fokus gerückt. Meilensteine in dieser Entwicklung waren sicherlich die Gründungen des Elternnetzwerks NRW[19] sowie des MigrantenElternNetzwerks Niedersachsen[20]. Eine besondere Rolle in dieser Entwicklung nimmt jedoch die Veranstaltung „Integrationsförderung durch Elternvereine und Elternnetzwerke", die vom Bundesnetzwerk Bürgerschaftliches Engagement (BBE) mit Förderungen des Bundesamtes für Migration und Flüchtlinge (BAMF) und der Robert Bosch Stiftung im Jahr 2011 in Halle (Saale) durchgeführt wurde, ein. Diese bundesweite Tagung verdeutlichte den perspektivischen Wunsch einer bundesweiten Vernetzung von migrantischen Elternvereinen.[21]

---

17 http://www.confederacion.de
18 Vgl. http://www.tuerkische-elternfoederation.de/
19 http://www.elternnetzwerk-nrw.de
20 http://www.men-nds.de
21 http://www.b-b-e.de/veranstaltungsarchiv0/mo-tagung-2011/

Als ein wichtiges Etappenziel dieser Entwicklung kann das Projekt „Bundeselternnetzwerk Bildung & Teilhabe" (bbt) genannt werden.[22] Aufbauend auf den Ergebnissen der Veranstaltung in Halle (Saale) wurde das Projekt durch das BBE und die INBAS-Sozialforschung GmbH initiiert. Die weiteren Projektpartner sind der Bundesverband russischsprachiger Eltern (BVRE)[23] und FÖTED.

Das Projekt hat zum Ziel, bis Mitte 2018 ein bundesweites Netzwerk mit Migrantenorganisationen aufzubauen, das nach Beendigung des Projekts fortbesteht. Durch das Projekt sollen bestehende Elterninitiativen und -vereine gestärkt und zur Gründung neuer Elterninitiativen und -vereine, vor allem auch von Drittstaatenangehörigen, beigetragen werden. Weitere Migrantennetzwerke und -verbände werden frühzeitig eingebunden, um – in einem gemeinsamen Prozess innerhalb der Projektlaufzeit – ein tragfähiges Netzwerk aufzubauen.

Parallel hierzu ist es unerlässlich, die Migrantenelternvereine strukturell (finanziell) zu unterstützen, damit sie weiterhin einen aktiven Beitrag zum Wohle der Kinder im Bildungssystem leisten können.

Literatur

Antidiskriminierungsstelle des Bundes 2013: Diskriminierung im Bildungsbereich und im Arbeitsleben, Online: http://www.antidiskriminierungsstelle.de/SharedDocs/Downloads/DE/publikationen/BT_Bericht/Gemeinsamer_Bericht_zweiter_2013.pdf?__blob=publicationFile

Der PARITÄTISCHE Gesamtverband 2010: Perspektiven der Partizipativen Elternarbeit, von Migrantenorganisationen, Online: http://www.der-paritaetische.de/uploads/tx_pdforder/broschuere_elternarbeit_web.pdf

Solga, Heike/Dombrowski, Rosine 2009: Soziale Ungleichheiten in schulischer und außerschulischer Bildung. Stand der Forschung und Forschungsbedarf. In: Hans-Böckler-Stiftung (Hrsg.): Arbeitspapier 171, Soziale Ungleichheiten in schulischer und außerschulischer Bildung. Berlin.

Tschöpe-Scheffler, Sigrid 2012: Paradigmenwechsel in der Eltern- und Familienbildung – Kurssystem versus informelles Lernen. In: Sozialpädagogische Impulse, Baden 1/2012.

Vogel, Claudia/Simonson, Julia/Tesch-Römer, Clemens 2016: Freiwilliges Engagement und informelle Unterstützungsleistungen von Personen mit Migrationshintergrund. In: Simonson, Julia/Vogel, Claudia/Tesch-Römer, Clemens (Hrsg.): Freiwilliges Engagement in Deutschland. Der Deutsche Freiwilligensurvey 2014. Berlin.

---

22 Vgl. www.bundeselternnetzwerk.de
23 http://www.bvre.de

Christoph Klapproth
Feuerwehr

1. Aktuelles Engagement

Derzeit besitzt das durchschnittliche Feuerwehrmitglied keinen Migrationshintergrund und ist männlich. Damit sind die Feuerwehren in Deutschland momentan noch zu einem großen Teil innerhalb ihrer Mitgliederstruktur monokulturell aufgestellt. Laut Freiwilligensurvey engagierten sich in den Jahren 1999 bis 2004 nur rund 2,5 bis 3 Prozent der Menschen mit Migrationshintergrund bei der Feuerwehr oder im Rettungsdienst (vgl. Gensicke 2005, S. 26). Der aktuelle Freiwilligensurvey kommt zu dem Ergebnis, dass „Engagierte mit Migrationshintergrund insbesondere im Bereich der Unfall- und Rettungsdienste sowie der Freiwilligen Feuerwehr [zu deutlich geringeren Anteilen] tätig [sind als Engagierte ohne Migrationshintergrund]" (Vogel et al. 2016, S. 597). Demnach engagieren sich 3,4 Prozent der Engagierten mit Migrationshintergrund in diesem Bereich gegenüber 7,2 Prozent der Engagierten ohne Migrationshintergrund (vgl. ebd., S. 598).

Innerhalb der Gruppe der türkeistämmigen Engagierten engagieren sich bereits 4,4 Prozent bei der Feuerwehr oder im Rettungsdienst (vgl. Halm und Sauer 2007, S. 51). Zugleich ist die Engagementbereitschaft bei Menschen mit Migrationshintergrund höher als in der Bevölkerung ohne Migrationshintergrund: 13,6 Prozent sind sicher und 54,5 Prozent vielleicht bereit, sich künftig zu engagieren (vgl. Vogel et al. 2016, S. 579). Es erscheint also möglich, mehr Menschen mit Migrationshintergrund für ein Interesse an einem Ehrenamt zu motivieren.

2. Struktur und Aufgaben der Feuerwehren in Deutschland

Feuerwehren in Deutschland gliedern sich in Freiwillige Feuerwehren, Berufsfeuerwehren, Werkfeuerwehren und Jugendfeuerwehren und sind als Hilfsorganisation definiert. Nicht allen Menschen, insbesondere denen, die nicht in Deutschland aufwuchsen, ist dieser Umstand bekannt. In vielen (Herkunfts-)Ländern existiert keine Freiwillige Feuerwehr und die Berufsfeuerwehr ist oft eng mit dem Polizei- oder Militärapparat vernetzt.

Auch die Mitgliedsländer der EU weisen eine höchst unterschiedliche Feuerwehrstruktur auf. So setzt sich die Feuerwehr in Großbritannien zu zwei Dritteln aus Berufsfeuerwehrangehörigen zusammen und in Italien sind rund zehn Prozent der Einsatzkräfte in einer Freiwilligen Feuerwehr organisiert (vgl. Niederösterreichischer Landesfeuerwehrverband 2009, S. 99).

Häufig fehlen aber nicht nur Informationen zum Aufbau der Feuerwehr in Deutschland, sondern auch über die Möglichkeiten der Partizipation in dieser. „Sobald es Kontakte gibt [...] ist das Interesse sehr groß" (Bekyigit 2008, S. 18), berichtet der Fachberater Integration des Deutschen Feuerwehrverbandes Orhan Bekyigit bereits in einem Interview 2008 über seine Arbeit.

Insgesamt hat der Deutsche Feuerwehrverband ca. 1,3 Millionen Mitglieder, die sich in einem der mehr als 32.000 Gerätehäuser zu regelmäßigen Dienstabenden treffen. Dabei werden – neben einer ständigen fachlichen Weiterbildung und der Übung des Ernstfalls – auch der Zusammenhalt und die Kameradschaft gepflegt. 2013 waren 1.008.133 Mitglieder in 22.814 Freiwilligen Feuerwehren gemeldet, parallel arbeiteten 30.502 Berufsfeuerwehrmitglieder in 106 Berufsfeuerwehren (vgl. Deutscher Feuerwehrverband 2015, S. 326).

Dazu hat die Gruppe der Werkfeuerwehren in Deutschland 32.542 Mitglieder. Pro Jahr werden diese Feuerwehrfrauen und -männer zu rund 3,5 Millionen Einsätzen gerufen. In der Deutschen Jugendfeuerwehr engagierten sich 2013 245.442 Mädchen und Jungen im Alter zwischen meist zehn und 18 Jahren regelmäßig für ihre Mitmenschen. All diese Informationen sind derzeit auch bei vielen Menschen mit Migrationshintergrund nicht bekannt.

Neben den primären Aufgaben Retten, Löschen, Bergen und Schützen erfüllen die Feuerwehren noch weitere zivilgesellschaftlich relevante Aufgaben. Das kann von einem Konzert des Feuerwehrmusikzuges, dem Tag der offenen Tür bis hin zur Organisation von diversen traditionellen Festen für die Bevölkerung gehen. Aber auch der Vorbeugende Brandschutz bekommt eine immer höhere Bedeutung. Denn fachlich treten die Feuerwehren oft nicht erst nach einer Alarmierung in Augenschein; vielmehr sind die einzelnen Feuerwehren bereits beim Vorbeugenden Brandschutz und einer rechtzeitigen und kompetenten Aufklärung der Zivilgesellschaft präsent – auch in der Brandschutzerziehung.

3. Feuerwehr als Akteur der Zivilgesellschaft

Das demokratische Verständnis ist ein Grundwert der Feuerwehr. Die Ausgrenzung und Diskriminierung von einzelnen Menschen oder bestimmten Gruppen widerspricht dem demokratischen Leitbild der Feuerwehren und Jugendfeuerwehren.

Daher ist es ein großes Ziel der Feuerwehren, diese hohe Verantwortung adäquat und invariant ohne Ansehen der Person wahrzunehmen. Damit dies an 365 Tagen im Jahr und sieben Tagen die Woche gewährleistet werden kann, ist

Feuerwehr

die Feuerwehr auf ihren Nachwuchs angewiesen, um dieser besonderen und umfangreichen Verantwortung nachzukommen.

Da die Feuerwehr sich als Akteur der Zivilgesellschaft versteht, ist es ein Ziel, auch die gesamte, plurale Gesellschaft innerhalb der Feuerwehren abzubilden. Leider ist es momentan noch so, dass der Anteil der Menschen, die einen Migrationshintergrund aufweisen, innerhalb der Feuerwehren unterrepräsentiert ist.

Neben vielen engagierten und ehrenamtlichen Feuerwehrmitgliedern sind auch der Deutsche Feuerwehrverband und die Deutsche Jugendfeuerwehr seit Jahren bemüht, die Feuerwehr inklusiver aufzustellen und mehr Menschen mit Migrationshintergrund zu inkludieren (siehe auch Gliederungspunkt fünf).

Die Freiwilligen Feuerwehren versuchen dies in einem ersten Schritt durch niedrigschwellige Partizipationsmöglichkeiten. Insbesondere die Jugendfeuerwehr ist hier durch ihr schnelles Eintrittsverfahren vorbildlich. Jugendliche im Alter von meist zehn bis 16 Jahren können einfach zu einer der mehr als 18.000 Jugendfeuerwehrgruppen gehen, um die Arbeit und das Ehrenamt dort kennenzulernen. Gefällt es den Jugendlichen, können sie schnell Mitglied werden und an der Feuerwehrausbildung und allgemeiner Jugendarbeit teilnehmen. Um die gesellschaftliche Integration weiter zu stärken, versucht besonders die Jugendfeuerwehr, sich weiter interkulturell zu öffnen, bürgerschaftliches Engagement speziell von Kindern und Jugendlichen Migrationshintergrund zu erleichtern und zu fördern sowie dadurch die Nachwuchsgewinnung zu verbessern.

Für die Feuerwehren ist es das Ziel – neben einer gelungenen Inklusion von Menschen mit Migrationshintergrund und dem gegenseitigen Erfahrungsaustausch – auch dem, insbesondere in den ländlichen Räumen voranschreitenden, demografischen Wandel entgegenzutreten. So versteht die Feuerwehr eine erfolgreiche Integration als Win-win-Situation. Eine durchmischte Feuerwehrstruktur und Zivilbevölkerung können schließlich auch als gute Maßstäbe für gelebte Integration gelten.

4. Aufgaben und Mitgliedergewinnung im Rahmen der Geflüchtetenbewegung

Insbesondere im Rahmen der Geflüchtetenbewegung und der vielen neu geschaffenen Unterkünfte für Geflüchtete bekommt der vorbeugende Brandschutz bei der Unterbringung von Asylbewerber_innen eine immer höhere Bedeutung. Viele Unterbringungen waren zunächst nicht als Unterkunft gedacht (ehemalige Supermärkte, Turnhallen, Bürokomplexe etc.) und mussten nun neue und andere Anforderungen an den Brandschutz erfüllen.

Auch beim Aufbau von Unterkünften für Geflüchtete waren viele Freiwilligen Feuerwehren seit Beginn der Geflüchtetenbewegung häufig vor Ort präsent und engagierten sich auch hier für ihre Mitmenschen. Innerhalb dieser Einrichtungen wurden auch immer wieder Informationen zum Feuerwehrwesen und zum Verhalten im Notfall (Brandschutzerziehung) publiziert. Hierzu hat der Deutsche Feuerwehrverband auch eine praxisnahe Fachempfehlung erarbeitet und veröffentlicht.[1]

Des Weiteren erhoffen sich die Freiwilligen Feuerwehren durch neue Mitglieder aus den Reihen der Geflüchteten, das System des ehrenamtlichen Engagements auch zukünftig flächendeckend gewährleisten zu können. Denn neben der sinkenden Mitgliederzahl auf dem Land fällt es auch den ehrenamtlichen Kamerad_innen immer schwerer, die Tagesalarmsicherheit zu gewährleisten. Viele Feuerwehrmitglieder sind gezwungen, zu ihrer Arbeitsstelle zu pendeln und sind daher während der Arbeitszeit nicht direkt verfügbar. Geflüchtete, welche momentan noch häufig in der Unterkunft vor Ort sind, könnten oft schneller im Notfall das Gerätehaus erreichen als ihre berufstätigen Kamerad_innen und können dadurch die Alarmsicherheit auch in Zukunft sicherstellen. Doch auch diese wichtige Aufgabe ist dem primären Ziel, eine „bunte" Feuerwehrlandschaft zu etablieren, untergeordnet.

Bei unterschiedlichen Begegnungen zwischen Geflüchteten und den Freiwilligen Feuerwehren wurden die Asylbewerber_innen bereits herzlich willkommen geheißen. Das vielseitige Engagement von Geflüchteten und Menschen mit Migrationshintergrund innerhalb der Feuerwehr, die gebotenen Partizipationsmöglichkeiten in den einzelnen Feuerwehren und das Engagement der Feuerwehren im Aufbau von Unterkünften der Soforthilfe dokumentiert der Deutsche Feuerwehrverband in einer ständig aktualisierten Lagekarte.[2] Im Frühjahr 2016 befanden sich nach Kenntnis des Deutschen Feuerwehrverbandes bereits mehr als 100 Geflüchtete in einem engeren Kontakt zu Wehren vor Ort oder teilweise bereits in der Truppmannausbildung (Grundausbildung). Diese Truppmannausbildung ist der erste Schritt eines aktiven Feuerwehrmitgliedes beim Eintritt in den aktiven Dienst. Im Rahmen dieser Ausbildung werden feuerwehrtechnische Grundkenntnisse erworben, der Umgang mit den Geräten und den Fahrzeugen gelernt sowie die Struktur und der Aufbau der Feuerwehr gelehrt.

Im Rahmen dieser Ausbildung sowie der Fortbildung vor Ort lassen sich dann auch die ersten Herausforderungen bei der gemeinsamen Arbeit identifizieren. Die größte Schranke bildet hier die Sprache. Neue Mitglieder müssen sowohl im Übungsdienst aber besonders im Einsatz miteinander und mit anderen reibungslos kommunizieren können. Mitunter kann von einer richtigen Verständigung im Einsatz das Leben der zu Rettenden und der Einsatzkräfte abhängig sein. Die

---

1 Vgl. http://www.feuerwehrverband.de/fe-fluechtlinge-beba.html (29.05.2016).
2 Vgl. http://feuerwehrverband.de/lagekarte.html (29.05.2016).

Fachsprache „Feuerwehr" ist allerdings auch für Menschen ohne Migrationshintergrund erst im Umgang mit Mensch und Material zu erlernen.

5. Übergeordnete Projekte für Integration

Die Feuerwehren leisten durch diverse Projekte gegen „Gruppenbezogene Menschenfeindlichkeit" und Diskriminierung und für eine Integration von Menschen mit Migrationshintergrund einen Dienst an der Bevölkerung.

Beispielhaft sind hier das „Demokratieberater"-Projekt und das „Integrationsprojekt"[3] des Deutschen Feuerwehrverbandes, die Projekte „Vielfalt und Integration"[4] oder das Projekt „Unsere Welt ist bunt"[5] der Deutschen Jugendfeuerwehr sowie die verschiedenen Projekte der ordentlichen Mitglieder des Deutschen Feuerwehrverbandes, wie zum Beispiel „Einmischen, Mitmachen, Verantwortung übernehmen"[6] des Landesfeuerwehrverbandes Thüringen, zu nennen. Aber auch viele andere Landesfeuerwehrverbände oder einzelne Feuerwehren engagieren sich stark und gut für eine gelungene Integration, von der letztendlich alle agierende Akteure profitieren.

Viele ehrenamtliche Mitglieder besuchen in ihrer Freizeit Schulungen und Seminare, um eine Sensibilisierung voranzutreiben und auch den Feuerwehren bei Beratungs- oder Konfliktfällen als Ansprechpartner_innen zur Seite zu stehen.

Neben dem Nutzen, den die Feuerwehr insbesondere in ländlichen Gebieten durch die Akquise neuer Mitglieder hat, möchten die Feuerwehren durch eine Einbindung von bislang Fremden Vorurteile und Stereotypen durch Kontakt und Teilhabe abbauen. Denn nur ein gemeinsames Miteinander und Füreinander lässt die Feuerwehren weiter ihren Dienst an der Bevölkerung ausüben.

Literatur

Bekyigit, Orhan 2008: Porträt. In: Nordbruch, Götz/Müller, Jochen (Hrsg.): Jugendkultur, Religion, und Demokratie. Politische Bildung mit jungen Muslimen.

Deutscher Feuerwehrverband. Feuerwehr-Jahrbuch 2015: Das Feuerwehrwesen in der Bundesrepublik Deutschland. Bonn.

Gensicke, Thomas 2005: Freiwilliges Engagement in Deutschland 1999-2004. In: Freiwilliges Engagement in Deutschland 1999-2004. München, S. 15-193.

Halm, Dirk/Sauer, Martin 2007: Bürgerschaftliches Engagement von Türkinnen und Türken in Deutschland. Wiesbaden.

---

3 Vgl. www.feuerwehrverband.de/schwerpunkte (29.05.2016).
4 Vgl. www.jugendfeuerwehr.de/schwerpunkte/vielfalt (29.05.2016).
5 Vgl. www.jugendfeuerwehr.de/schwerpunkte/unsere-welt-ist-bunt (29.05.2016).
6 Vgl. http://www.demokratie-in-der-feuerwehr.de (29.05.2016).

Landesfeuerwehrverband, Niederösterreichischer 2009: 140 Jahre Niederösterreichischer Landesfeuerwehrverband 1869-2009. Ed. Josef Buchta. Tulln.

Vogel, Claudia/Simonson, Julia/Tesch-Römer, Clemens 2016: Freiwilliges Engagement und informelle Unterstützungsleistungen von Personen mit Migrationshintergrund. In: Simonson, Julia/Vogel, Claudia/Tesch-Römer, Clemens (Hrsg.): Freiwilliges Engagement in Deutschland. Der Deutsche Freiwilligensurvey 2014. Berlin.

Susanne Huth
Lotsen-, Paten- und Mentorenprojekte

1. Vorbemerkung

Seit Mitte der 2000er-Jahre erfreuen sich ehrenamtliche Lotsen-, Paten- und Mentorenprojekte wachsender Aufmerksamkeit und erleben einen regelrechten Gründungsboom. In zahlreichen Kommunen sind sie Bestandteil der Integrations- und Engagementförderung. In Bayern[1], Berlin[2], Hessen[3] und Niedersachsen[4] werden sie auf Landesebene gefördert. Auf Bundesebene sind sie Gegenstand der „Aktion zusammen wachsen"[5] sowie des Programms „Menschen stärken Menschen"[6].

Bundesweit wurden und werden unzählige Projekte initiiert, die der Förderung von gesellschaftlicher Teilhabe und Integration von Menschen mit Migrationshintergrund durch ehrenamtliche Integrationslots_innen, Pat_innen oder Mentor_innen dienen, wobei die Bezeichnungen dieser Projektansätze zum Teil synonym verwandt werden, auch wenn sich verschiedene Zielsetzungen, Zielgruppen und Themenstellungen unterscheiden lassen (vgl. Huth 2007; Gesemann 2016).[7]

2. Gemeinsamkeiten und Unterschiede der Projektansätze

Integrationslotsenprojekte zeichnen sich im Kern dadurch aus, Orientierung in einer fremden Umgebung zu schaffen und Zugänge zu Angeboten und Einrichtungen zu ebnen und zu eröffnen. Die Unterstützung kann in Form einer 1:1 Begleitung regelmäßig über einen längeren Zeitpunkt erfolgen oder aus einem

---

1 http://bayrvr.de/2015/12/14/stmas-bayern-foerdert-ab-2016-landesweit-hauptamtliche-koordinatoren-und-schulungen-fuer-integrationslotsen/
2 https://www.berlin.de/lb/intmig/themen/integrationslots-innen/
3 http://www.integrationskompass.de/hmdj/home/Foerderprogramm-WIR/-bwr/Integrationslotsen-/
4 http://www.soziales.niedersachsen.de/soziales_gesundheit/integration_migration/intgrationslotsen/integrationslotsen-106702.html
5 http://www.aktion-zusammen-wachsen.de/
6 http://www.bmfsfj.de/BMFSFJ/Freiwilliges-Engagement/menschen-staerken-menschen/menschen-staerken.html
7 An umfassenden und vergleichenden Untersuchungen zu den verschiedenen Projektansätzen mangelt es bis auf die Expertisen von Gesemann (2016) und Huth (2007) bisher. Studien und Evaluationen liegen für die Landesprogramme in Berlin und Niedersachsen oder auf Projektebene vor.

„Lotsenpool" heraus punktuell und nur zu bestimmten Gelegenheiten. Solche Lotsenpools sind z. T. sozialräumlich im Stadtteil angesiedelt oder auch in Kitas und Schulen. Die thematischen Schwerpunkte der Lotsentätigkeiten, die auch der Selbsthilfe und dem Empowerment der Begleiteten dienen sollen, umfassen vor allem Alltagsorientierung, sprachliche Förderung, Behördengänge, Erziehung oder Gesundheit. Entsprechend werden die Engagierten Integrationslots_innen, Elternlots_innen oder auch Gesundheitslots_innen genannt.[8]

Bei Patenschaftsprojekten übernehmen Pat_innen eine fürsorgende Rolle im Rahmen einer 1:1 Begleitung gegenüber einer anderen (zumeist jüngeren) Person, manchmal auch einer Kleingruppe, bspw. in Kitas und Schulen. Die Begleitung erfolgt zumeist regelmäßig über einen längeren Zeitraum, wobei die Beziehung zwischen Pat_innen und Begleiteten nicht „auf Augenhöhe" angelegt, sondern durch eine Asymmetrie gekennzeichnet ist, die sich daraus ergibt, dass Pat_innen die Aufgabe übernehmen, zu unterstützen und sich zu kümmern.[9] Patenschaften sind vor allem im Bildungsbereich angesiedelt und richten sich an bildungsbenachteiligte Kinder und Jugendliche mit und ohne Migrationshintergrund. Lesepat_innen sind in der frühkindlichen Bildung engagiert, Schüler-, Ausbildungs- und Jobpat_innen sind in der Schule und im Übergang von der Schule in Ausbildung und Beruf aktiv.[10]

Im Rahmen von Mentorenprojekten begleiten Mentor_innen, die im jeweiligen Bereich über einschlägige Erfahrungen verfügen, Mentees in Form eines Tandems zumeist regelmäßig über einen längeren Zeitraum hinweg, um deren persönliche und/oder berufliche Entwicklung zu unterstützen. Mentorenprojekte finden sich dementsprechend vor allem in den Bereichen berufliche Bildung, Hochschule und (Wieder-)Eingliederung in den Arbeitsmarkt.

3. Potenziale und Grenzen

Lots_innen, Pat_innen und Mentor_innen vermögen es, Neuzugewanderte ebenso wie bereits lange in Deutschland lebende bzw. hier geborene junge wie ältere Menschen mit Migrationshintergrund zu begleiten, zu unterstützen, zu fördern und ihnen damit Zugänge zu eröffnen, die ihnen sonst verschlossen blieben. Dabei kommt vor allem niedrigschwelligen Projektansätzen eine besondere Bedeutung zu (vgl. Gesemann 2016), denn „Integrationsbegleiterprojekte [helfen] wesentlich dabei, Barrieren der Inanspruchnahme von Regeldiensten, Ämtern

---
8 Die Aufzählung ist nicht erschöpfend, zur Vielfalt der Bezeichnungen siehe Gesemann (2016, S. 10).
9 Die Bezeichnung „Patenkind" verstärkt diese Asymmetrie noch, v. a., wenn erwachsene Menschen so bezeichnet werden.
10 Daneben seien hier noch Familienpatenschaften genannt, auf die aus Platzgründen nicht weiter eingegangen werden kann.

und Behörden, Bildungs- und Beratungseinrichtungen sowie der Teilnahme am Gemeinwesen abzubauen" (Huth 2007, S. 45).

Sind als Pat_innen und Mentor_innen überwiegend Herkunftsdeutsche für Menschen mit Migrationshintergrund aktiv,[11] engagieren sich in Integrationslotsenprojekten vor allem Lots_innen mit Migrationshintergrund, die über gute deutsche und herkunftssprachliche Kenntnisse, Institutionenkenntnisse sowie gute Zugänge zur Zielgruppe, bspw. Eltern in Kitas, verfügen. Lotsen-, Paten- und Mentorenprojekten werden zahlreiche positive Effekte und Wirkungen für gesellschaftliche Teilhabe und Integration bescheinigt, wobei ihnen durchaus auch Grenzen gesetzt sind.

Im Hinblick auf die verschiedenen Integrationsdimensionen (vgl. Esser 2001) können die Projekte
- auf der kulturellen Ebene den Spracherwerb unterstützen sowie Kenntnisse über kulturelle und gesellschaftliche Normen, Werte und Konventionen vermitteln und so dazu beitragen, dass Begleitete sich im Alltag schneller und selbstsicherer zurechtfinden;
- auf der strukturellen Ebene Unterstützung beim Zugang zu Bildung, Ausbildung und Erwerbsarbeit, zu Wohnungen und Gesundheitsleistungen erzielen;
- auf der sozialen Ebene Interaktionen mit verschiedenen Bevölkerungsgruppen in der Einwanderungsgesellschaft fördern, Freundschaften stiften und Zugänge zu Vereinen und Netzwerken eröffnen;
- auf der emotionalen Ebene ein Gefühl des Willkommenseins vermitteln und Zugehörigkeitsgefühle stiften (vgl. Huth 2007, 2008).[12]

An Grenzen stoßen Lotsen-, Paten- und Mentorenprojekte vor allem dann, wenn Ansprüche und Erwartungen an sie gestellt werden, die über ihre Zielsetzungen hinausgehen, oder wenn die Beteiligten unterschiedliche Vorstellungen über ihre Aufgaben und Rollen haben. Bei ehrenamtlichen Integrationslotsenprojekten geht es vom Konzept her um Begleitung und Vermittlung, nicht um Beratung und Übersetzung. Die Zuständigkeit dafür sollte bei hauptamtlichen Fachkräften und Dolmetscher_innen liegen.[13] Auch wenn Integrationslots_innen immer wieder Aufgaben übernehmen, die im Grenzbereich zu hauptamtlichen Zuständigkeiten liegen, darf dies nicht zur Regel werden, um Überforderung zu vermeiden.

In Patenschaften kann die in der Beziehung angelegte Asymmetrie dazu führen, dass Pat_innen sich nicht nur kümmern und unterstützen, sondern bevormunden

---

11 Einige Projekte setzen gezielt auf Pat_innen und Mentor_innen mit Migrationshintergrund und deren Vorbildfunktion, dies ist bislang (noch) nicht überall der Fall.
12 Röbke (2016) weist ferner auf die politische Dimension des Engagements hin, die vor allem im Flüchtlingsbereich sichtbar wird.
13 Anders verhält es sich bei professionellen Sprach- und Integrationsmittler_innen, auf die hier nicht näher eingegangen werden kann, siehe: http://www.sprachundintegrationsmittler.org/

und überfordern. Andersherum können auch Begleitete überhöhte Ansprüche daran stellen, was Lots_innen, Pat_innen und Mentor_innen leisten können und möchten, bspw. im privaten Bereich, der über die Begleitung hinausgeht. Problematisch können sich ferner unterschiedliche Rollen- und Geschlechterverständnisse sowie Verhaltensweisen auswirken, die zu Irritationen, Missverständnissen und (interkulturellen) Konflikten führen können.

Damit sind die Dimensionen umrissen, die bei der Diskussion um Grenzen von Lotsen-, Paten- und Mentorenprojekten berücksichtigt werden und daher Gegenstand der Qualifizierungen von Haupt- wie der Ehrenamtlichen sein sollten:
- Kooperation von Haupt- und Ehrenamt,
- Balance zwischen Nähe und Distanz,
- gegenseitige Erwartungen, Bevormundung, Überforderung,
- unterschiedliche Einstellungen, (interkulturelle) Konflikte.

4. Rahmenbedingungen und Gelingensfaktoren[14]

Wie andere ehrenamtliche Projekte auch, benötigen Lotsen-, Paten- und Mentorenprojekte geeignete Rahmenbedingungen, damit ihre sozialintegrativen Potenziale zum Tragen kommen können. Darüber hinaus gilt es, einige zentrale Faktoren zu beachten, die mit den freiwillig Engagierten, den Begleiteten und ihrer Beziehung zueinander zusammenhängen.

Bei der Ansprache und Auswahl der potenziellen Lots_innen, Pat_innen und Mentor_innen sind deren Kompetenzen und Motive zu beachten und mit den Projektzielen abzugleichen: Wer will sich warum engagieren und was bringt sie oder er dazu mit? Dabei kommt es auf Fähigkeiten und Kenntnisse, aber auch Haltungen an. Ehrenamtliche sollten bspw. interkulturelle und Genderkompetenzen, Empathie und Abgrenzungsvermögen, Institutionen- und Sprachkenntnisse mitbringen. Sie sollten andere Menschen unterstützen, aber nicht bevormunden; Nähe zulassen, aber nicht vereinnahmen oder sich vereinnahmen lassen.

Um Lots_innen, Pat_innen und Mentor_innen adäquat auf ihren Einsatz vorzubereiten, benötigen sie daher eine Qualifizierung, die diese Punkte berücksichtigt. Ihr Einsatz sollte zudem begleitet werden, um Weiterbildung, Erfahrungsaustausch und Reflexion zu ermöglichen.[15] Schließlich spielt auch das *Matching* eine Rolle, also das Verfahren, wie die Partner_innen einer Begleitung zueinander finden und die Kriterien, die dem zugrunde gelegt werden.

---

14 Vgl. für die folgenden Ausführungen Huth (2007, 2008).
15 In Bayern wird derzeit ein Rahmencurriculum für Integrationslots_innen entwickelt. In Hessen wurde eine Bestandsaufnahme der Qualifizierungen und Schulungen für ehrenamtliche Integrationslots_innen erstellt, die im Herbst 2016 veröffentlicht werden soll (Schumacher 2016).

Um all dies gewährleisten zu können, kommt es auf die institutionelle Anbindung der Lotsen-, Paten- und Mentorenprojekte und eine entsprechende (hauptamtliche) Koordination an.[16] Projekte können bspw. bei der Kommune, bei Fachdiensten, Vereinen und Verbänden, Stadtteileinrichtungen, Freiwilligenagenturen, in Kitas, Schulen und Hochschulen oder auch in Flüchtlingsunterkünften angebunden sein.

Schlussendlich kommt es auf das Zusammenspiel der ehrenamtlichen Integrationsbegleiterprojekte mit den Regel- und Fachdiensten, den Behörden und den Institutionen sowie den Vereinen und Verbänden an, also auf eine gelungene Kooperation und Vernetzung mit den Institutionen und Akteur_innen, auf die es – gemäß der Zielsetzung des Projektes – ankommt.

5. Besonderheiten und Herausforderungen im Flüchtlingsbereich

Lotsen-, Paten- und Mentorenprojekte spielen eine besondere Rolle, um die gesellschaftliche Teilhabe und Integration der vielen Geflüchteten, die vor allem im Sommer und Herbst 2015 nach Deutschland kamen, zu unterstützen. Dabei stellt sich die Frage, ob und in welcher Hinsicht sich der Flüchtlingsbereich vom Integrationsbereich, wie wir ihn bislang kennen, unterscheidet, und welche spezifischen Herausforderungen für das Freiwilligenmanagement damit verbunden sind.[17]

Die bislang vorliegenden Befunde legen nahe, dass es im Flüchtlingsbereich – im Vergleich zu traditionellen Engagementbereichen – Unterschiede in den Strukturen sowie bei den Ehrenamtlichen gibt (Karakayali und Kleist 2015), die z.T. auch auf Lotsen-, Paten- und Mentorenprojekte zutreffen.

Auf struktureller Ebene zeigt sich, dass sich Lotsen-, Paten- und Mentorenprojekte auch außerhalb der gewachsenen Engagementstrukturen sowie im Rahmen von Initiativen ohne Rechtsform bildeten, deren Organisation auch über soziale Medien (Facebook, Internet) erfolgte. Dabei wurden Ehrenamtliche in Bereichen tätig, die durch strukturelle Mängel und überforderte Behörden gekennzeichnet waren, und übernahmen Aufgaben, die von fundamentaler Bedeutung waren (ebd., S. 4).

Die Ehrenamtlichen im Flüchtlingsbereich sind überwiegend weiblich, gut gebildet und sozioökonomisch relativ gut gesichert. Dies dürfte auch auf den Großteil der bisherigen Lotsen-, Paten- und Mentorenprojekte zutreffen (vgl.

---

16 Eine gelungene Koordination kann auch durch Ehrenamtliche selbst erfolgen. Wesentlich dabei sind die weiteren Rahmenbedingungen und die Anbindung des Projektes.
17 Zur Kooperation von Haupt- und Ehrenamtlichen in der Flüchtlingshilfe siehe Huth und Schumacher (2016).

Huth 2007, S. 30). Viele Ehrenamtliche engagierten sich zudem erstmalig und spontan, der Anteil an Ehrenamtlichen mit Migrationshintergrund ist vergleichsweise hoch und Jüngere und Studierende sind überrepräsentiert (Karakayali und Kleist 2015, S. 4).

Grundsätzlich gelten für Lotsen-, Paten- und Mentorenprojekte im Flüchtlingsbereich die gleichen Rahmenbedingungen und Gelingensfaktoren, wie sie weiter oben ausgeführt wurden. Mit den genannten Unterschieden sind jedoch einige spezifische Herausforderungen für diese Projektansätze verbunden. Nachdem es im Sommer und Herbst 2015 vor allem um Nothilfe ging, stehen nun gesellschaftliche Teilhabe und Integration im Vordergrund. Im Zuge dessen gilt es aktuell, auch angesichts eines Rückgangs der Flüchtlingszahlen und damit auch der Zahlen der Ehrenamtlichen, das entstandene Engagement und die große Anzahl Ehrenamtlicher, die oftmals institutionell nicht angebunden sind, zu koordinieren, ggf. an die vorhandenen Engagementstrukturen anzudocken und damit mittel- und langfristig zu sichern.

Der Qualifizierung und Begleitung der Lots_innen, Pat_innen und Mentor_innen kommt dabei eine besondere Bedeutung bei. Da viele Ehrenamtliche bereits seit Monaten in diesen Funktionen tätig sind, müssen Qualifizierungskonzepte an ihre Bedarfe angepasst werden. Viele sind „Profis" in der Begleitung und benötigen daher kein Basiswissen, sondern vielmehr kollegiale Beratung und spezifische thematische Inputs. Dabei geht es vor allem um interkulturelle Kommunikation und Kompetenzen, Abgrenzungsproblematiken sowie die Kooperation mit Behörden und Institutionen.

Im Hinblick auf Kooperation und Vernetzung gilt es zudem, Lotsen-, Paten- und Mentorenprojekte künftig stärker mit den „neuen" Akteuren und Organisationen, bspw. Helferkreise und Unternehmen, zu vernetzen.

Schließlich stellt sich für Lotsen-, Paten- und Mentorenprojekte – wie für alle anderen Engagementbereiche auch – die Frage, wie sie Flüchtlinge als Ehrenamtliche einbinden können, damit sie ihre Erfahrungen und Potenziale für andere Flüchtlinge einbringen können.

Literatur

Esser, Hartmut 2001: Integration und ethnische Schichtung, Arbeitspapiere Nr. 40, Mannheimer Zentrum für Europäische Sozialforschung, Online: http://www.mzes.uni-mannheim.de/publications/wp/wp-40.pdf (15.07.2016).
Gesemann, Frank 2015: Integrationslotsenprojekte in Deutschland im Überblick: Konzepte, Einsatzfelder und Finanzierung, Online: http://www.desi-sozialforschung-berlin.de/veroffentlichungen-und-downloads/ (15.07.2016).

Lotsen-, Paten- und Mentorenprojekte

Huth, Susanne 2007: Expertise „Integrationslotsen: Modelle von Engagement und Integration – Erfahrungen und Umsetzungsstrategien", Online: http://www.inbas-sozialforschung.de/projekte/integrationslotsen.html (15.07.2016).

Huth, Susanne 2008: Patenatlas, Online: http://www.inbas-sozialforschung.de/projekte/patenatlas.html (15.07.2016).

Huth, Susanne/Schumacher, Jürgen 2016: Kooperation von Haupt- und Ehrenamtlichen in der Flüchtlingshilfe. In: Engagement macht stark! Magazin des Bundesnetzwerks Bürgerschaftliches Engagement (BBE), 5. Jahrgang, Ausgabe 2/2016, S. 26 ff., Online: http://www.engagement-macht-stark.de/fileadmin/daten/Magazin/EMS_2016_2_WEB.pdf (07.10.2016).

Karakayali, Serhat/Kleist, J. Olaf 2015: EFA-Studie: Strukturen und Motive der ehrenamtlichen Flüchtlingsarbeit in Deutschland, 1. Forschungsbericht: Ergebnisse einer explorativen Umfrage vom November/Dezember 2014, Berlin, Online: http://www.bim.hu-berlin.de/media/2015-05-16_EFA-Forschungsbericht_Endfassung.pdf (21.07.2016).

Röbke, Thomas 2016: Engagement für Flüchtlinge und die Weiterentwicklung der Engagementlandschaft. In: Engagement macht stark! Magazin des Bundesnetzwerks Bürgerschaftliches Engagement (BBE), 5. Jahrgang, Ausgabe 1/2016, S. 60 ff., Online: http://www.engagement-macht-stark.de/fileadmin/daten/Magazin/EMS_1_2016_WEB_FINAL.pdf (21.07.2016).

Schumacher, Jürgen 2016: Bestandsaufnahme, Analyse und Empfehlungen für Qualifizierungen und Schulungen ehrenamtlicher Integrationslotsinnen und -lotsen zur Förderung einer Willkommens- und Anerkennungskultur in Hessen (im Erscheinen).

Tülin Kabis-Staubach, Reiner Staubach

Beteiligung im Stadtteil

1. Ausgangsbedingungen in Quartieren der Sozialen Stadt

Im Folgenden wird ein erweitertes Verständnis von Partizipation zugrunde gelegt, wie es in seinem normativen Anspruch in Programmansätzen der Sozialen Stadt zum Tragen kommt. Es reicht weit über das formal-rechtliche Verständnis der Beteiligung von Bürger_innen an öffentlichen Planungsverfahren hinaus, begreift diese vielmehr als handelnde Subjekte mit je spezifischen Interessen, Sichtweisen und Ressourcenverfügbarkeiten (vgl. Selle 2013). Zugleich reflektiert es den in der gebietsbezogenen Städtebauförderung erfolgten Paradigmenwechsel von der vorwiegend defizitorientierten und kompensatorischen Intervention von oben hin zur ressourcenorientierten und integrierten Entwicklung von Quartieren auf der Basis lokaler Partnerschaften (vgl. Froessler et al. 1994).

Damit sich die Dimensionen der Herausforderung bei Ansätzen der „Beteiligung im Stadtteil" erschließen, ist zunächst der Blick auf die generellen Ausgangsbedingungen der Partizipation auf der sozialräumlichen Ebene zu richten. Dabei werden Quartiere der Sozialen Stadt als Referenzgebiete herangezogen:

- Von der Programmlogik sind diese Quartiere dadurch charakterisiert, dass hier multiple Problemkonstellationen anzutreffen sind. Als innerstädtische Ankunftsquartiere oder periphere Relegationsstadtteile gehören sie in der Regel zu den Fokuswohnquartieren von Migrant_innen. Ihre Bewohner_innen erbringen damit die hauptsächliche Integrationsarbeit für die jeweilige Stadtgesellschaft (vgl. Staubach 2010).
- In diesen Quartieren wohnen die meisten Menschen, die nicht wählen dürfen, und dort gehen die meisten Leute, die wählen dürfen, nicht zur Wahl (Strohmeier und Kersting 2003; Strohmeier 2010). Trotz signifikant wachsender Migrantenanteile dominiert in diesen Stadtteilen häufig nach wie vor die Perspektive der etablierten Gruppen der früheren Mehrheitsgesellschaft und ihrer traditionellen Repräsentant_innen mit der Folge eines steigenden Vertretungsdefizits (vgl. Hallenberg 2014; Vester 2009).
- Wegen des Zusammenfallens von ethnischer und sozialer Segregation treten hier gerade die von Ausgrenzung bedrohten sozialen Gruppen in ungleich direkterer Weise als in anderen Teilen der Stadt beim Zugang zu den Ressourcen Arbeit, Wohnen, Bildung etc. in unmittelbare Konkurrenz zueinander.

Dort bereits lebende gesellschaftliche Außenseiter_innen (ob mit oder ohne Migrationshintergrund) sehen vielfach gerade Neuzuwander_innen als zusätzliche Desintegrationsgefahr. Mit Blick auf die in unseren Städten zu bewältigende aktuelle Zuwanderungsdynamik wird hier zu Recht von der Herausforderung einer „doppelten Integration" gesprochen.

2. Beteiligung und Aktivierung von Migrantinnen und Migranten in der Sozialen Stadt

Die prozeduralen und gruppenmethodischen Ansätze zur Interaktion mit Planungsbetroffenen im Rahmen von Beteiligungsverfahren erfuhren seit den 1970er-Jahren eine deutliche Ausdifferenzierung. Neue Arbeitsformen und Moderationstechniken (Charette-Verfahren, Open Space, World Café u. v. a. m.) sind hinzugekommen. Immer mehr Handbücher und Onlinewegweiser liefern hier entsprechende Praxishilfen. Gerade im Bereich der internetgestützten Methoden und Instrumente finden sich zahlreiche Entwicklungsschübe (Web_2.0, Social Media etc.).[1] Viele Arbeitsformen orientieren sich in ihrem Angebotscharakter allerdings an den Kommunikationsstilen und Beteiligungsdispositionen der gesellschaftlichen Leitmilieus oder des bürgerlichen Mainstreams (vgl. Selle 2002).

Aus Quartieren der Sozialen Stadt hingegen wird trotz vereinzelt durchaus beeindruckender innovativer Beispiele mit großer Regelmäßigkeit über Schwierigkeiten bei Ansätzen zur Aktivierung und Beteiligung benachteiligter Bewohner_innen, insbesondere aber des Erreichens von Personen und Gruppen mit Migrationshintergrund berichtet (vgl. Hanhörster und Reimann 2007, S. 68 ff.; IfS 2011, S. 99 ff.). Exemplarisch seien hier die Ergebnisse der „Analyse qualitativer Prozesse" im Rahmen von Befragungen in den Programmgebieten der Sozialen Stadt in NRW angeführt, bei denen deutlich wird, dass stets nur eine Minderheit der Bewohner_innen erreicht werden konnte. Die im Hinblick auf Vergleichsgebiete geringere Beteiligung wurde insbesondere mit der stärkeren Betroffenheit der Bewohner_innen von Arbeitslosigkeit, niedrigeren Bildungsabschlüssen sowie sprachlichen und kulturellen Barrieren erklärt (vgl. IfS/IfP 2008, S. 116). In jenen Stadtteilen, in denen die Aktivierung und Beteiligung weitergehende Erfolge zeigt, konnte in der Regel an eine systematische Vorfeldarbeit der stadtteilbezogenen sozialen Arbeit angeknüpft werden (vgl. Hinte 2001).

Klaus Peter Strohmeier hat wiederholt darauf aufmerksam gemacht, dass politische Partizipation in formellen ebenso wie in informellen Verfahren in der Regel den sozial integrierten, mit einem Mindestmaß an Sozial- und Systemver-

---

1 Dazu gehören: beteiligungskompass.org; mitarbeit.de; oegut.at; participedia.net; partizipation.at; peopleandparticipation.net; stadtteilarbeit.de; wegweiser-buergergesellschaft.de

trauen ausgestatteten Bürger voraussetzt. Auch die alternativen (informellen) Handlungs- und Gestaltungsmöglichkeiten werden demnach primär von jenen genutzt, die bereits mit den alten Beteiligungsangeboten umzugehen wussten (Strohmeier 1997, S. 133).[2] Gerade in benachteiligten Stadtteilen mit besonders heterogener und stark fluktuierender Bevölkerung übernehmen intermediäre Instanzen eine unverzichtbare Katalysatorfunktion (vgl. Gesemann und Roth 2014, S. 39 ff.; vgl. Filsinger 2005, S. 34). Als Trust- bzw. Informations-Broker tragen sie dazu bei, strukturelle Gräben zwischen unterschiedlichen Gruppen zu überbrücken und durch Transformation von sozialem Bindungs- in soziales Brückenkapital die Inklusionschancen zu erhöhen (IRS 2014, S. 6).

3. Aktivierung und Beteiligung in der Dortmunder Nordstadt

3.1 Sozialräumlicher Arbeitsansatz des Planerladen e. V.

Der Arbeitsansatz des Planerladen, Verein zur Förderung demokratischer Stadtplanung und stadtteilbezogener Gemeinwesenarbeit e. V., basiert auf dem Grundsatz der aktivierenden „Einmischung" und des „Planens aus der Nähe". Durch Ortsnähe und niedrigschwellige Ansprache soll auch eine kommunikative Nähe ermöglicht werden. Dies erhöht zugleich die Kontakt- und Interaktionschancen mit weniger mobilen und durchsetzungsmächtigen Bewohner_innen (Staubach 2013, S. 52). Dabei werden nicht nur die lebensweltlichen Probleme der verschiedenen Individuen und Gruppen in den Blick genommen, sondern insbesondere auch die Möglichkeiten einer schrittweisen Ressourcenentwicklung (Empowerment).

Für die auf Aktivierung und Beteiligung setzenden Impulsgebungen des Planerladen kommen sehr unterschiedliche Formate zum Einsatz. Dies reicht von kleinen Bewohnerarbeitsgruppen, über Nachbarschafts- und Quartiersforen bis hin zu Haustürgesprächen sowie Projekten und Aktionen im Sozialraum. Hinzu kommt die Schaffung vielfältiger und möglichst zugangsoffener Gelegenheitsstrukturen für gruppenübergreifende Begegnungen und bewohnerschaftliches Engagement. Jugend- und Kinderforen docken beispielsweise an die langjährige offene Kinder- und Jugendarbeit des Planerladen an. Die überwiegend migrantischen Teilnehmer_innen können hier bereits in jungen Jahren prägende Partizipationserfahrungen sammeln.

---

2 Auch die zusätzlichen Angebote digitaler Beteiligung eröffnen angesichts der „digitalen Spaltung" vor allem den beteiligungsgeübten Gruppen neue Partizipationswege und verstärken damit tendenziell deren Artikulationskraft (vgl. vhw 2013).

3.2 Zum Beispiel: Selbstorganisation von Neuzuwanderinnen und Neuzuwanderern aus Südosteuropa

Ein Beispiel, bei dem Gruppen erreicht wurden, die in Aktivierungs- und Beteiligungsstrategien zumeist außen vor bleiben, soll die sozialräumlich angelegte und aufsuchende Aktivierungsarbeit illustrieren (vgl. Staubach 2014, S. 544 ff.). Der öffentliche Diskurs fokussierte hier vor allem auf die Ausweitung der Straßenprostitution sowie auf den sogenannten „Arbeiterstrich", wo sich Neuzuwander_innen angesichts eingeschränkter Arbeitnehmerfreizügigkeit als „Tagelöhner" verdingten. Zudem wurden Neuzuwander_innen aus Südosteuropa als Problemverursacher für die von der Presse alarmistisch als sogenannte „Ekelhäuser" beschriebenen Erscheinungsformen von Desinvestition und Verwahrlosung im Stadtteil angeprangert. Dass hier Neuzuwander_innen nicht nur mit prekären sondern menschenunwürdigen Wohnsituationen zu kämpfen hatten, die für sie oftmals die letzte Zufluchtsmöglichkeit waren, wurde kaum zum Stein des Anstoßes.

Mit der im Mai 2011 gestarteten Aktion „Blickwechsel" machte der Planerladen schließlich darauf aufmerksam, dass bei der Diskussion die eigentlichen Verursacher und Profiteure in das Visier genommen werden sollten. Als erster Baustein wurde eine Banner-Aktion gestartet und ein radikaler Perspektivenwechsel eingefordert: Es ging vor allem um die Abkehr von der vorherrschenden Sündenbockpolitik. Als weiteren Anstoß für einen Blickwechsel verstand der Planerladen auch die mit anderen Institutionen (u. a. Mieterverein Dortmund, Obdachlosenzeitschrift „bodo") organisierte Veranstaltung zur Situation der Roma im Viertel Stolipinowo in Plowdiv (Bulgarien). Durch die zugehende und aktivierende Ansprache im Vorfeld der mit ca. 150 Menschen gut besuchten Vorführung des Dokumentarfilms „Im Ghetto – die Roma von Stolipinowo" in einem Stadtteiltheater, konnten die Mitarbeiter_innen des Planerladen auch Neuzuwander_innen zur Teilnahme mobilisieren. Tatsächlich hatte die Banner-Aktion dafür eine erste Vertrauensbasis geschaffen. In das anschließende Podiumsgespräch brachten sich auch die ca. 30 Vertreter_innen aus den Reihen der EU-Neubürger_innen aus Bulgarien aktiv ein (Staubach 2013, S. 43 ff.). Erstmals wurde nicht „über", sondern „mit" ihnen geredet!

Der Planerladen begleitete ab Herbst 2013 über mehrere Monate den Prozess der Gründung einer Selbstorganisation von Zuwander_innen aus Bulgarien und Rumänien als Solidaritäts- und Freundschaftsverein der Neuzuwanderer Dortmund e.V. mit heute über 70 Mitgliedern – darunter auch Roma. Als EU-Bürger_innen steht diesen ein Wahlrecht auf der kommunalen Ebene zu. Kurz vor den Kommunalwahlen 2014 fand auf Initiative des vom Planerladen mit über 30 Kooperationspartner_innen gegründeten freundeskreis nEUbürger und roma eine

Diskussionsveranstaltung mit den zu dieser Zeit im Rat vertretenen demokratischen Parteien statt. Im Anschluss daran stellte sich der bis dahin amtierende und schließlich auch neue Oberbürgermeister den Fragen der ca. 100 Neuzuwander_innen und hieß diese in Dortmund willkommen.

3.3 Erfolgsfaktoren gelingender sozialräumlicher Aktivierung und Beteiligung

In der Nordstadt ist bis in die jüngste Vergangenheit eine ausgesprochen geringe Präsenz sozial benachteiligter Haushalte sowie generell auch von Migrant_innen bei den Beteiligungsangeboten an den verschiedenen Programmen der Sozialen Stadt zu konstatieren. Seitens der institutionellen Akteure wurde dies stets mit fehlender Beteiligungs- und Engagementbereitschaft der betreffenden Haushalte erklärt. Es sei eben ungemein schwer, an die Betroffenen heranzukommen und diese einzubinden, da sich diese in ihre abgeschotteten Parallelgesellschaften zurückzögen.

Die Erfahrungen des Planerlades sprechen allerdings dafür, dass diese offensichtlichen Selektivitäten zum einen wesentlich dem Charakter und den Formaten der jeweiligen Beteiligungsangebote geschuldet sind. Beteiligungsrunden, in denen die politischen, administrativen und sonstigen institutionellen Stakeholder nicht nur zahlenmäßig Dominanz zeigen, fehlt es deutlich an Zugangsoffenheit für nicht organisierte Bewohner_innen. Zum anderen erweist sich die geringe Interkulturelle Öffnung vieler institutioneller Akteur_innen als massive Zugangsbarriere.

Neben Kultur- und Sprachvermittlern ist der Dialog auf Augenhöhe eine Voraussetzung für gelingende Kommunikation. Dabei muss zugleich auf geeignete Formate der Ansprache zurückgegriffen werden (u. a. aufsuchende Arbeit). Ist durch praktische Hilfen und verlässliche Kommunikation erst eine tragfähige Vertrauensbasis aufgebaut, stellt sich schrittweise auch die vielfach eingeforderte Kooperations- und Mitwirkungsbereitschaft ein (vgl. Kabis-Staubach und Staubach 2012). Bei der Ansprache der Neuzuwander_innen aus Südosteuropa waren seitens des Planerladen zunächst vor allem auch Türkisch sprechende Mitarbeiter_innen im Einsatz. Zusammen mit dem über die Banner-Aktion erarbeiteten Vertrauensvorschuss konnte so relativ unvermittelt ein Kontakt zunächst zu den oft auch Türkisch sprechenden Bulgar_innen aufgebaut werden. Die interkulturelle Zusammensetzung des Teams wird von der Klientel auch als Signal der eindeutigen Wertschätzung von Vielfalt und Anerkennung von Differenz wahrgenommen (vgl. Hanhörster und Reimann 2007, S. 15).

Beteiligung im Stadtteil

Literatur

Filsinger, Dieter 2005: Strategien eines interkulturellen Quartiersmanagements. In: „Einbeziehung von Migrantenvereinen, -initiativen und -selbstorganisationen in stadtteilbezogene Handlungsstrategien" Dokumentation der E&C-Zielgruppenkonferenz vom 25. und 26. Mai 2005, S. 32-40, Online: http://www.eundc.de/pdf/37008.pdf (13.12.2010).

Froessler, Rolf/Lang, Markus/Selle, Klaus/Staubach, Reiner (Hrsg.) 1994: Lokale Partnerschaften – Die Erneuerung benachteiligter Quartiere in europäischen Städten. Basel.

Hallenberg, Bernd 2014: „Prekäre Wahlen?" – Ja, aber! Zur steigenden sozialräumlichen Selektivität der demokratischen Teilhabe. In: vhw FWS 2 / März – April 2014, S. 108-111, Online: http://www.vhw.de/fileadmin/user_upload/Forum_Wohneigentum/PDF_Dokumente/2014/2_2014/FWS_2_14_Hallenberg.pdf?mct-cid=19b36dc0-922c-4018-a408-cece2c3dc627&mct-uid=5357ab1114711 (23.04.2014).

Hanhörster, Heike/Reimann, Bettina 2007: Evaluierung der Partizipation im Rahmen der Berliner Quartiersverfahren. Gutachten unter besonderer Berücksichtigung der Aktivierung von Berlinerinnen und Berlinern mit migrantischer Herkunft. Berlin, Online: http://www.stadtentwicklung.berlin.de/wohnen/quartiersmanagement/de/evaluation/download/bericht_evaluierung_partizipation.pdf (16.11.2015).

Hinte, Wolfgang 2001: Bewohner ermutigen, aktivieren, organisieren. Methoden und Strukturen für ein effektives Quartiermanagement (Stand: 9/2001), Online: www.stadtteilarbeit.de/Seiten/Theorie/Hinte/Quartiermanagement.htm (06.01.2010).

IfS – Institut für Stadtforschung und Strukturpolitik 2011: Partizipation vor Ort (Endbericht). Berlin, Online: http://www.vernetzung-migration-hamburg.de/fileadmin/user_upload/zentrale-pdf/Sudie_PartizipationMSO_April13.pdf (28.05.2016).

IfS – Institut für Stadtforschung und Strukturpolitik/IfP – Institut für Politikwissenschaften Universität Duisburg-Essen 2008: Analyse qualitativer Prozesse bei der Umsetzung des Programms „Soziale Stadt NRW". Essen.

IRS – Institut für Regionalentwicklung und Strukturplanung (Hrsg.) 2014: Netzwerke in der sozialwissenschaftlichen Raumforschung. In: IRS Aktuell – Magazin für sozialwissenschaftliche Raumforschung No. 78, März 2014, S. 5-7.

Kabis-Staubach, Tülin/Staubach, Reiner 2012: Beteiligungslust? Beteiligungsfrust! – Partizipation und Aktivierung vor dem Hintergrund gesellschaftlicher Entsolidarisierungsprozesse. In: vhw FWS 1 / Januar – Februar 2012, S. 17-22.

Selle, Klaus 2002: Zur sozialen Selektivität planungsbezogener Kommunikation – Angebote, Probleme und Folgerungen. In: Harth, Annette/Scheller, Gitta/Tessin, Wulf (Hrsg.): Stadt und soziale Ungleichheit. Opladen, S. 293-309.

Selle, Klaus (Hrsg.) 2013: Über Bürgerbeteiligung hinaus: Stadtentwicklung als Gemeinschaftsaufgabe? Detmold.

Staubach, Reiner 2010: „Integrationsstadtteile" – in den Städten übernehmen meist bestimmte Stadtteile und Quartiere die Aufgabe der Integration von Migranten. In: Fachausschuss Haushalt und Wohnen der Deutschen Gesellschaft für Hauswirtschaft e. V. (Hrsg.): Wohnen – Facetten des Alltags. Baltmannsweiler, S. 136-148.

Staubach, Reiner 2013: Der Planerladen e. V. in der Dortmunder Nordstadt: Von der „Hinterraumplanung" zum Aufbau eines Praxisnetzwerkes zur integrierten Stadtteil- und Quartiersentwicklung. In: Bömer, Hermann/Zimmermann, Daniel (Hrsg.): Stadtentwicklung in Dortmund seit 1945. Dortmund, S. 19-57.

Staubach, Reiner 2014: Zuwanderung aus Südosteuropa. Diskurs, Medienresonanz und Reaktionen auf die Herausforderungen der (Neu-)Zuwanderung am Beispiel der Dortmunder Nordstadt. In: Bundesamt für Bau-, Stadt- und Raumforschung (Hrsg.): Informationen zur Raumentwicklung, Heft 6/2014.

Strohmeier, Klaus Peter/Kersting, Volker 2003: Segregierte Armut in der Stadtgesellschaft – Problemstrukturen und Handlungskonzepte im Stadtteil. In: BBR (Hrsg.): Informationen zur Raumentwicklung – Soziale Benachteiligung und Stadtentwicklung, Heft 3/4 2003. Bonn, S. 231-246.

Strohmeier, Klaus Peter 2010: Soziale Segregation – Herausforderung der Städte im 21. Jahrhundert. In: Friedrich-Ebert-Stiftung (Hrsg.): Das Programm Soziale Stadt – Kluge Städtebauförderung für die Zukunft der Städte. Bonn, S. 66-83.

Vester, Michael 2009: Soziale Milieus und die Schieflagen politischer Repräsentation. In: Linden, Markus/Thaa, Winfried (Hrsg.): Die politische Repräsentation von Fremden und Armen. Baden-Baden, S. 21-59.

Juliane Meinhold
Der Bundesfreiwilligendienst mit Flüchtlingsbezug

1. Vorbemerkung

Im September 2015 machte sich das Bundesministerium für Familie, Senioren, Frauen und Jugend (BMFSFJ) für zusätzliche Plätze im Bundesfreiwilligendienst (BFD)[1] stark, zunächst mit der Perspektive auf ein Jahr. Mehr Freiwillige sollten sich in der Flüchtlingshilfe engagieren und Geflüchtete sollten unter flexiblen Bedingungen die Möglichkeit erhalten, einen Freiwilligendienst wahrnehmen zu können. Das Vorhaben wurde von Anfang an von allen verbandlichen Zentralstellen unterstützt, obwohl eine Kritik bei aller Zustimmung immer deutlich geäußert wurde: Es schade den Freiwilligendiensten insgesamt, wenn Sonderregelungen nur für ein Format geschaffen werden. Es sei vielmehr sinnvoller, das Programm für die Jugendfreiwilligendienste – Freiwilliges Soziales Jahr (FSJ) und Freiwilliges Ökologisches Jahr (FÖJ) – und den BFD gleichsam zu öffnen. So werde erhebliches Umsetzungspotenzial mit einer Vielfalt von Trägern und Einsatzstellen links liegen gelassen. Außerdem wurde von verbandlicher Seite die Bedingung gestellt, dass das Sonderprogramm auf mindestens drei Jahre ausgeweitet wird, da eine einjährige Umsetzungszeit schlicht unmöglich sei und von Nachhaltigkeit keine Spur bleibe. Das BMFSFJ ist mit Unterstützung des Bundesfinanzministeriums zumindest auf diese Forderung eingegangen, das Sonderprogramm läuft bis zum 31. Dezember 2018. In Höchstgeschwindigkeit wurde die gesetzliche Grundlage § 18 Bundesfreiwilligendienstgesetz (BFDG) vom Gesetzgeber verabschiedet und die weiteren Rahmenbedingungen für die Umsetzung mit allen Zentralstellen verhandelt. Der Startschuss fiel am 1. Dezember 2015.

Neben den vielen Interessierten, die sich in der Flüchtlingshilfe engagieren wollen, liegt das besondere Augenmerk der Zentralstellen im BFD mit Flüchtlingsbezug auf geflüchteten Menschen. Die Herausforderung war allen Freiwilligendienstakteuren von Beginn an bewusst, denn schon immer wurden auch geflüchtete Menschen in die Freiwilligendienste integriert. Dies aber sehr vereinzelt und häufig durch Zufälle bedingt. Strukturiert ein Angebot zu entwickeln, Zugänge zu schaffen, Informationen für eine breite Zielgruppe zur Verfügung zu

---
1 Detaillierte Informationen zum BFD und den Jugendfreiwilligendiensten FSJ und FÖJ finden sich unter www.bundesfreiwilligendienst.de und http://www.bmfsfj.de/BMFSFJ/Freiwilliges-Engagement/fsj-foej.html.

stellen, Einsatzstellen zu gewinnen und eine adäquate Begleitung zuzusichern, erfordert eine hohe Bereitschaft sowie zusätzliche personelle und zeitliche Kapazitäten bei Freiwilligendienstträgern und Einsatzstellen.

Im Mai 2016 sind von möglichen 10.000 zusätzlichen Verträgen im Sonderprogramm BFD mit Flüchtlingsbezug bundesweit ca. 2900 Plätze besetzt. Etwa 800 Freiwillige sind geflüchtete Menschen, die sich für einen BFD entschieden haben. Es sind zumeist Männer zwischen 20 und 40 Jahren im laufenden Asylverfahren. Die Vielfältigkeit der Herkunftsländer Asylsuchender bildet sich auch hier ab. Sie finden sich in den klassischen Einsatzfeldern der Freiwilligendienste (Soziales, Sport, Kultur) und auch gezielt in der Flüchtlingshilfe wieder.[2]

2. Der Wille des Gesetzgebers: ein flexibles Integrationsangebot für eine eingeschränkte Zielgruppe

2.1 Wer darf und wer darf nicht?

In § 18 BFDG wird der Wille des Gesetzgebers erkennbar, die Möglichkeit eines BFDs nur den geflüchteten Menschen zukommen zu lassen, die eine Bleibeperspektive in Deutschland haben. Eindeutig ausgeschlossen vom Sonderprogramm sind somit Menschen aus sicheren Herkunftsstaaten. Weniger eindeutig, aber mit Aussage des BMFSFJ bestätigt, sind darüber hinaus auch geflüchtete Menschen mit dem Status asylsuchend mit einem sogenannten Ankunftsnachweis (vorher BÜMA-Bescheinigung über die Meldung als Asylsuchender) nicht zugelassen. Dies sind Menschen, die häufig aufgrund der langsamen Bürokratie vor Ort seit Monaten keine Gelegenheit hatten, den formalen Asylantrag zu stellen und in Aufnahmeeinrichtungen verharren. Weiterhin keinen Zugang haben geflüchtete Menschen, deren Asylantrag abgelehnt wurde, welche jedoch mit dem Status einer Duldung häufig über lange Zeit in Deutschland leben. Das Sonderprogramm steht somit Menschen im laufenden Asylverfahren und Menschen mit einem anerkannten Asylantrag zu. Menschen im laufenden Asylverfahren müssen mindestens drei bis sechs Monate in Deutschland sein (je nach Bundeslandregelung) und die Beschäftigungserlaubnis der Ausländerbehörde erhalten. Einer Vorrangprüfung durch die Bundesagentur für Arbeit bedarf es nicht.

---

2   Zum Zeitpunkt der Erstellung des Artikels liegen außer den absoluten Zahlen aus der Statistik des Bundesamtes für Familie und zivilgesellschaftliche Aufgaben (BAFzA) keine weiteren gesicherten empirischen Grundlagen in Bezug auf die Umsetzung des Sonderprogrammes vor. Die Aussagen der Autorin beziehen sich auf die Sammlung erster Erfahrungswerte von Zentralstellen und Freiwilligendienstträgern in der Zusammenarbeit mit geflüchteten Menschen im BFD mit Flüchtlingsbezug und können daher nur einen ersten Eindruck vermitteln.

Der Bundesfreiwilligendienst mit Flüchtlingsbezug

2.2 Flexible Ausgestaltung des Dienstes

Der Vorteil des Sonderprogrammes im Vergleich zum Regel-BFD ist eine höhere Flexibilität in der Ausgestaltung des Dienstes. Im Sonderprogramm gilt für alle Altersgruppen die Teilzeitmöglichkeit (mindestens 20 Stunden die Woche). Dies ist für viele geflüchtete Menschen entscheidend, da parallel andere Integrationsangebote wahrgenommen werden können. Im Regel-BFD besteht die Teilzeitmöglichkeit erst für Freiwillige ab 27 Jahren. Auch das pädagogische Angebot kann sehr individuell auf die Möglichkeiten und Bedarfe der Zielgruppe abgestimmt werden. Für die unter 27-Jährigen besteht keine Pflicht zur Teilnahme an einem Seminar zur politischen Bildung in einem Bildungszentrum des Bundes. Es kann verstärkt die individuelle Begleitung durch den Freiwilligendienstträger oder die Einsatzstelle in den Fokus genommen werden, wenn dies sinnvoller erscheint. Auch Angebote zum Spracherwerb können in den Dienst integriert und kostenerstattet werden. Insgesamt fällt die Förderung für die pädagogische Begleitung für die Zielgruppe mit 200 Euro pro Freiwilligen pro Dienstmonat höher aus.

Darüber hinaus gelten die gleichen Rahmenbedingungen wie im Regel-BFD. Die Freiwilligen sind gesetzlich sozialversichert. Insbesondere die gesetzliche Krankenversicherung spielt eine große Rolle. Hier können Geflüchtete über den Versichertenstatus die normalen Krankenkassenleistungen wahrnehmen und kommen aus der Basisversorgung mit Genehmigungsvorbehalt der Kommunen raus. Dies ist beispielsweise für die Inanspruchnahme psychotherapeutischer Leistungen von Bedeutung.

Als problematisch erweist sich jedoch die Taschengeldregelung. Gemäß BFDG steht auch geflüchteten Menschen im BFD ein Taschengeld zu. Allerdings greifen die Anrechnungsregelungen je nach Status der Freiwilligen. Im laufenden Asylverfahren greift das Asylbewerberleistungsgesetz. Damit bleiben in den ersten 15 Monaten des Aufenthaltes nur 25 Prozent des Taschengeldes anrechnungsfrei, ab Monat 16 dann 30 Prozent. Von einem bewusst geringen Taschengeld bleibt also nur ein Bruchteil übrig. Befinden sich die Freiwilligen im Rahmen ihrer Aufenthaltserlaubnis im Leistungsbezug des SGB II, gilt dagegen der Freibetrag von max. 200 Euro.

2.3 „Die guten ins Töpfchen ..."

Der Status der Interessierten, die sich im BFD engagieren möchten, entscheidet, ob sie dies unter den Bedingungen des Sonderformates tun können oder im Regel-BFD. Beispielsweise in NRW oder auch Berlin zeigen sich viele Geflüchtete mit einem Ankunftsnachweis am Angebot des BFDs interessiert. Vom BFD mit Flüchtlingsbezug sind sie ausgeschlossen, da der Wortlaut des § 18 BFDG von

Asylbewerber_innen und nicht auch von Asylsuchenden spricht. So auch die offizielle Begründung des BMFSFJ.

Die meisten Geflüchteten zeigen unabhängig von ihrem Status sehr ähnliche Unterstützungsbedarfe, wie einen höheren Bedarf an individueller Begleitung und die Notwendigkeit des Spracherwerbs. Was im Sonderformat mitgedacht und möglich ist, ist im Regel-BFD aufgrund der engeren Rahmenbedingungen und geringeren Refinanzierung kaum umsetzbar. Die Mitarbeiter_innen der Freiwilligendienstträger und Einsatzstellen stehen vor einer Selektionssituation: „Die guten ins Töpfchen ...". Der Protest der Freiwilligendienstträger und ihrer Zentralstellen auf Ministeriumsebene wurde mit Hinweis auf den Willen des Gesetzgebers – zwar mit Bedauern – aber ohne Aussicht auf Änderung zur Kenntnis genommen.

3. Wie wirbt man für einen Bundesfreiwilligendienst mit Flüchtlingsbezug und vor allem warum?

Es verwundert nicht, wenn das Angebot Engagement statt Arbeit zunächst sehr skeptisch von geflüchteten Menschen aufgenommen wird. Oberste Priorität für diese Menschen ist, möglichst schnell Normalität herzustellen. Dazu gehört neben Sicherheit, eigenem Wohnraum, ausreichend Ernährung, Gesundheitsversorgung, Teilhabe an Bildung/Ausbildung und dem Aufbau sozialer Netzwerke natürlich die Schaffung von Erwerbseinkommen. Das Konstrukt „Freiwilligendienst" als halb- bis ganztägige Beschäftigung für ein Taschengeld bedarf daher vieler Erklärungen in möglichst vielen Sprachen. Allein dies kostet Einsatzstellen und Freiwilligendienstträgern Wochen an Vorbereitung.

Selbstverständlich ist die Idee von freiwilligem Engagement nicht nur fernliegend. Wird nach Monaten des Aufenthaltes deutlich, dass eine Erwerbsarbeit in weiter Zukunft liegt, ist jedes Angebot von sinnstiftender Beschäftigung willkommen. Nicht selten wird die Motivation geäußert, der deutschen Gesellschaft etwas zurückgeben zu wollen oder sich als Geflüchtete_r für Geflüchtete einzusetzen. Das Argument, mit einem Freiwilligendienst ein bisschen Normalität herstellen zu können, also Alltag zu kreieren, beschäftigt zu sein, die deutsche Sprache zu lernen, soziale Kontakte herzustellen und die deutsche Arbeitswelt kennenzulernen, überzeugt dann erst recht. Die Attraktivität eines Freiwilligendienstes hängt jedoch maßgeblich von vorhandenen Alternativen zur schnellen Integration in den Arbeitsmarkt ab, welche sich regional sehr unterschiedlich gestalten.

4. Über die eigenen Möglichkeiten und Grenzen

Die ersten Umsetzungsmonate des BFD mit geflüchteten Menschen sind durch kreative Öffentlichkeitsarbeit für Interessierte und für Einsatzstellen gekennzeichnet. Die Frage nach Zugängen spielt dabei eine zentrale Rolle. Verbandliche Zentralstellen wie die der Wohlfahrtspflege haben es da über ihre Angebots- und Mitgliederstrukturen vermutlich leichter als die Anbieter aus Kultur, Sport und Ökologie. Als besondere Herausforderung stellt sich darüber hinaus jedoch die Schaffung möglichst hoher Passgenauigkeit zwischen den Vorstellungen der Interessierten und den Angeboten der konkreten Einsatzstellen dar: Können die mehr oder weniger guten Sprachkenntnisse der Freiwilligen in den Strukturen der Einsatzstellen kompensiert und gefördert werden? Sind die Interessen, Arbeits-, Berufs- oder Engagementerfahrungen und Kompetenzen der Interessierten mit den Anforderungen des Einsatzbereiches vergleichbar? Hat die Einsatzstelle die nötigen Ressourcen, eine enge individuelle Begleitung und fachliche Anleitung während der Dienstzeit sicherzustellen? Wie weit sind beide Seiten in Bezug auf außergewöhnliche Situationen aufgrund von Fluchterfahrungen und Traumatisierungen sensibilisiert und können in den Einsatzstellen Bewältigungsstrategien entwickelt werden? Welche Rolle muss und kann der Freiwilligendienstträger als unterstützender Akteur zwischen den Freiwilligen und den Einsatzstellen einnehmen?

5. Von der Interessensbekundung zum Vertragsabschluss: Lebens- und Behördenrealitäten

Kennzeichnend für den gesamten Prozess der Interessensbekundung bis zum erfolgreichen Abschluss einer BFD-Vereinbarung sind die Auswirkungen der unsicheren Lebenslagen der geflüchteten Menschen. Trotz des Willens der Interessierten und der hohen Qualität in der Kommunikation durch die Mitarbeiter_innen der Träger und Einsatzstellen, kommen viele BFD-Vereinbarungen letztlich nicht zustande. Gründe wie Wohnortwechsel, angespannte Familiensituationen, gesundheitliche Einschränkungen sind mindestens genauso häufig wie Bürokratiehürden. Oft steht und fällt die Entscheidung mit dem Agieren der zuständigen Ausländerbehörde. Hier zeichnete sich besonders zu Beginn des Programmes ein hohes Maß an Unkenntnis zum Thema Freiwilligendienste ab. Die Bewertung zur Erteilung einer Beschäftigungserlaubnis oder die Ausübung der Anrechnungsregelungen des Taschengeldes fallen noch immer von Behörde zu Behörde unterschiedlich aus. Dabei reicht das Spektrum von der Nichterteilung der Beschäftigungserlaubnis bis hin zur kompletten Anrechnung des Taschengeldes. Allein die Klärung, ob die Vereinbarung zum BFD schon unterschrieben der Ausländerbehörde vorliegen muss, damit diese entscheiden kann oder überhaupt erst unterschrieben werden darf, wenn die Behörde entschieden hat, kann Tage der Kommunikation in Anspruch nehmen. Selbst Klarstellungen des Bundesministeriums für Arbeit und Soziales (BMAS) helfen an dieser Stelle nicht. Der rechtsstaatliche Verweis auf das Widerspruchsverfahren und den Klageweg sind theoretisch richtig aber real absurd.

6. Bewährte Grundsätze und neue Konzepte

Die bewerten Grundsätze der Freiwilligendienste gelten trotz flexibler Handhabung selbstverständlich auch im BFD mit Flüchtlingsbezug. Es handelt sich um eine besondere Form des bürgerschaftlichen Engagements und einen Bildungsdienst. Dieser ermöglicht die sinnvolle, gemeinwohlorientierte sowie arbeitsmarktneutrale Betätigung. Aspekte der Persönlichkeitsentwicklung, Berufsorientierung und des Kompetenzerwerbs werden nach dem Prinzip der Ergebnisoffenheit in Bildungskonzepten und Reflexionsangeboten umgesetzt. Und doch zeigen sich mit der Zielgruppe der geflüchteten Menschen eigene Anforderungen. So ist die Notwendigkeit einer kontinuierlichen Ansprechperson, die für Beratung und Begleitung zur Verfügung steht, noch dringlicher. Themen, wie beispielsweise das Erfordernis eines polizeilichen Führungszeugnisses beim Einsatz in der Kinder- und Jugendhilfe als Anlass für eine Sensibilisierung zum Thema Kinder- und Jugendschutz nach deutschen Regeln, müssen anders gedacht und aufbereitet werden. Die Seminar- und Bildungstageangebote bedürfen eines guten Gleichgewichts zwischen Kompetenzerwerb und Raum für Gespräche, Austausch sowie Reflexion. Ansätze von exklusiven mehrsprachigen oder inklusiven vorrangig deutschsprachigen Bildungsgruppen, Gestaltung von Spracherwerbsangeboten, Patenschaften oder Tandems sowie individuelle Förderungen – z. B. in Form von Bewerbungstrainings – werden aktuell erprobt und die Erfahrungen untereinander ausgetauscht. Ein Patentrezept wird es hier nicht geben. Freiwilligendienstträger und Einsatzstellen zeigen sich in hohem Maße kreativ, um jeden einzelnen Dienst der Freiwilligen mit Fluchterfahrung so erfolgreich wie möglich zu gestalten.

7. Was fordert uns heraus?

Die Zusammenarbeit mit Menschen mit Fluchterfahrungen spiegelt in der Praxis der Freiwilligendiensträger und Einsatzstellen sehr schnell wider, ob die Konzepte von Inklusion und Interkultureller Öffnung in den Angebotsstrukturen auch gelebt werden können. Die Mitarbeiter_innen der Freiwilligendienste stehen vor der Aufgabe, Ressentiments mit Haltung zu begegnen und den Inklusionsansatz mit Leben zu füllen. Umgekehrt gilt es auch eigene Perspektiven zu überwinden. Aus einem Geben darf auch ein Nehmen werden. Was können unsere Strukturen von den Freiwilligen lernen? Welche Kompetenzen und Erfahrungen können von Freiwilligen aus anderen Ländern in die Freiwilligendienste eingebracht werden? Der Bundesfreiwilligendienst mit Flüchtlingsbezug bietet ein Lernfeld für alle Beteiligten. Es gilt, dieses zu nutzen.

5. Kapitel

Engagementformen, -kontexte und -förderung

Siglinde Naumann
Einführung

„Engagementformen, -kontexte und -förderung" lautet der Titel dieses Kapitels, in dem der Bogen von Förderkonzepten der Bundesländer für Engagement bis hin zum informellen, gelebten Engagement in Familie, Nachbarschaft und Freundeskreisen gespannt wird.

Karin Weiss weckt in ihrem Beitrag „Engagementförderung im Kontext gesellschaftlicher Rahmenbedingungen und staatlichen Handelns. Migrantenorganisationen in Ost- und Westdeutschland" ein Verständnis dafür wie Migrantenorganisationen als Interessenvertreter agieren können. Allerdings bestehen große Unterschiede hinsichtlich ihrer Entwicklungschancen, die mit der regionalen Migrationsgeschichte und den Rahmenbedingungen für die Migration, wie dem Arbeitsmarkt, eng verwoben sind. Diese heterogenen Bedingungen seien stärker in die Forschung einzubeziehen. Sie ruft dazu auf, solche Diversitäten bei der Entwicklung von Förderstrukturen zu berücksichtigen.

Das Thema „Flüchtlingsarbeit" wird von *Uli Glaser* in seinem Beitrag „Koordination bürgerschaftlichen Engagements in der Flüchtlingshilfe. Vernetzung in der Kommune – das Beispiel Nürnberg" aufgegriffen. Er beschreibt das ehrenamtliche Freiwilligen- und Angebotsmanagement in der Stadt Nurnberg. *Gudrun Kirchhoff* und *Bettina Reimann* eröffnen eine Perspektive auf Klein-und Mittelstädte im ländlichen Raum. In ihrem Beitrag „Vielfalt – Herausforderung und Chance für Klein- und Mittelstädte" beschreiben sie Gelingensfaktoren für eine erfolgreiche Integrationspolitik für zugewanderte Geflüchtete in diesem Feld.

Nachdem die vorausgegangenen Beiträge auf die Rahmenbedingungen für die Partizipation von Zugewanderten in Ländern, Regionen und Kommunen ausgerichtet waren, wird in dem Beitrag von *Michael May* „AMIQUS – Ältere Migrantinnen und Migranten im Quartier. Unterstützung und Initiierung von Selbsthilfe und Selbstorganisation" ein Perspektivwechsel vollzogen. Sein Blick richtet sich auf die selbstorganisierten Formen wechselseitiger Unterstützung älterer Migrant_innen im Alltag. Er geht der Frage nach, wie Forschungsdesigns dazu beitragen können, alltagsgebundene Formen der Selbsthilfe und des Engagements besser sichtbar zu machen. Er kommt zu dem Schluss: Lediglich die Form, nicht das Ausmaß bürgerschaftlichen Engagements älterer Migrant_innen ist bildungsabhängig. Die Erkenntnisse aus dem Forschungsprojekt AMIQUS verweisen darauf, dass diejenigen, die in ihren Herkunftsländern eine institutionelle Bildungskarriere durchlaufen hatten, auch eher in der Lage sind, institutionalisierte

Unterstützungsformen für ihr Engagement zu eruieren und in Anspruch zu nehmen. Vor diesem Hintergrund stellt sich die Frage, ob nicht sehr viel mehr Aufmerksamkeit in der Engagementforschung darauf zu richten ist, selbstorganisierte Unterstützungsformen überhaupt differenziert zu identifizieren und auf dieser Basis mit den Akteur_innen gemeinsam sinnvolle Unterstützungsstrukturen zu schaffen.

In den folgenden Beiträgen geht es ebenfalls um stark lebensweltlich geprägte Engagementformen. *Ansgar Drücker* reflektiert in seinem Artikel „Jugend und junges Erwachsenenalter" die Bedeutung von Vereinen junger Menschen mit Migrationshintergrund für ihre aber auch für die gesellschaftliche Entwicklung. *Carina Großer-Kaya* und *Özcan Karadeniz* beschreiben in ihrem Beitrag „Väter auf dem Weg – Erfahrungen und Herausforderungen der interkulturellen Väterarbeit" Erfahrungen und Handlungsansätze aus dem Projekt „Stark für Kinder – Väter in interkulturellen Familien" das von 2011 bis 2014 vom Verband binationaler Familien in Leipzig durchgeführt wurde.

Karin Weiss
Engagementförderung im Kontext gesellschaftlicher Rahmenbedingungen und staatlichen Handelns
Migrantenorganisationen in Ost- und Westdeutschland

1. Vorbemerkung

Die Rolle der Migrantenorganisationen für den Integrationsprozess ist in den vergangenen Jahren immer mehr in den Fokus der wissenschaftlichen und fachpolitischen Debatte gerückt. Heute fördern alle Bundesländer Migrantenorganisationen, wenn auch in unterschiedlichen Formen, und Migrantenorganisationen sind über die verschiedensten Wege an der Integrationsarbeit beteiligt. Während sich in der Praxis bei Bund, Ländern und Kommunen durchaus unterschiedliche Formen der materiellen wie auch immateriellen Unterstützung entwickelt haben, gibt es jedoch kaum systematische Überlegungen, warum und auf welcher Grundlage sich Migrantenorganisationen unterschiedlich entwickeln, und welchen Einfluss dabei migrationspolitische Entwicklungen in der jeweiligen Region haben. Am Beispiel der unterschiedlichen Migrationsbewegungen in Ost- und Westdeutschland lässt sich aufzeigen, wie sich die Geschichte der Migration auf die Form und Arbeitsweise von Migrantenorganisationen auswirkt.

Zunächst ist jedoch festzustellen, dass es nach wie vor unklar ist, was genau unter einer Migrantenorganisation zu verstehen ist. Die Wissenschaft bleibt hier sehr vage. So definiert z. B. Pries (2010, S. 16) Migrantenorganisationen als solche Zusammenschlüsse, die ein erhebliches Ausmaß an Mitgliedern mit Migrationshintergrund haben und sich migrationsrelevanten Themen und Aufgaben widmen. Als Migrantenorganisation können somit vom türkischen Unternehmerverband über den Moscheeverein bis zum Fußballverein eine Vielzahl von Zusammenschlüssen bezeichnet werden. Das Spektrum der Migrantenorganisationen ist damit sehr heterogen (vgl. Weiss und Thränhardt 2005; Weiss 2013).

2. Migration in Ost- und Westdeutschland

Integrationspolitik gestaltet sich in den Bundesländern unterschiedlich. Die jeweilige Integrationspolitik ist abhängig von den Voraussetzungen im Bundesland, wie z. B. Zahl und Herkunftsländer der Menschen mit Migrationshintergrund,

Bildungsstand, Arbeitsmarktintegration usw., von der politischen Grundhaltung der Integrationsarbeit und von den institutionellen Rahmenbedingungen, unter denen sich Integrationsarbeit vollzieht. Zwischen einem ostdeutschen Bundesland und einem westdeutschen bestehen deutliche Unterschiede in den Voraussetzungen und Herausforderungen, aber auch in der politischen Haltung und den institutionellen Rahmenbedingungen.

War die alte Bundesrepublik von ihrer ersten Stunde an ein Zuwanderungsgebiet, so war die DDR von Anfang an von Abwanderung geprägt. Bestand die Hauptsäule der Zuwanderung in die Bundesrepublik aus der ökonomisch bedingten Arbeitskräftemigration, gab es eine Migration in größerem Umfang in die DDR erst relativ kurz vor ihrem Ende. Die DDR nahm zwar Lehrlinge und Studierende auf, auch erhielten einige politische Flüchtlinge in der DDR Asyl, jedoch blieben die Zahlen insgesamt sehr gering. Erst mit Beginn der 1980er-Jahre kann von einer Arbeitsmigration im größeren Umfang gesprochen werden. Am Ende arbeiteten insgesamt ca. 90.000 Vertragsarbeiter_innen in der DDR, die Mehrheit davon war erst nach 1986 in die DDR gekommen. Die einzige größere Zuwanderungsgruppe war die Gruppe der Vietnamesen, die fast alle als sogenannte Vertragsarbeiter_innen in die DDR kamen. Insgesamt blieben die Zahlen der Zugewanderten aber sehr gering, Selbstorganisationen waren verboten. Zuwanderung war kein politisches Thema und keine erlebbare Alltagserfahrung (vgl. Weiss und Dennis 2005).

Nach der Wende prägte vor allem Abwanderung die ostdeutschen Bundesländer. Die neue Zuwanderung konnte die Abwanderung der einheimischen Bevölkerung nicht kompensieren. Sie erfolgte fast ausschließlich als Zuwanderung per Zuweisung von Spätaussiedler_innen, Juden aus Russland, Asylbewerber_innen und Flüchtlingen. Die Arbeitsmigration kam zum Erliegen, da im Zuge der Wende der Arbeitsmarkt in weiten Teilen zusammenbrach. Für die ostdeutschen Bundesländer bedeutete das, dass sie vorwiegend diejenigen Zuwanderungsgruppen aufnahmen, die auf öffentliche Transfergelder angewiesen waren. Zuwanderung hatte also in Ostdeutschland nie eine ökonomische Perspektive, sondern war immer durch die Abhängigkeit von sozialen Transfers gekennzeichnet (Thränhardt 2007). Auch heute kommen als größere Gruppe vor allem Flüchtlinge in die ostdeutschen Bundesländer, die ebenfalls von öffentlichen Transferleistungen abhängig sind. Das Bild einer ökonomisch unproduktiven Zuwanderung erfährt so kein Korrektiv.

Insgesamt ist der Anteil von Zugewanderten in Ostdeutschland bis heute deutlich niedriger als in den westdeutschen Bundesländern; nach Angaben des Integrationsmonitoringberichts der Länder (Integrationsministerkonferenz 2015, S. 15) haben in Ostdeutschland ca. 4 Prozent der Bevölkerung einen Migrationshintergrund. Nur wenige Menschen aus der Türkei, Italien oder Griechenland

Engagementförderung

leben in den ostdeutschen Bundesländern. Dagegen haben z. B. in Rheinland-Pfalz mehr als 18 Prozent der Bevölkerung einen Migrationshintergrund, in Hamburg sind es sogar fast 27 Prozent. Sie stammen mehrheitlich aus den alten EU-Mitgliedsstaaten und aus der Türkei. Längst gibt es eine zweite und dritte oder auch schon vierte Generation, die bereits in Deutschland aufgewachsen ist und das hiesige Schulsystem durchlaufen hat. Gleichzeitig ist in den westdeutschen Bundesländern die Begegnung mit Zuwanderung überwiegend gelebter Alltag, während der Alltag in Ostdeutschland nach wie vor eher von Fremdheit in der Begegnung charakterisiert ist.

Während in den westdeutschen Bundesländern die Erhöhung der Bildungsabschlüsse für Menschen mit Migrationshintergrund ein wichtiges politisches Thema ist, war die Zuwanderung nach Ostdeutschland eine qualifizierte Zuwanderung, und die Bildungsfrage spielte kaum eine Rolle. Auch wenn die Verwertbarkeit der mitgebrachten Abschlüsse der ersten Zuwanderungsgeneration auf dem Arbeitsmarkt begrenzt war, bedeutete die hohe Qualifikation bzw. das ausgeprägte Bildungsbestreben doch ein bedeutendes kulturelles Kapital, das sich vor allem auch auf die nachwachsende Generation auswirkte. Gerade hinsichtlich der zweiten Generation der Zugewanderten zeigten die ostdeutschen Bundesländer lange sehr gute Ergebnisse, bis heute liegen die Bildungsabschlüsse der erwachsenen Migrationsbevölkerung deutlich über denen der Bevölkerung ohne Migrationshintergrund (Integrationsministerkonferenz 2015, S. 49).

Eine sehr große Hürde stellte vor allem die prekäre Arbeitsmarktsituation in Ostdeutschland dar. In einem Arbeitsmarkt, von dem auch die alteingesessene Bevölkerung zu einem erheblichen Anteil ausgeschlossen war, hatten Zugewanderte keine Chance. So blieb nur der Weg in die dauerhafte Erwerbslosigkeit oder in die geringfügige Beschäftigung. Im Ergebnis liegt damit das Armutsrisiko von Zugewanderten in Ostdeutschland bis heute weit über dem in den westdeutschen Bundesländern (Integrationsministerkonferenz 2015, S. 73). Politisch wurde das hohe Armutsrisiko allerdings kaum thematisiert, zu gering war die Zahl der Betroffenen. In dieser Situation suchten und suchen viele Zugewanderte in den ostdeutschen Ländern einen Ausweg durch Selbstständigkeit. Der Anteil der selbstständigen Zugewanderten liegt mit 18 bis 20 Prozent in den neuen Bundesländern doppelt so hoch wie in den alten Ländern (Integrationsministerkonferenz 2015, S. 65).

Konsequenterweise finden sich auch in der politischen Haltung und der integrationspolitischen Ausrichtung deutliche Unterschiede zwischen den ost- und den westdeutschen Bundesländern. Sehen die ostdeutschen Länder – aufgrund der geringen Zahlen und der guten Bildungsabschlüsse – kaum einen integrationspolitischen Handlungsbedarf (Integration ist „kein Thema"), so nimmt Integrationspolitik in den westdeutschen Ländern einen hohen politischen Schwerpunkt ein. Ausländer- und Flüchtlingsrecht, die Verbesserung der Lebensbedingungen von Flüchtlingen, die Interkulturelle Öffnung und auch die Schaffung von Chancengleichheit sind wichtige Bausteine der Politik. Zwei westdeutsche Bundesländer und auch Berlin haben inzwischen eigene Integrationsgesetze verabschiedet, ein weiteres ist in Bayern geplant.

Ost und West unterscheiden sich auch in ihren grundlegenden Strukturen der Integrationsarbeit: Nach wie vor liegt das Thema Integration in den ostdeutschen Bundesländern in den Händen kleiner Fachreferate bzw. von Beauftragten ohne operative Zuständigkeit. Dagegen gibt es in den meisten westdeutschen Bundesländern inzwischen große ausdifferenzierte Fachabteilungen mit teils erheblichen Fördermitteln. Lediglich Sachsen hat als politisches Zeichen eine eigene Integrationsministerin eingesetzt, die allerdings mit zwei Fachreferaten einen sehr begrenzten Wirkungskreis hat, zu dem vor allem die Auseinandersetzung mit Fremdenfeindlichkeit und Rassismus gehört. In Sachsen-Anhalt wurde mit der neuen Landesregierung 2016 die Integrationsbeauftragte des Landes in den Stand einer Staatssekretärin versetzt, der Aufgabenzuschnitt blieb jedoch unverändert.

Gerade die Themen Fremdenfeindlichkeit und Rassismus prägen bis heute die Integrationsarbeit in den ostdeutschen Bundesländern, da trotz geringer Zuwanderung kontinuierlich rechtsextremistische Vorfälle und hohe Wahlerfolge von rechten Parteien die Politik beunruhigten. Allerdings wurde dadurch das Thema Rechtsextremismus und Fremdenfeindlichkeit in Ostdeutschland (z. B. in Brandenburg mit dem Brandenburger Bündnis „Tolerantes Brandenburg") bereits vor vielen Jahren aufgegriffen und fast flächendeckend Strukturen zur Auseinandersetzung mit Rechtsextremismus und Fremdenfeindlichkeit geschaffen. Dagegen wurde dieses Thema in Westdeutschland zwar diskutiert und mit einigen Maßnahmen angegangen, hat aber erst mit den grausamen Morden des Nationalsozialistischen Untergrunds (NSU) einen neuen Stellenwert erhalten. Mit dem Entstehen der Alternative für Deutschland (AfD) und den großen Zuläufen insbesondere in den ostdeutschen Bundesländern, aber genauso auch den Wahlerfolgen in westdeutschen Ländern – wie im März 2016 –, hat diese Thematik eine neue Dimension erreicht.

3. Auswirkungen auf Migrantenorganisationen

Die unterschiedlichen Bedingungen und Entwicklungen der Zuwanderung haben Auswirkungen auf das bürgerschaftliche Engagement von Migrant_innen und ihren Vereinigungen. In den alten Bundesländern hatten die ersten Migrantenorganisationen eher die Pflege der kulturellen Traditionen zum Ziel, erst später wurden sie auch zur eigenen politischen Vertretung. Lange waren sie in den alten Bundesländern entlang der einzelnen Herkunftsländer gruppiert. Übergreifende

Organisationen, die die Interessen aller Zugewanderten zum Ziel hatten, bildeten sich erst später. Die meisten der Migrantenorganisationen wurden zunächst unter dem Dach von den großen deutschen Wohlfahrtsorganisationen gegründet, die sich zum Sprachrohr der Zugewanderten machten, ohne das diese ihre Interessen anfangs selbst vertraten. Eine Ablösung von diesen Dachorganisationen erfolgte erst nach und nach.

Die Gründungsgeschichte der Vereine in den ostdeutschen Bundesländern ist dagegen eine ganz andere. Nicht kulturelle oder religiöse Bedürfnisse waren der vorrangige Gründungsgrund. Die ökonomischen Probleme, aber vor allem die fremdenfeindlichen Ausschreitungen kurz nach der Wende führten zu einer Solidarisierung insbesondere innerhalb der vietnamesischen Gruppe, die als einzige größere ethnische Gruppe in Ostdeutschland besonders „sichtbar" war. So ist die Gründung des ersten vietnamesischen Vereins, Dien Hong in Rostock, direkt auf die Ereignisse von Rostock-Lichtenhagen zurückzuführen, wo Jugendliche die Wohnräume von Vietnamesen in Brand setzten, während die Bevölkerung die Ausschreitungen beobachtete und Beifall klatschte. Die Übergriffe waren der Auslöser für eine aktiv organisierte Selbstverteidigung sowohl physisch – im Sinne eines sich zur Wehr setzens gegen die Übergriffe – als auch im Sinne einer organisierten und erstmals öffentlichen Interessenvertretung. Gleichzeitig basierte sie auf der prägenden Erfahrung, vollständig auf sich selbst angewiesen zu sein, ohne Schutz und Hilfe des neuen vereinten Deutschlands, für das zu dieser Zeit ganz andere Themen eine Rolle spielten, als der Schutz von Zugewanderten. Auf der anderen Seite führten die Übergriffe dann auch bei den Kommunen und Ländern zu der Erkenntnis, hier tätig werden zu müssen, und damit zu der Bereitschaft, entsprechende Initiativen zu fördern.

Die meisten der Vereine wurden gleichberechtigt mit Deutschen gegründet, die selbst im Zuge der Wende oft ihre Arbeit verloren hatten und in der Vereinsarbeit ein neues Ziel entdeckten. Bei diesen Gründungen spielten die damaligen Ausländerbeauftragten eine wichtige Rolle, auch die bald gegründeten Ausländerbeiräte waren von Anfang an offen für Spätaussiedler_innen und Eingebürgerte. Die großen Wohlfahrtsverbände spielten dabei anfangs kaum eine Rolle, da sie sich selbst erst nach der Wende in den neuen Ländern etablierten und sich hier noch keine großen gewachsenen Strukturen gebildet hatten.

Auch sind aufgrund der geringen Zahlen von Zugewanderten insgesamt bereits früh ethnisch heterogene Vereinigungen entstanden, die sich landesweit organisiert haben, z.B. in Brandenburg oder später auch in Sachsen-Anhalt, aber aufgrund der generell relativ geringen Bedeutung von Integrationsarbeit nur eine beschränkte Wirkungskraft entfalten konnten. Dagegen blieben viele Migrantenorganisationen in den westdeutschen Bundesländern lange der eigenethnischen Gruppe verhaftet. Zwar gibt es inzwischen eine ganze Reihe von gemeinsamen

Interessen und übergreifende Verbände (z. B. der 2014 gegründete Verband für interkulturelle Wohlfahrtspflege, Empowerment und Diversity), dennoch finden sich an der Basis viele entlang der Herkunft organisierte Gruppen, wie z. b. die spanischen Elternvereine, die Türkische Gemeinde, der Bundesverband Deutsch-Arabischer Vereine, Asiatische Deutsche, der Polnische Sozialrat oder der Verband griechischer Gemeinden. Aufgrund der unterschiedlichen Migrationsbewegungen finden sich nur wenige Vereine aus Ostdeutschland in bundesweiten Dachorganisationen. Natürlich gibt es auch in Ostdeutschland ethnisch homogene Vereine, wie z. B. der Vietnamesen. Aufgrund der geringen Anzahl vor Ort entstehen aber auf der lokalen Ebene dennoch mehr Kontakte und gemeinsame Belange.

Unterschiedlich sind teilweise auch die Förderstrukturen. Die wenigstens Vereine in Ostdeutschland haben eine wie immer geartete Basisfinanzierung. Sie bestehen ausschließlich aus reinem Ehrenamt und erhalten hier und da begrenzte Förderungen für kleine und Kleinst-Projekte. Eine strukturelle Förderung im weitesten Sinne bekommen nur übergreifende Netzwerke bzw. Dachverbände, was diese einerseits fördert, aber eben die Vereine vor Ort unberücksichtigt lässt. Dies führt teilweise zu hohen Fluktuationen im Engagement, Professionalität hat es schwer, sich herauszubilden. Tandem Projekte mit größeren nicht migrantischen Organisationen gibt es kaum, da aufgrund der geringen Zahl der Zugewanderten sich weniger Berührungspunkte im Alltag ergeben. Dagegen ist in den westdeutschen Ländern das Bewusstsein für eine Kooperation als auch die dafür notwendige Angebotsstruktur, vor allem im sozialen Bereich, breiter ausgeprägt. Auch sind z. B. ethnische Unternehmerverbände inzwischen in Westdeutschland präsent und eingebunden, initiieren Ausbildungsmöglichkeiten und treten öffentlich auf. Zwischen Migrantenorganisationen sowie staatlichen und politischen Strukturen bestehen vielfältige Beziehungen. Trotz der hohen prozentualen Selbstständigkeit unter den Migrant_innen Ostdeutschlands sind ähnliche Organisationen wenig existent und öffentlich kaum sichtbar.

4. Schlussbemerkung

Migrantenorganisationen sind eine Form der Interessenvertretung entlang der ethnischen Herkunft. Allerdings werden sie bisher nur wenig in ihrer Abhängigkeit von regionalen Rahmenbedingungen und der jeweiligen Migrationsgeschichte der Region gesehen. Es wäre wünschenswert, wenn sich die Migrationsforschung mehr mit den Bedingungen befassen würde, unter denen sich Migrantenorganisationen entwickeln. Um Migrantenorganisationen wirksam fördern und kooperative Strukturen schaffen zu können, wäre es hilfreich, solche Bedingungen zu erkennen und angemessen darauf zu reagieren.

Engagementförderung

Literatur

Integrationsministerkonferenz 2015: Dritter Bericht zum Integrationsmonitoring der Länder 2011-2013, Online: http://www.integrationsmonitoring-laender.de/sites/default/files/3integrationsbericht_2013.pdf

Pries, Luger 2010: (Grenzüberschreitende) Migrantenorganisationen als Gegenstand der sozialwissenschaftlichen Forschung: Klassische Problemstellungen und neuere Forschungsbefunde. In: Pries, Ludger/Sezgin, Zeynep (Hrsg.): Jenseits von ‚Identität oder Integration'. Grenzen überspannende Migrantenorganisationen. Wiesbaden, S. 15-60.

Thränhardt, Dietrich 2007: Zuwanderung in Ost und West – der Kontext der Zuwanderung. In: Weiss, Karin/Kindelberger, Hala (Hrsg.): Zuwanderung und Integration in den neuen Bundesländern – zwischen Transferexistenz und Bildungserfolg. Freiburg, S. 15-32.

Weiss, Karin 2013: Migrantenorganisationen und Staat. Anerkennung, Zusammenarbeit, Förderung. In: Friedrich-Ebert-Stiftung, Gesprächskreis Migration und Integration: Migrantenorganisationen. Engagement, Transnationalität und Integration. Reihe WISO Diskurs, Expertise im Auftrag der Abteilung Wirtschafts- und Sozialpolitik der Friedrich-Ebert-Stiftung, Juni 2013, S. 21-30.

Weiss, Karin/Thränhardt, Dietrich (Hrsg.) 2005: SelbstHilfe. Wie Migranten Netzwerke knüpfen und soziales Kapital schaffen. Freiburg, S. 256.

Weiss, Karin/Dennis, Mike (Hrsg.) 2005: Erfolg in der Nische? Vietnamesen in der DDR und in Ostdeutschland. Münster.

Uli Glaser

Koordination bürgerschaftlichen Engagements in der Flüchtlingshilfe

Vernetzung in der Kommune – das Beispiel Nürnberg

1. Vorbemerkung

„Ehrenamtskoordination in der Flüchtlingshilfe" war der Titel einer Bachelorarbeit an der Evangelischen Hochschule Nürnberg (Merkel 2016). In Experteninterviews und im Vergleich der Großstädte Frankfurt, Stuttgart, Dortmund, Dresden und Nürnberg identifizierte sie folgende – leicht nachvollziehbare – Erfolgsfaktoren für die Ehrenamtliche unterstützende Koordination: 1) eine auf die jeweiligen kommunalen Bedingungen angepasste Koordinationsstruktur, 2) intensive Vernetzung der Akteure, 3) gute Kommunikation mit den Freiwilligen, 4) dezentrale Ehrenamtsstrukturen, 5) finanzielle Untersützung.

An diesen Bedingungen des Gelingens arbeitet auch die Stadt Nürnberg – insbesondere in der Stabsstelle Bürgerschaftliches Engagement und ‚Corporate Citizenship' im Referat für Jugend, Familie und Soziales.

2. Phasen der Flüchtlingshilfe

Jede Kommune in Deutschland hat unterschiedliche Herangehensweisen und Erfahrungen in der Flüchtlingshilfe gemacht. Der Zustrom der Flüchtlinge lässt sich im Falle Nürnbergs in verschiedene Phasen unterteilen:

Phase 1: Im Jahr 2014 wurden erstmals sogenannte „dezentrale Unterbringungen" durch die Stadt Nürnberg vorgenommen (vorher ausschließlich Landeseinrichtungen in begrenzter Zahl). Im Laufe des Jahres ergab sich ein starker Zuwachs der Flüchtlingszahlen, der Stadtrat befasste sich im Herbst 2014 intensiv mit dem Thema und verabschiedete ein Notprogramm mit Sach- und Personalmitteln. Bei der Unterbringung war es die Strategie der Stadt Nürnberg, sogenannte „Beherbergungsverträge" mit Vermietern abzuschließen, die auch Hausmeistertätigkeiten, Security, Reparaturen etc. umfassten. Im Wesentlichen handelt es sich in dieser Phase um Hotels, Monteurspensionen und ähnlich Einrichtungen. Bei allen städtischen Einrichtungen wurde (bis heute), in einem Personalschlüssel von 1:100 sozialpädagogische Sozialberatung durch die Wohlfahrtsverbände eingesetzt.

Phase 2: Im Sommer 2015 gingen die Zahlen steil nach oben. Ab dem 16. September wurde zur Entlastung Münchens eine Zeltstadt für unregistrierte Transitflüchtlinge aufgebaut, in der in vier Wochen rund 5.000 Flüchtlinge ankamen und weiterreisten. Ab diesem Zeitpunkt erfolgte auch die Zuweisung von Geflüchteten nach dem „Königsteiner Schlüssel" und innerhalb Bayerns nach den von der Landesregierung vorgesehenen Quoten pro Kreisfreier Stadt bzw. Landkreis, wonach auf Nürnberg ca. 4,5 Prozent der in Bayern Verbleibenden entfallen. Rechnerisch waren dies bei 1,1 Mio. Flüchtlingen im Jahr 2015 rund 7.500 Personen für Nürnberg, de facto lag die Zahl um einige Hundert höher. Der September 2015 war auch der Zeitpunkt, ab dem sich zahllose Helfer_innen zur Unterstützung meldeten, für die jedoch häufig keine geeigneten Einsatzmöglichkeiten organisierbar waren. Ein einziges Angebot für eine Handvoll Ehrenamtliche wurde beispielsweise in der Datenbank „Bürgernetz" im August/September 5.000 mal angeklickt!

Da die wöchentliche Zuweisung von bis zu 300 Personen bei aller Intensivierung der Akquise und Belegung durch die Unterbringungs-Dienststelle Sozialamt die Aufnahmemöglichkeiten in „normalen" Gemeinschaftsunterkünften überforderte, mussten sogenannte „Not-Gemeinschaftsunterkünfte" belegt werden. In diesen Turnhallen, Leichtbauhallen und leerstehenden Gewerbehallen gab es fast 3.000 Plätze.

Phase 3: Nach dem Rückgang der Neu-Ankünfte im Frühjahr 2016 konnten zwischenzeitlich (Stand: Juni 2016) die Geflüchteten aus Not-Gemeinschaftsunterkünften weitgehend in bessere und kleinere Einrichtungen verlegt werden. Derzeit leben rund 8.200 Flüchtlinge in Nürnberg in Gemeinschaftsunterkünften, davon sind 70 Prozent männlich und 70 Prozent unter 30 Jahre alt; 370 sind unbegleitete Minderjährige. 68 Prozent kommen aus den drei Hauptherkunftsländern Syrien, Irak und Iran. Es gibt rund 180 Unterkünfte (inkl. Einrichtungen für unbegleitete minderjährige Flüchtlinge, zu ca. 75 Prozent städtisch, zu 25 Prozent staatlich).

2.1 Voraussetzungen zur Koordination der Flüchtlingshilfe

In Nürnberg konnten in den vergangenen Jahren breite Netzwerke zur Verstärkung des bürgerschaftlichen Engagements aufgebaut werden. In der programmatischen Diktion des federführenden Sozialreferats/-dezernats geht es um die „3 Bs: Bürgerzeit, Bürgerwissen, Bürgergeld" (Burschil und Glaser 2016). Aus dem Nürnberger Netzwerk Engagementförderung heraus wurde im Herbst 2014 die Koordinierungsgruppe Bürgerschaftliches Engagement und Flüchtlinge u. a. mit Wohlfahrtsverbänden, Kirchen, Zentrum Aktive Bürger (ZAB) und städtischen

Dienststellen gegründet.[1] Dort standen zunächst Austausch und Fortbildung im Vordergrund, bis sich im Herbst der Handlungsdruck stark erhöhte. Es wurden zahlreiche neue hauptamtliche Mitarbeiter_innen bei der Stadt und den Wohlfahrtsverbänden eingestellt. Im Herbst 2015 kam der Arbeitskreis Fortbildung für ehrenamtliche Flüchtlingshilfe, in dem verschiedene Träger der Erwachsenenbildung zusammenarbeiten, hinzu.

Im Referat für Jugend, Familie und Soziales finden zahlreiche Einzelkooperationen mit anderen städtischen Dienststellen (z. B. Sport, Bildung, Kultur), mit Kirchen und Dekanaten, mit Fortbildungsträgern, islamischen Gemeinden, mit der Städtischen Beschäftigungsgesellschaft NOA und anderen statt. Insbesondere der Bereich Sport hat wichtige Akzente gesetzt, die schon früh auch für deutschunkundige Flüchtlinge zugänglich waren.

Die Wirksamkeit der Arbeit am gemeinsamen Thema Flüchtlingshilfe wurde im vergangenen Jahr natürlich vor allem durch die Aktivitäten und Möglichkeiten der Partner wie die in der Sozialberatung tätigen Wohlfahrtsverbände Rotes Kreuz, Stadtmission, Arbeiterwohlfahrt (AWO), Johanniter und Caritas geprägt, aber auch von der in Nürnberg seit vielen Jahren praktizierten „Kultur der Kooperation auf Augenhöhe", der von Seiten der Stadt ein explizites *Governance*-Verständnis zugrunde liegt (Prölß 2010). Und von großer Bedeutung ist die gesellschafts-, sozial- und integrationspolitische Rahmenhandlung der heute ca. 520.000 Einwohner_innen zählenden Stadt Nürnberg: eine lange Tradition interkultureller Bemühungen sowohl in der Zivilgesellschaft als auch von kommunaler Seite, die von der Stadtspitze engagiert vertreten wird, in einer Stadt mit einem Anteil von Menschen mit Migrationshintergrund von 42 Prozent (bei den unter 18-Jährigen: 60 Prozent).

2.2 Maßnahmen im Einzelnen

Die wichtigste Voraussetzung für eine „Kultur des Engagements" in der Flüchtlingshilfe ist die Bereitschaft von möglichst vielen Menschen zur aktiven Mitwirkung. Die Maßnahmen von Koordination, Information, Finanzierung sekundieren dem Engagement. Im Folgenden werden die wichtigsten Aktivitäten benannt.

2.2.1 Dienstleistungen für Freiwillige

Das Bürgertelefon Flüchtlingshilfe ist in der Stabsstelle Bürgerschaftliches Engagment seit Mitte September 2015 durchgehend Montag bis Freitag von 10.00 bis

---

1 Die „Kümmerer"-Rolle liegt hier, wie auch bei den Netzwerken zum Thema Stiftungen, „Corporate Volunteering" und „Corporate Social Responsibility" bei der Stabsstelle Engagementförderung. Sie bestand ursprünglich aus einer Vollzeitstelle, wurde im Oktober 2015 um eine weitere Vollzeitkraft für die Flüchtlingshilfe ausgestockt und wird durchgehend von zwei bis vier Praktikant_innen unterstützt.

18.00 Uhr besetzt: Ca. 1.800 Anrufe gingen von Sptember 2015 bis Juni 2016 hier ein. Hinzu kamen ca. 1.700 Mails mit ähnlichen Anliegen.

Dadurch wurden und werden auch sehr viele Hilfswillige erfasst, die in den Verteiler des „Nürnberger Newsletters ‚Bürgerschaftliches Engagement für Flüchtlinge'" aufgenommen werden. Anfänglich, im Herbst/Winter 2015, gab es mehr Hilfsbereite als Möglichkeiten zum Engagement. Zwischenzeitlich konnten zahlreiche Angebote von vielen verschiedenen Organisationen geschaffen werden, sodass seit März 2016 auch eine offensive Werbung um neue und zusätzliche Helfer_innen stattfindet. Der spezielle Flucht und Asyl-Bereich der Datenbank „Bürgernetz" wurde im Februar 2016 in Betrieb genommen, umfasste im März 2016 bereits 19 verschiedene Angebote, im Juni 2016 bereits 80 Angebote.

Diese Übersicht über freie Einsatzstellen für Ehrenamtliche wird auch über den Facebook-Auftritt und natürlich über die Newsletter kommuniziert. Bei speziellen Einzelfällen wird über Angebote von Ehrenamtlichen durch den Newsletter oder durch unmittelbare Weitergabe an die Wohlfahrtsverbände, die Helferkreise oder das ZAB informiert.

Ende April wurden bei Helferkreisen und Wohlfahrtsverbänden rund 2.000 aktive Helfer_innen gezählt sowie weitere 1.000 „Gemeldete", die im Wartestand sind. Die „Dunkelziffer" von Ehrenamtlichen, die in Kirchen, in Sport- und Kulturvereinen als Einzelpersonen und „Privatpaten" helfen, wurden auf mindestens weitere 1.000 Personen geschätzt.

2.2.2 Informationsplattformen

Eine zentrale, allgemeine Internetplattform für Informationen zum Thema Flüchtlingshilfe ist die einschlägige Seite der Stadt Nürnberg.[2] Eine zentrale Plattform für die Information über konkrete Einsatzmöglichkeiten für Ehrenamtliche ist das „Bürgernetz"[3]. Über den Facebook-Auftritt „Nürnberg Engagiert"[4] mit ca. 2.300 Abonnent_innen werden Einsatzmöglichkeiten, Fortbildungen und Veranstaltungen kommuniziert.

Der Newsletter „Bürgerschaftliches Engagement für Flüchtlinge" erscheint seit April 2015, seit September 2015 sogar wöchentlich bis zehntägig. Er hat rund 2.400 Abonnent_innen. Zusätzlich gibt es ein „Rundmail Freiwilligenkoordination Flüchtlingshilfe Nürnberg mit Informationen für Helferkreise, potentielle Freiwilligen- und Angebotskoordinator_innen und Sozialberatungen in Einrichtungen", das seit November 2015 ca. vierzehntägig erscheint mit ca. 350 Abonnent_innen.

---

2   www.fluechtlingshilfe.nuernberg.de
3   www.buergernetz.nuernberg.de
4   https://www.facebook.com/NuernbergEngagiert

Eine spezielle Form des Engagements sind die Übersetzungshelfer_innen, insbesondere im Bereich Arabisch/Farsi. Aus Spendenmitteln wird hierfür eine Informations- und Koordinationsstelle beim ZAB ermöglicht, bei der ca. 130 ehrenamtliche Übersetzungshelfer_innen mit 31 Sprachen registriert sind, die für alle Träger der Flüchtlingshilfe zur Verfügung stehen.[5]

2.2.3 Fortbildungs- und Qualifizierungsoffensive für Ehrenamtliche

Ein Arbeitskreis organisiert und koordiniert zahlreiche Einzelangebote, die Stabsstelle sammelt weitere Fortbildungs- und Informationsangebote. Monatlich werden dann aktualisierte Veröffentlichungen der Angebote über die Website des Referats ins Internet gestellt.[6] Zusätzlich werden die einzelnen Angebote über die Newsletter beworben.

Weiterhin sind in den zurückliegenden Monaten zahlreiche Nürnberger Arbeitspapiere zu sozialer Teilhabe, bürgerschaftlichem Engagement und ‚Corporate Citizenship' als Informationspakete zum Thema Flüchtlingshilfe erschienen (siehe Literaturliste).

2.2.4 Helferkreise und deren Koordinatorinnen und Koordinatoren

Schwerpunkt der Stabsstelle war und ist seit Herbst 2015 die Gründung und Unterstützung von Helferkreisen für große Gemeinschaftsunterkünfte oder auf Stadtteilebene. Am Anfang stand die Bestandsaufname bereits vorhandener Kreise, dann lag der Fokus auf der Gründung von Helferkreisen für die sehr großen Not-Gemeinschaftsunterkünfte, in denen der Bedarf an Unterstützung besonders groß war. Mittlerweile hat sich die Tätigkeit stärker auf die Stadtteilebene verlagert. Anfang Juni 2016 existierten 22 Helferkreise, fünf weitere waren zu diesem Zeitpunkt in Gründung. Die Unterstützung der Stabsstelle bezieht sich u. a. auf finanzielle Unterstützung aus Spendenmitteln für Sachausgaben in möglichst unbürokratischer Form, Fortbildungsangebote, Informationsfluss, Unterstützung bei der Beschaffung polizeilicher Führungszeugnisse, allgemeiner Beratung und Handreichungen sowie – seit Januar 2016 – ca. monatlich stattfindende Austauschtreffen für Helferkreise.

2.2.5 Sach- und Geldspenden

Alle themenrelevanten Spendenkonten der verschiedenen Träger werden auf städtischen Internetseiten präsentiert, im Rahmen der Stifter-Initiative Nürnberg wurde ein Stifter- und Spenderverbund Flucht, Asyl und Wohnungslosigkeit

---

5   Mailkontakt: khalaf@iska-nuernberg.de
6   https://www.nuernberg.de/internet/sozialreferat/befortbildung.html

aufgebaut.[7] Für Sach- und Kleiderspenden gibt es ein alle zwei Monate aktualisiertes Informationsblatt. Die Aktivitäten der Helferkreise und Ausgaben im Bereich Fortbildung können aus den Spendenmitteln sehr gut finanziert werden.

2.2.6 Anerkennungskultur

Im übergeordneten Sinne versteht sich die Stabsstelle auch, zusätzlich zu dem was in den einzelnen Verbänden und Helferkreisen diesbezüglich getan wird, als zuständig für die Anerkennungskultur für Ehrenamtliche in der Flüchtlingshilfe: So konnte im Juli 2015 neben den Qualifizierungsveranstaltungen ein Forum Willkommenskultur stattfinden. Ein großer Empfang zum Internationalen Tag des Ehrenamts im Historischen Rathaussaal im Dezember 2015 war den Ehrenamtlichem im Stadionbad gewidmet, für ehrenamtliche Übersetzer_innen fand im Mai 2016 ein Dank-Empfang statt. Außerdem konnte bereits an mehrere Aktive in der Flüchtlingshilfe der Preis des Ehrenamtlichen des Monats von der Aktion EhrenWert verliehen werden.

3. Ausblick

Ohne zu wissen, wie sich die Gesamtlage entwickeln wird, insbesondere im Hinblick auf eine neue Steigerung der Flüchtlingszahlen, verändert sich die Aufgabenstellung in der Kommune: Die Themen von Integration, Arbeit und Wohnen stehen schon jetzt im Vordergrund, nachdem das „Dach über dem Kopf" gewährleistet werden konnte. Dementsprechend ändert sich auch das Profil der Freiwilligenarbeit: Hin zu mehr Patenschaften, die mittelfristig die Wege von Geflüchteten in die deutsche Gesellschaft zu ebnen versuchen. „Die in Deutschland gelebte Willkommens- und Bleibekultur ist ganz wesentlich von der Zivilgesellschaft getragen", so wird die Engagementstrategie der Bundesregierung zitiert (Speth und Becker 2016, S. 7). Dies trifft uneingeschränkt auch für Nürnberg zu, bei aller Würdigung der großen Anstrengungen der Mitarbeiter_innen in Wohlfahrtsverbänden, Sozialämtern, Jugendämtern und vielen weiteren kommunalen Stellen. Ein sehr wichtiger Aspekt ist dabei die Tatsache, dass die in der Flüchtlingshilfe bürgerschaftlich Aktiven nicht nur tätige Hilfe zeigen: Genauso wichtig ist die Wirkung der Ehrenamtlichen als „Botschafter" der Willkommenskultur in die Stadtgesellschaft und in die einzelnen Stadtteile hinein. Sie zeigen sich solidarisch mit einer schwächeren Bevölkerungsgruppe und überzeugen durch ihr persönliches Vorbild und ihre Ressentiments bekämpfende Haltung.

In Nürnberg ist mit positiver Verstärkung durch die lokalen Medien dieser zweite Aspekt sehr stark ausgeprägt. Die Kommune ist sehr gut beraten, die Eh-

---

[7] https://www.nuernberg.de/imperia/md/stifterinitiative/dokumente/spender_stifterverbund.pdf

renamtlichen auch in dieser Rolle, bei aller Unabhängigkeit, die den einzelnen Organisationen und Helferkreisen belassen werden muss, weitergehend zu unterstützen. „Das vielbeschworene neue Verhältnis zwischen Staat, Zivilgesellschaft und Wirtschaft wird sich aber nur dann als nachhaltig erweisen, wenn es mit einer Haltung der Anerkennung, Kooperation und Wertschätzung gegenüber den Engagierten einhergeht" (Gesemann 2015, S. 6).

Literatur

Gesemann, Frank 2015: Bürgerschaftliches Engagement und niedrigschwellige Instrumente in der Flüchtlingshilfe. In: BBE-Newsletter für Engagement und Partizipation in Deutschland Nr. 24. Berlin.

Merkel, Josephine 2016: Ehrenamtskoordination in der Flüchtlingshilfe: Ein Städtevergleich vor dem Hintergrund der aktuellen Flüchtlingssituation. Nürnberg (unveröff. B.A.-Thesis).

Prölß, Reiner 2010: Grundsätze und Instrumente der kommunalen Jugend-, Familien-, Bildungs- und Sozialpolitik. In: Jahresbricht des Referats für Jugend, Familie und Soziales 2009. Nürnberg, S. 89-94, Online: https://www.nuernberg.de/imperia/md/sozialreferat/dokumente/referat_v_jahresbericht_2009_gesamt.pdf

Speth, Rudolf/Becker, Elke 2016: Zivilgesellschaftliche Akteure und die Betreuung geflüchteter Menschen in deutschen Kommunen. Opusculum Nr. 92.

Nürnberger Arbeitspapiere zu sozialer Teilhabe, bürgerschaftlichem Engagement und ‚Corporate Citizenship'
https://www.nuernberg.de/internet/sozialreferat/arbeitspapiere.html

Burschil, Nadine/Glaser, Uli 2016: Nr. 47 Elemente einer kommunalen Engagementstrategie.

Glaser, Uli 2015: Nr. 43 Flucht, Asyl, Flüchtlingshilfe: Hintergründe und Fakten.

Lang, Paloma/Pfister, Mona et al. 2016: Nr. 46 Links und Apps für Geflüchtete und Helfende.

Lang, Paloma/Pfister, Mona et al. 2016: Nr. 50: Links und Apps für Geflüchtete und Helfende, aktualisiert.

Prölß, Reiner 2015: Nr. 42 Die Bedeutung von Bürgerschaftlichem Engagement und Zivilcourage – am Beispiel der Flüchtlingsarbeit.

Referat für Jugend, Familie und Soziales 2016: Nr. 51 Unterbringung, Leistungsgewährung, Integration. Aktivitäten des Geschäftsbereichs Jugend, Familie und Soziales in der Flüchtlingsarbeit.

Röbke, Thomas 2016: Nr. 49 Die Bedeutung des Ehrenamts in der Integrationsarbeit.

Rückel, Ann-Katrin/Leisner, Julia et al. 2016: Nr. 45 Hinweise für ehrenamtlich Tätige in der Flüchtlingshilfe.

Schmidt, Sebastian-Manuel 2016: Nr. 44 Bildungs- und Sprachangebote: Kompendium für Sozialarbeiter und Ehrenamtliche in der Flüchtlingshilfe.

Gudrun Kirchhoff, Bettina Reimann
Vielfalt – Herausforderung und Chance für Klein- und Mittelstädte

1. Vorbemerkung

Integration und Vielfalt sind Themen, die nicht nur Großstädte beschäftigen. Im Gegenteil. Gerade die historischen Zentren vieler Klein- und Mittelstädte des ländlichen Raums bilden seit einigen Jahren nachgefragte Wohnstandorte vieler Zuwander_innen. Damit stellen sich neue Aufgaben für Stadtentwicklung, nachbarschaftliches Zusammenleben und Integration. Vielfalt kann aber nur dann an Profil gewinnen, wenn die Chancen und Potenziale von Neuzugewanderten ausgelotet und erschlossen werden. Zudem benötigt eine erfolgreiche Integrationspolitik vor Ort innovative integrierte Strategien sowie tragfähige Strukturen und funktionierende Netzwerke.

2. Das Projekt: Vielfalt in den Zentren von Klein- und Mittelstädten

Seit Juli 2015 bearbeitet das Deutsche Institut für Urbanistik (Difu) das Projekt „Vielfalt in den Zentren von Klein- und Mittelstädten – sozialräumliche Integration, städtische Identität und gesellschaftliche Teilhabe". Kooperationspartner des auf drei Jahre angelegten Projekts sind das Bundesamt für Migration und Flüchtlinge (BAMF), das Hessische Ministerium für Soziales und Integration, das Bundesministerium für Umwelt, Naturschutz, Bau und Reaktorsicherheit (BMUB) sowie der Deutsche Städte- und Gemeindebund (DStGB). Das Projekt wird finanziell unterstützt durch den Asyl-, Migrations- und Integrationsfonds (AMIF) der EU, Projektfördermittel des BAMF und das Förderprogramm „WIR – Wegweisende Integrationsansätze Realisieren" des Hessischen Ministeriums für Soziales und Integration.

Im Zentrum des Forschungs-Praxis-Projektes stehen Klein- und Mittelstädte im eher ländlich geprägten Raum, deren Innenstädte Funktionsverluste und einen vergleichsweise hohen Zuwandereranteil aufweisen. Ziel des Projektes ist es, durch eine auf die Potenziale der Zugewanderten ausgerichtete Migrations- und Integrationspolitik und gemeinsame Identitätsbildungsprozesse, die Integration in den innerstädtischen Wohnbereichen zu verbessern sowie die gesellschaftliche Teilhabe der Migrant_innen zu stärken. Das Projekt richtet sich sowohl an die Zuwander_innen – insbesondere Drittstaatenangehörige – als auch an die Aufnahmegesellschaft. Ein besonderer Fokus liegt auf den Bewohner_innen der Innenstadtbereiche. Darüber hinaus stehen Kommunalverwaltung und kommunale Politik im Zentrum der Betrachtung, da sie die Rahmenbedingungen setzen und durch ihr Handeln Prozesse der Integration befördern können. Hierbei soll darauf hingewirkt werden, integrations- und stadtentwicklungspolitische Handlungsansätze zu verknüpfen. Im Zusammenspiel von baulich infrastrukturellen und sozial integrativen Maßnahmen und unter Beteiligung zivilgesellschaftlicher Akteure werden positive Entwicklungsimpulse für das Zusammenleben sowie die Stabilisierung der (Innen-)Städte erwartet.

In das Forschungsprojekt sind bundesweit neun Projektkommunen einbezogen, die modellhaft für die Situation in den Klein- und Mittelstädten der ländlich strukturierten Regionen stehen:
- Germersheim, Landkreis Germersheim, Rheinland-Pfalz;
- Goslar, Landkreis Goslar, Niedersachsen;
- Ilmenau, Ilm-Kreis, Thüringen;
- Michelstadt, Odenwaldkreis, Hessen;
- Mühlacker, Enzkreis, Baden-Württemberg;
- Saarlouis, Landkreis Saarlouis, Saarland;
- Steinfurt, Kreis Steinfurt, Regierungsbezirk Münster, Nordrhein-Westfalen;
- Weißenfels, Burgenlandkreis, Sachsen-Anhalt;
- Zittau, Große Kreisstadt, Landkreis Görlitz, Sachsen.

Im Laufe des Forschungsprojektes sollen die Kommunen Maßnahmen ergreifen, die das Zusammenleben, die Vielfalt und die Integration in den Klein- und Mittelstädten befördern. Das Difu wird die Kommunen bei ihren Aktivitäten begleiten und beraten. Handlungsoptionen für Kommunen stellen sich hierbei nicht allein auf der Ebene von konkreten Projekten, sondern auch in den Bereichen Strategie- und Konzeptentwicklung sowie Strukturaufbau.

3. Ausgangslage

Im Zuge des demografischen Wandels verändert sich die soziale und kulturelle Zusammensetzung der Bevölkerung in Klein- und Mittelstädten; Vielfalt gewinnt auch dort ein Profil (Schader-Stiftung 2011; 2014). In Mittelstädten mit 20.000 bis 50.000 Einwohner_innen hat mittlerweile jeder fünfte, in Kleinstädten mit 10.000 bis 20.000 Einwohner_innen etwa jeder sechste einen Migrationshintergrund (Statistisches Bundesamt 2015). In einigen der teilnehmenden Projektkommunen ist der Anteil der Zugewanderten sogar höher, so liegt er laut Angaben

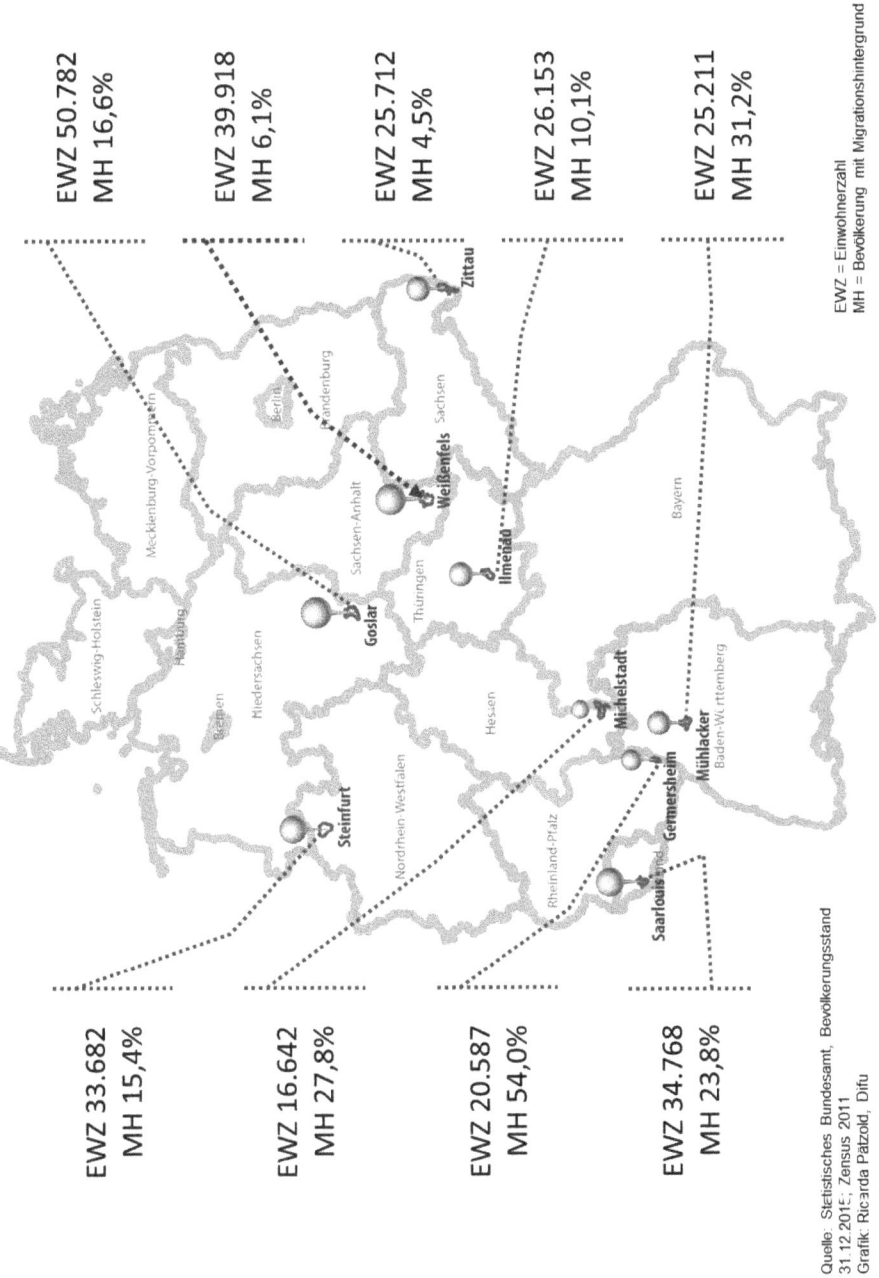

Vielfalt – Herausforderung und Chance für Klein- und Mittelstädte 227

EWZ 50.782
MH 16,6%

EWZ 39.918
MH 6,1%

EWZ 25.712
MH 4,5%

EWZ 26.153
MH 10,1%

EWZ 25.211
MH 31,2%

EWZ = Einwohnerzahl
MH = Bevölkerung mit Migrationshintergrund

Zittau
Mecklenburg-Vorpommern
Brandenburg
Berlin
Sachsen
Weißenfels
Sachsen-Anhalt
Ilmenau
Thüringen
Bayern
Goslar
Schleswig-Holstein
Hamburg
Niedersachsen
Bremen
Hessen
Michelstadt
Baden-Württemberg
Mühlacker
Steinfurt
Nordrhein-Westfalen
Rheinland-Pfalz
Saarlouis und Germersheim

EWZ 33.682
MH 15,4%

EWZ 16.642
MH 27,8%

EWZ 20.587
MH 54,0%

EWZ 34.768
MH 23,8%

Quelle: Statistisches Bundesamt, Bevölkerungsstand
31.12.2015; Zensus 2011
Grafik: Ricarda Patzold, Difu

des Zensus 2011 in Michelstadt bei etwa 28 Prozent, in Mühlacker bei 31 Prozent und in Germersheim sogar bei über 50 Prozent. Die Zahlen verdeutlichen die hohe Relevanz integrationspolitischer Reaktionen auf kommunaler Ebene. Auch ist festzuhalten, dass dem Zuwanderungsgeschehen in den Klein- und Mittelstädten bisher zu wenig Beachtung geschenkt wurde. Die demografischen Veränderungen stellen das Zusammenleben und die Teilhabechancen der unterschiedlichen Bevölkerungsgruppen in Klein- und Mittelstädten vor neue Herausforderungen und bieten gleichzeitig Chancen für deren perspektivische Weiterentwicklung.

Nicht zuletzt hat die Flüchtlingszuwanderung die Debatte um die Integrationspotenziale der ländlichen Räume forciert. Die Bedeutung der strukturschwachen Regionen mit vorhandenem, leer stehendem und reaktivierbarem Wohnraum für die Unterbringung von Flüchtlingen als mögliches Entlastungspotenzial für die Ballungszentren wird in der Fachwelt kontrovers diskutiert (empirica 2015). Es ist bereits abzusehen, dass die Wohnsitzregelung für anerkannte Flüchtlinge dem Thema Vielfalt in ländlichen Regionen eine qualitativ und quantitativ neue Dimension geben wird.

4. Strukturunterschiede

Klein- und Mittelstädte weisen vielfältige Strukturunterschiede auf. Die Heterogenität zeigt sich in ihrer jeweiligen naturräumlichen Lage, der Anbindung an regionale und überregionale Zentren, ihrer Siedlungsstruktur und Einwohnerzahl, den wirtschaftlichen Rahmenbedingungen, der Tradition des Ortes und der eigenen Zuwanderungsgeschichte sowie in Größe und Ausprägung der unterschiedlichen Zuwanderergruppen.

Zuwanderung in den ostdeutschen Kommunen unterscheidet sich beispielsweise deutlich vom Zuwanderungsgeschehen in westdeutschen Kommunen. Mit insgesamt knapp fünf Prozent ist der Anteil der Zuwander_innen in den Kommunen Ostdeutschlands vergleichsweise gering und pendelt im ländlichen Raum sogar lediglich um zwei Prozent. Viele der ostdeutschen Klein- und Mittelstädte sind darüber hinaus besonders strukturschwach und von hoher Arbeitslosigkeit sowie von Abwanderung vor allem der jungen und gut qualifizierten Bevölkerung betroffen.

Allgemein sehen etliche der von Schrumpfung betroffenen Regionen in der Zuwanderung ein mögliches Entwicklungspotenzial. Auch die mittlerweile vor Ort lebenden Asylbewerber_innen und Flüchtlinge werden hierbei als Potenzial für den lokalen Arbeitsmarkt und die Stabilisierung des Wohnstandorts wahrgenommen (Aumüller und Gesemann 2014). Gleichwohl stehen die Potenziale der Zugewanderten noch zu wenig im Fokus sowohl der öffentlichen Debatte als auch des kommunalen Handelns.

5. Bedeutung der Innenstadt

Eine herausragende Bedeutung nehmen die Innenstädte und Ortszentren als Kristallisationspunkte des gesellschaftlichen Lebens ein. Als zentrale Orte begünstigen sie das Aufeinandertreffen von Menschen verschiedener Kulturen und Lebenslagen, tragen zu einer Identifikation der Bürger_innen mit „ihrer" Stadt bei und verfügen über ein erhebliches Integrationspotenzial.

Zwei parallele Entwicklungen kennzeichnen viele Innenstadtbereiche: So erleben Innenstädte deutliche Funktionsverluste im Bereich Handel und Gewerbe, aber auch als Wohnstandort. Das Wohnen in historischen Altbauten verliert an Attraktivität. Ungünstige Wohnungsgrundrisse, das Fehlen zu den Häusern gehöriger privater Freiflächen, Nutzungskonflikte durch Handel und Tourismus, Stellplatzprobleme sowie hoher baulicher Erhaltungsaufwand – auch durch die Anforderungen des Denkmalschutzes – sind einige Beispiele hierfür. Leerstehende Wohn- und Gewerbeeinheiten kennzeichnen diese Entwicklung.

Gleichzeitig verändert sich die Bevölkerungszusammensetzung durch den Zuzug von Zuwander_innen in die Innenstadtbereiche. Mit der veränderten Bevölkerungs- und Nutzungsstruktur in den Innenstadtbereichen entstehen Fremdheits- und Identitätskonflikte und eine veränderte Wahrnehmung mit Blick auf die ehemals „gute Stube" und den Repräsentationsort der Kleinstadtgesellschaft. „So wird die Innenstadt [...] mit ihren konkurrierenden Nutzungs- und Repräsentationsansprüchen zum Ort symbolischer Konflikte um die ‚richtigen' Bewohner und Nutzer" (Schader-Stiftung 2011, S. 164).

6. Voraussetzungen in Klein- und Mittelstädten für einen guten Umgang mit Vielfalt

Wenngleich Toleranz als Phänomen der Großstädte beschrieben wird und für kleinstädtische Strukturen – in Anlehnung an Simmel – die Abwehr des Fremden als typisch erachtet wird (Hannemann 2016), stellt Zuwanderung, auch die aktuelle Zuwanderung von Geflüchteten, eine Chance für Klein- und Mittelstädte dar. Durch sie können gerade für strukturschwache Kommunen, die stark vom demografischen Wandel betroffen sind, Entwicklungsschübe ausgelöst werden und neue Perspektiven für die Zukunft generiert werden (ebd.). Dies setzt allerdings voraus, dass vor Ort die Voraussetzungen für Integration und Partizipation von Zugewanderten geschaffen werden und Vielfalt und Willkommenskultur durch konkrete Maßnahmen gelebt werden.

Dies ist keine Selbstverständlichkeit. Faktoren, die dies befördern können, sind auf der eher strategisch-konzeptionellen Ebene die Überprüfung, (Weiter-)Entwicklung und Umsetzung (integrierter) Strategien und Konzepte zur Förderung der Teilhabe von Zuwander_innen und Geflüchteten. Auf der strukturellen Ebene geht es um den Aufbau von Strukturen innerhalb der Verwaltung zur Koordination und Steuerung. Für die Umsetzung eines integrierten Ansatzes zur Förderung von Integration und Teilhabe hat sich insbesondere die Teilnahme am Städtebauförderungsprogramm Soziale Stadt bewährt, da hier nicht nur die erforderlichen Fördermittel, sondern auch tragfähige Netzwerke und Strukturen genutzt werden können. Mit Blick auf die Weiterentwicklung von Strukturen, ist die ressortübergreifende Zusammenarbeit innerhalb der Verwaltung und zwischen Kommune und Landkreis auszubauen, nicht zuletzt, um die kommunalen Handlungsfelder Integration, Wohnen, Stadtentwicklung besser als bislang miteinander zu verzahnen. Darüber hinaus wird es darum gehen, Kooperationen mit zivilgesellschaftlichen Akteuren zu intensivieren und hierbei Schlüsselpersonen zu identifizieren. Erfolgreiche Netzwerke sind entscheidend für positive Integrationsverläufe. Bezogen auf die Umsetzung konkreter Projekte ist sicherzustellen, dass die Beteiligungsmöglichkeiten von Zugewanderten an Integrations- und Stadtentwicklungsprozessen verbessert sowie gemeinschaftsstiftende Veranstaltungen und Projekte initiiert werden.

Bislang vorliegende Befunde aus dem Forschungsprojekt weisen darauf hin, dass die Beteiligungsmöglichkeiten bzw. die Zugänge zur Beteiligung von Zuwander_innen an Stadtentwicklungsprozessen und die politische Repräsentanz und Teilhabe unzureichend sind. Partizipation und Teilhabe sind als Schlüsselthemen für die Integrationsförderung vor Ort noch zu entwickeln. Zudem bestehen – trotz hohen bürgerschaftlichen Engagements in der Flüchtlingsbetreuung – auch Vorbehalte und Ablehnung gegen Fremde. Für die mit der Zuwanderung durch Geflüchtete einhergehenden Ängste in der Stadtgesellschaft ist ein Umgang zu finden. Neben der Stärkung der Zivilgesellschaft schließt dies die eindeutige Positionierung gegen offene fremdenfeindliche und rassistische Tendenzen ein. Informationen, aber vor allem persönliche Begegnungen und der interkulturelle Dialog können zur Förderung der Toleranz und des gegenseitigen Verständnisses beitragen. Die vielfältigen Gruppen, die sich um ein Miteinander kümmern, die sozialen Träger, die Kirchen und religiösen Gemeinschaften, sollten unterstützt und in die Entwicklung einer kommunalen Kultur der Vielfalt einbezogen werden.

Immer wieder wird der fehlende Zugang zu dieser Gruppe als Schwierigkeit im Zusammenhang mit der Integration von Zugewanderten angeführt. Um hier die Beteiligungsmöglichkeiten zu verbessern, sollten der persönliche Dialog gesucht und möglichst niedrigschwellige Formen der Beteiligung angeboten werden. Dabei sollten Migrantenorganisationen als Mittler und Brückenbauer stärker als bisher von den Kommunen als strategische Partner wahrgenommen werden.

7. Ausblick

In den kommenden zwei Jahren sind – im Rahmen der Forschungsbegleitung, in Kooperation mit den beteiligten Projektkommunen und im Erfahrungsaustausch der Kommunen untereinander – einige Schwerpunktthemen zu bearbeiten:
- Der Umgang mit Vielfalt und die Auseinandersetzung mit der Frage, wie Vielfalt vor Ort gelebt und das Zusammenleben bzw. die Nachbarschaften zwischen Neuzugewanderten und Alteingesessenen mit und ohne Migrationshintergrund gestaltet werden können.
- Die Rolle und Relevanz der Innenstädte und historischen Zentren im Zusammenhang mit den Fragen der sozialräumlichen Integration, der gesellschaftlichen Teilhabe und der städtischen Identität.
- Die Weiterentwicklung von Strategien und Konzepten sowie der Aufbau und die Qualifizierung von Strukturen, die die kommunalen Handlungsfelder Wohnen, Stadtentwicklung und Integration in einem integrierten Ansatz verknüpfen.
- Die Rolle von Migrantenorganisationen im Zusammenhang mit einer auf Vielfalt und Partizipation ausgerichteten Stadtentwicklung.

Weitere Informationen zum Forschungsprojekt und den Projektkommunen: www.vielfalt-in-stadt-und-land.de

Literatur

Aumüller, Jutta/Gesemann, Frank 2014: Abschlussbericht. Forschungs-Praxis-Projekt: Integrationspotenziale ländlicher Regionen im Strukturwandel. Darmstadt.

empirica Forschung und Beratung 2015: Familien aufs Land – Teil 2. Flüchtlinge kommen überwiegend als Familien und die sind in der Kleinstadt schneller integrierbar – der Staat muss deswegen lenkend eingreifen. empirica paper Nr. 230 Version 2.

Hannemann, Christine 2016: Stichwort „Klein- und Mittelstädte". In: Beetz, Stephan et al. (Hrsg.): Handwörterbuch zur ländlichen Gesellschaft in Deutschland, 2. bearbeitete Auflage (in Vorbereitung).

Schader-Stiftung (Hrsg.) 2011: Integrationspotenziale in kleinen Städten und Landkreisen. Ergebnisse des Forschungs-Praxis-Projekts. Darmstadt.

Schader-Stiftung (Hrsg.) 2014: Interkulturelle Öffnung und Willkommenskultur in strukturschwachen ländlichen Regionen. Ein Handbuch für Kommunen. Darmstadt.

Statistisches Bundesamt 2015: Bevölkerung und Erwerbstätigkeit. Bevölkerung mit Migrationshintergrund – Ergebnisse des Mikrozensus 2014. Fachserie 1 Reihe 2.2.

Michael May

AMIQUS – Ältere Migrantinnen und Migranten im Quartier
Unterstützung und Initiierung von Selbsthilfe und Selbstorganisation

1. Vorbemerkung

Die Gruppe älterer Zugewanderter gilt in der Bundesrepublik als diejenige Gruppe, die sich freiwillig am wenigsten engagiert (Alisch und May 2013). Eingeschränkt wird dieser Befund durch Zugeständnisse der Forschenden, dass ihr „Erhebungsinstrument primär auf die Bedürfnisse der deutschen Bevölkerung zugeschnitten" (Krumme und Hoff 2004, S. 491) gewesen sei sowie „das Engagement von Migrantinnen und Migranten [...] durch das methodische Design [...] nur ausschnittweise abgebildet" (Gensicke und Geiss 2010, S. 23) werden konnte. Deshalb haben wir im Praxisforschungsverbund AMIQUS[1] zur Unterstützung und Initiierung von Selbsthilfe und Selbstorganisation älterer Zugewanderter einen anderen forschungsmethodischen Zugang gewählt:

Zunächst haben wir in vier höchst verschiedenen Untersuchungsquartieren mit hohem migrantischen Bevölkerungsanteil, die in etwa die Wohnsituation dieser Bevölkerungsgruppe in der Bundesrepublik abbilden, jeweils Fokusgruppen von 20 älteren Zugewanderten ab 60 Jahren gebildet. Darin war die Zielgruppe jeweils quartiersbezogen nach Ethnien, Religionen, Lebenslagen und Lebensweisen angemessen repräsentiert. Über einen Zeitraum von zwei Monaten haben wir von den Fokusgruppenmitgliedern tagebuchähnliche Berichte erhalten (z. T. in ihrer Muttersprache; bei funktionalen Analphabet_innen auch in mündlicher Form), die uns zeigten, wie sie mit wem und wo ihren Alltag organisieren. Zudem sind mit den Fokusgruppen Zukunftswerkstätten durchgeführt worden. Aus dem gesamten Material wurden – auf komparatistische Weise – die Kategorien gebildet, um Formen von Selbsthilfe, Selbstorganisation sowie Probleme und Interessen

---

[1] Das Praxisforschungsverbundprojekt AMIQUS der Hochschulen RheinMain (koordinierend) und Fulda wurde unter dem Förderkennzeichen 17S13A09 vom 01.03.2009 bis 31.07.2012 vom Bundesministerium für Bildung und Forschung im Rahmen der Linie SILQUA-FH gefördert. Die Verantwortung für den Inhalt dieser Veröffentlichung liegt beim Autor.

älterer Zugewanderter quantitativ, mithilfe einer repräsentativen, standardisierten mündlichen Befragung, zu erheben (May und Alisch 2013, Kapitel 3.).

Auf diese Weise ist es uns gelungen, die in den bisherigen Forschungen nicht erfassten, vielfältigen Formen mehr oder weniger wechselseitiger Unterstützung im Alltag älterer Zugewanderter ins Licht der wissenschaftlichen und politischen Öffentlichkeit zu rücken. Dies soll aber nicht Gegenstand dieses Beitrages sein.

Auf einen Befund sei jedoch hingewiesen: Mit 53 Prozent, die Unterstützung durch Freunde und Bekannte bei der Sorge um Kranke in der Familie erhalten, liegt der von AMIQUS für ältere Zugewanderte ermittelte Wert (Alisch und May 2014, S. 71 f.) doppelt so hoch, wie der im Deutschen Alterssurvey ermittelte allgemeine Durchschnittswert der Bundesrepublik (Bundesministerium für Familie Senioren Frauen und Jugend 2012, S. 31).

Die standardisierte repräsentative Befragung von AMIQUS wurde aber in den einzelnen Untersuchungsquartieren zugleich als eine aktivierende (Lüttringhaus 2003) durchgeführt. D. h. dass auch nach dem Interesse an den in den jeweiligen Zukunftswerkstätten entwickelten konkreten Projektideen gefragt wurde und nach der Bereitschaft, an deren Realisierung aktiv mitzuwirken (May und Alisch 2013, Kapitel 3.4). In anschließenden Stadtteilversammlungen (ebd., Kapitel 3.5) wurden nicht nur die quartiersbezogenen Ergebnisse vor- und die jeweils als zentral ermittelten Probleme – im Stile von World Cafés (Brown und Isaacs 2005) – zur Diskussion gestellt, es konstituierten sich dabei auch Projektgruppen zur Realisierung der in den Zukunftswerkstätten und dem World Café entwickelten Projektideen. Diese Projekte wurden dann handlungsforschend begleitet, um kritische Momente der Selbstorganisation, vor allem ihrer professionellen Unterstützung und der Vermittlung von Selbsthilfe und sozialstaatlicher Unterstützung, zu untersuchen. Die diesbezüglich wichtigsten Erkenntnisse sollen im Folgenden skizziert werden.

2. Unterschiedliche Formen des Engagements und die Schwierigkeiten, diese professionell zu unterstützen

Schon in der Auswertung der Erhebungen im Rahmen der Fokusgruppen – vor allem der Zukunftswerkstätten – erst recht jedoch bei der Umsetzung der von den älteren Zugewanderten entwickelten Projektideen, zeigten sich zwei deutlich voneinander unterscheidbare Engagementmuster:

- Nahezu ausschließlich zu informellen Formen der Selbsthilfe im Medium von Solidarität und Vertrauen sowie auf der Grundlage „persönlicher Pietätspflichten" (Weber 1988, S. 546) tendierten diejenigen, deren Erfahrungszusammenhang noch sehr stark durch Subsistenz- und Landwirtschaft sowie Handwerk geprägt war, und die sich Kompetenzen ganz unmittelbar in diesem Erfahrungszusammenhang angeeignet haben.

- Demgegenüber zeigten sich diejenigen, welche in ihren Herkunftsländern eine Bildungskarriere in formalen Bildungsinstitutionen durchlaufen hatten, obwohl sie dann in der Bundesrepublik häufig bloß einfache körperliche Arbeit verrichteten, sehr viel erfahrener mit entsprechend institutionalisierten Verkehrs- und Organisationsformen, wie sie auch von den Sozialadministrationen in aller Regel als Voraussetzung für eine Unterstützung gefordert werden (May 2014).

Um den ersten und zahlenmäßig deutlich stärker ausgeprägten Typus nicht von vorneherein aus den entstehenden Projektinitiativen auszugrenzen, wurde in der Moderation durch das AMIQUS-Projekt versucht, die Spontaneität deren informeller Regulierungen in den persönlichen Beziehungsverhältnissen nicht durch allzu formalisierte Entscheidungsabläufe zu blockieren. Schwierig wurde es jedoch, Bedenken gegen formalere Formen der Organisation seitens der Moderation dann noch zu stützen, wenn nicht nur Institutionen sich dadurch eine effektivere und effizientere Umsetzung des Projektanliegens versprachen, welche die zur Umsetzung der Projekte notwendigen Ressourcen verwalteten, sondern zudem noch in den Projektgruppen Aktive des anderen Typus.

Zwar war es explizit Aufgabe der Moderation seitens des AMIQUS-Projektes, misslingende Selbstregulierungen in Form einer wissenschaftlich gestützten Mediation aufzuarbeiten, welche von ihr entdeckte, verborgene und implizite Hintergründe offen zur Diskussion stellt. Eine besondere Schwierigkeit ergab sich dabei jedoch aus der stets latent schwelenden Gefahr, damit Gesichtsverluste und Kränkungen gerade aufseiten derjenigen zu provozieren, die – zum zweiten Typus gehörig – in der Projektarbeit ihre in Deutschland nicht anerkannte Professionalität zu restituieren versuchten. Denn häufig ging dies mit impliziten Leitungs- und Führungsansprüchen gegenüber anderen, als weniger qualifiziert eingestuften Projektgruppenmitgliedern, einher. In seltenen Fällen wurden solche Ansprüche sogar explizit gegen Teile der Gruppe durchzusetzen versucht, die sich dann ganz aus den Gruppen herauszuziehen drohten. Ebenso kam es in Gruppen zu Rivalitäten zwischen verschiedenen Leitungsambitionierten, die die Gruppendynamik zum Teil sehr belasteten.

Umgekehrt zeigten sich jedoch auch bei Mitgliedern des ersten Typus Schwierigkeiten, in den Projektgruppen einen produktiven Umgang mit Kompetenzunterschieden zu finden. Zurückgeführt werden kann dies auf das Grunddilemma jeglichen Selbstorganisationsversuches von Marginalisierten: dass nämlich der Wille zur Selbstorganisation bei ihnen zunächst negativ bestimmt ist, als Ablehnung jeglicher Fremdherrschaft und Fremdverfügung, was sich dann auch in dieser Schwierigkeit des Umgangs mit Kompetenzunterschieden artikulierte.

3. Um wessen Interessen und Engagement geht es?

Als Folge dieses Grunddilemmas zeigten sich bei denjenigen mit starken Missachtungs-, Diskriminierungs- und Marginalisierungserfahrungen gerade zu Beginn der Fokusgruppen – aber auch der Projektgruppen – Ängste und Misstrauen, dass es auch in AMIQUS „nicht um ihre Anliegen" gehe. Das kritische Moment dieser Befürchtung liegt in der damit verbundenen vorsichtig bis resignativen Rückzugstendenz aus dem Gruppenprozess. Bei einigen ließ diese Befürchtung allenfalls noch die Rolle des skeptischen Mitläufers zu und konnte schon bei geringen Anlässen sogar zum gänzlichen Ausscheiden führen, die allem Anschein nach solche Missachtungserfahrungen zu reaktivieren vermochten.

Auch bei weniger skeptischen Projektgruppenmitgliedern des ersten Typus, bei denen der soziale Zusammenhang in den Fokus- und Projektgruppen im Vordergrund stand, aus dem sich für sie erst situativ Anlässe für ein Engagement ergaben, schienen die durch formale Bildung/Bildungsabschlüsse privilegierten Aktiven geradezu auf der Suche nach Gelegenheiten zu sein, die eigenen Stärken und Kompetenzen darstellen und einbringen zu können. Aus ihrer Perspektive nahmen sie damit auch nicht selten in den Gruppen zu viel Raum ein. In der Tat drohten sie andere tendenziell – oder sogar real – auszuschließen. Umgekehrt waren solche die Initiative ergreifenden Hochaktiven nach einer bestimmten Zeit selbst im Begriff, sich wegen Überforderung und/oder Resignation zurückzuziehen, gerade auch im Zusammenhang mit dem Gefühl, zu wenig Rückhalt im Engagement der anderen zu haben. Dies erforderte somit moderierende Eingriffe, die damit aber trotzdem durchaus in Spannung zur Selbstregulierung der Betroffenen geraten konnten. Versuche, in diesem Dilemma moderierend zu vermitteln, standen immer in Gefahr, Erfahrungen von Nichtanerkennung aufseiten der Betroffenen zu reproduzieren. Sie unterlagen damit dem gleichen Dilemma, aus dem sie eigentlich herausführen wollten.

Am Ehesten konnte dieses Dilemma dadurch ausbalanciert werden, dass im Rahmen der moderierenden Projektbegleitung die Frage der Aufgabenverteilung quasi permanent öffentlich thematisiert wurde. Immer wieder galt es entsprechend rückzufragen, wer sich an welchen Aufgaben noch beteiligen kann und will und ob es irgendwelche Bedenken gibt, die dann in gemeinsamer Anstrengung auszuräumen wären. Auf diese Weise konnte die Engagementbereitschaft der Einzelnen so kanalisiert werden, dass sie nicht die der anderen blockierte und dennoch Erfüllung finden konnte. Nicht zuletzt vor diesem Hintergrund scheint eine professionelle Moderation notwendig, um spontanen Selbstregulierungen folgende Ansätze der Selbsthilfe in an Kraft und Direktion gewinnende Formen demokratischer Selbstorganisation zu überführen.

Um im Zusammenhang mit den in der Zukunftswerkstatt und den Stadtteilkonferenzen entwickelten Projektideen die Entwicklung von Praxiszusammenhängen zu fördern, denen sich die Interessierten zugehörig fühlen und auf deren Produktivität er/sie vertrauen konnte, war darüber hinaus zunächst auch einmal ein hohes Maß pädagogischer Suggestionskraft seitens der Moderation notwendig – im Hinblick auf das Gelingen der Initiative soweit es die Aktiven selbst betrifft. Denn bei vielen Mitgliedern der Fokusgruppen hat sich – aufgrund der angesprochenen persistierenden Erfahrungen von Missachtung und Diskriminierung sowie von Ausbeutung und Fremdbestimmung – ein hohes Maß an Skepsis entwickelt. Diese artikulierte sich als – wie sich im AMIQUS-Projekt zeigen sollte (May und Alisch 2013, S. 133 ff.) – leider sehr berechtigte Angst vor Enteignung durch Professionelle sowie Vertretungen von Trägern und Sozialadministration. Skeptisch begegnet wurde sogar Aktiven aus den eigenen Reihen, wenn diese Projektideen in spezifischer Weise besonders zu akzentuieren und zu forcieren suchten.

Daraus erwuchs zugleich auch ein weiteres Dilemma der Moderation. Denn einerseits musste diese in ihrer Haltung ein bestimmtes Maß pädagogischer Suggestionskraft im Hinblick auf ein einheitsstiftendes Gesamtinteresse und den Erfolg einer darauf bezogenen, alle integrierenden, partizipativen Projektentwicklung überzeugend verkörpern. Umgekehrt bewegte sie sich damit selbst an der Grenze dessen, was möglicherweise dann von einigen bereits als Enteignung wahrgenommen werden konnte. Eine zu sehr auf Ausgleich und Vermittlung bedachte Moderation gerät zudem in Gefahr, dass sie einerseits die Gruppe in ihrer Verantwortlichkeit für sich selbst enteignet. Die Mitglieder können dann im Extremfall ihre Empfindlichkeiten, Abgrenzungen und Eigensinnigkeiten weiterhin „pflegen", weil sie ja von der Moderation „ausgebügelt" werden. Zum anderen zeigte sich in der Evaluation der Projekte, dass sich hinter der Skepsis, der Reserviertheit und dem Rückzug von Mitgliedern der Projektgruppen häufig verletzte Hintergrundbedürfnisse verbargen, die in der Dynamik der Projektgruppen nicht erkannt bzw. nicht aufgehoben wurden.

Eine besondere Herausforderung an die Moderation stellten in diesem Zusammenhang geschlechtsspezifische, aber auch kulturell ausgeprägte indirekte, affirmative Sprachstile dar, die auf Festigung und Harmonisierung von Kollektiven ausgerichtet sind. Die versteckten und bestenfalls höchst implizit angedeuteten Bedürfnis- und Problemlagen mussten aus einem fein gesponnenen Geflecht vermeintlicher Nebensächlichkeiten entdeckt, entziffert und dechiffriert werden. An die Moderation war hiermit die Herausforderung geknüpft, Gehör und Gespür für versteckte Botschaften zu entwickeln und zu verfeinern – alles vor dem Hintergrund, dass das gesprochene Wort aufgrund kultureller Diversitäten jeweils höchst unterschiedliche Kontextualisierungshinweise und Bedeutungen mit sich führte.

4. Zum Verhältnis von Sozialstaat und Selbsthilfe

In Verbindung mit der beschriebenen Notwendigkeit pädagogischer Suggestionskraft und im Hinblick auf das Gelingen der Initiative, erwuchs in der Begleitung der Projektgruppen ein weiteres Dilemma, wenn diese angewiesen waren auf Ressourcen, die sozialstaatlich von Trägern und Sozialadministrationen verwaltet wurden. Einerseits war die Form konsequenter Selbstbestimmung die Bedingung dafür, dass die Zielgruppe der Zugewanderten, welche in ihrer Biografie häufig negative Erfahrungen mit staatlichen Institutionen sammeln musste, sich überhaupt auf eine ernst gemeinte partizipative Projektentwicklung einließ. Zugleich stellen jedoch die sozialstaatlichen Apparate Bedingungen bezüglich der Nutzung der von ihnen verwalteten Ressourcen und fordern die Einhaltung bestimmter Regeln. Zum Teil standen diese als gesetzlich verfasste nicht zur Disposition bzw. wären nur in langfristigen politischen Prozessen zu verändern. Aber selbst wenn Amtspersonen über Entscheidungsspielräume verfügten, waren sie vor dem Hintergrund formaldemokratischer Bedenken häufig nicht bereit, bei von ihrer Programmatik abweichenden Initiativen der älteren Zugewanderten eine allparteiliche Mediationsrolle des AMIQUS-Projektes zu akzeptieren.

In Anbetracht der Gefahr, dass die im Rahmen von AMIQUS partizipativ entwickelten Projekte an formalisierten Verfahren sowie vermeintlich oder real engen Spielräumen und Zuständigkeiten des lokalen politisch-administrativen Systems zu scheitern drohten und sich die darin engagierten älteren Zugewanderten dann möglicherweise ein für alle Mal resignativ in ihre Privatheit zurückgezogen hätten, kamen die wissenschaftlichen Mitarbeiter_innen des AMIQUS-Projektes – entgegen ihrer Aufgabenbeschreibung im Projektantrag – so zum Teil in die Rolle, Normalisierungsarbeit im Sinne der Anpassung der Zielgruppe an diese Vorgaben zu leisten. Von den Amtsträgern wurde dies dann häufig als „Integrationsleistung" von AMIQUS entsprechend gewürdigt. Die andere Option war, die Gruppen auf dem langen Weg der Beantragung von Ressourcen über die entsprechenden zuständigen Gremien zu unterstützen, bzw. dies selbst über entsprechende Einzelkraftakte zu versuchen, da den Betroffenen älteren Zugewanderten schon allein aufgrund ihres Alters die Ausdauer fehlt, geschweige denn sie über entsprechende soziale und kulturelle Ressourcen verfügen. Solch advokatorisches Handeln gerät aber nur allzu schnell in Gefahr, in eine Enteignung der Betroffenen umzuschlagen.

Wie bei vielen der angesprochenen Dilemmata geht auch dieses weit über die in diesem Band angesprochene Zielgruppe hinaus und betrifft die Engagementförderung von nahezu allen marginalisierten gesellschaftlichen Gruppen. Deren nachhaltige Unterstützung erforderte – über solche Praxisforschungsprojekte wie AMIQUS hinaus – vor allem strukturelle Veränderungen in Richtung einer sozialstaatlichen Bereitstellung von sozialer Infrastruktur und durch die antragstellenden Initiativen selbst zu verwaltender Ressourcenfonds eine gänzlich andere Grundlage gesellschaftlicher Teilhabe (May 2013).

Literatur

Alisch, Monika/May, Michael 2013: Selbstorganisation und Selbsthilfe älterer Migranten. In: Aus Politik und Zeitgeschichte 65, 4-5, S. 40-45.

Alisch, Monika/May, Michael 2014: AMIQUS – Initiieren und Stützen von Netzwerken der Selbstorganisation: Projektdesign und Kernergebnisse. In: Alisch, Monika (Hrsg.): Älter werden im Quartier: Soziale Nachhaltigkeit durch Selbstorganisation und Teilhabe. Gesellschaft und Nachhaltigkeit, Bd. 3. Kassel, S. 57-78.

Brown, Juanita/Isaacs, David 2005: The World Café. Shaping our futures through conversations that matter. San Francisco.

Bundesministerium für Familie, Senioren Frauen und Jugend 2012: Altern im Wandel. Zentrale Ergebnisse des Deutschen Alterssurveys (DEAS). Berlin.

Gensicke, Thomas/Geiss, Sabine 2010: Hauptbericht des Freiwilligensurveys 2009. Zivilgesellschaft, soziales Kapital und freiwilliges Engagement in Deutschland 1999-2004-2009 im Auftrag des Bundesministerium für Familie Senioren Frauen und Jugend. München.

Krumme, Helen/Hoff, Andreas 2004: Die Lebenssituation älterer Ausländerinnen und Ausländer in Deutschland. In: Tesch-Römer, Clemens (Hrsg.): Abschlussbericht Sozialer Wandel und individuelle Entwicklung in der zweiten Lebenshälfte. Ergebnisse der zweiten Welle des Alterssurveys. Berlin, S. 455-500.

Lüttringhaus, Maria 2003: Handbuch aktivierende Befragung. Konzepte, Erfahrungen, Tipps für die Praxis. Arbeitshilfen für Selbsthilfe- und Bürgerinitiativen, Nr. 29. Bonn.

May, Michael 2013: Soziale Infrastruktur und Politik des Sozialen. In: Hirsch, Joachim et al. (Hrsg.): Sozialpolitik anders gedacht. Soziale Infrastruktur. Hamburg, S. 185-191.

May, Michael 2014: Neue soziale Zugehörigkeiten durch gemeinsame Interessenartikulation. Wie ältere Migrantinnen und Migranten in der Stadt das Alter(n) organisieren. In: Löw, Martina (Hrsg.): Vielfalt und Zusammenhalt. Verhandlungen des 36. Kongresses der Deutschen Gesellschaft für Soziologie in Bochum und Dortmund 2012. Frankfurt/M., S. 533-547.

May, Michael/Alisch, Monika 2013: AMIQUS-Unter Freunden. Ältere Migrantinnen und Migranten in der Stadt. Beiträge zur Sozialraumforschung, Bd. 8. Opladen.

Weber, Max 1988: Gesammelte Aufsätze zur Religionssoziologie. Uni-Taschenbücher, Bd. 1488. Tübingen.

Ansgar Drücker
Jugend und junges Erwachsenenalter

1. Vorbemerkung

Aktuelle eher soziologisch ausgerichtete Jugendstudien unterscheiden bei der Milieuorientierung Jugendlicher nicht mehr zwischen jungen Menschen mit und ohne Migrationshintergrund, sondern gehen von inzwischen weitgehend vergleichbaren Orientierungen aus. Wenn hier die jugendkulturelle und lebensweltliche Orientierung beleuchtet wird, so werden in der Bildungsforschung häufig stärker die Defizite junger Schülerinnen und Schüler nichtdeutscher Herkunft betont und sehr wohl eine Unterscheidung von Jugendlichen mit und ohne Migrationshintergrund vorgenommen. Dabei wird allerdings die Bedeutung der sozialen Herkunft oft unter- und die der ethnischen, kulturellen oder nationalen Herkunft überbetont. Soziale Unterschiede, die bekanntlich eine wichtige Variable auch für den Schulerfolg sind, werden so kulturalisiert. Auch in anderen Bereichen der Gesellschaft lassen sich weiterhin Diskriminierungen von Menschen(gruppen) mit Migrationshintergrund aufzeigen, auch wenn sich die gesellschaftlichen Rahmenbedingungen sehr unterschiedlich auf das Selbstbild von jungen Menschen mit Migrationshintergrund auswirken und nicht wenige junge Menschen bestreiten würden, dass sie schon einmal diskriminiert worden seien, obwohl sie – soziologisch betrachtet – einer diskriminierten Gruppe angehören. Das wissenschaftliche Bild ist also vielfältig und könnte auch dazu missbraucht werden, das Thema Interkulturelle Öffnung bereits auf die Seite zu schieben, von Rassismus ganz zu schweigen. Gleichzeitig erleben wir nie dagewesene Bildungs- und Schulerfolge von jungen Menschen mit Migrationshintergrund, die zum Teil sehr selbstverständlich und zum Teil gegen Widerstände ihren schulischen und beruflichen Weg gehen, aber auch eine aktuell zunehmende gesellschaftliche Polarisierung, die auch aus hier geborenen jungen Menschen leichtfertig und undifferenziert „Muslime", „Nordafrikaner", „Ausländer" und neuerdings sogar „Flüchtlinge" macht, um anschließend negative Stereotypen über diese eben erst konstruierten Gruppen zu kolportieren.

2. Engagementfeld Migrantenjugendorganisation

Inzwischen wird auch in der Arbeit von Selbstorganisationen junger Migrant_innen zunehmend sichtbar, dass mit einer Professionalisierung und einem zunehmenden Strukturaufbau die Akademisierung des Ehrenamtes zunimmt, also der Studierendenanteil unter den ehrenamtlichen Verantwortlichen tendenziell ansteigt. Umso wichtiger wird es für die weitere Entwicklung und Professionalisierung der Verbände sein, bewusst weiterhin jugendkulturelle Angebote und Veranstaltungen für alle jungen Menschen aus ihrer Zielgruppe zu unterbreiten, um einen potenziellen Vorteil gegenüber traditionellen Jugendverbänden der Mehrheitsgesellschaft, nämlich die jugendkulturelle Milieus übergreifende Anziehungskraft für ganze Communitys, nicht zu verspielen, sondern ihn zielgerichtet zu pflegen und zu fördern.

Auch und gerade traditionelle Jugendverbände bzw. Jugendverbände innerhalb traditioneller Strukturen stehen in der Jugendverbandslandschaft für ein großes Potenzial an innerverbandlichen Entwicklungsmöglichkeiten und für geschützte Freiräume, die innerhalb der familiär und im Umfeld akzeptierten Engagementformen wesentlich mehr Offenheit und Entfaltungsmöglichkeiten beinhalten, als es oft nach außen hin wahrnehmbar wird. Dies trägt dazu bei, dass die in Vereinen junger Menschen mit Migrationshintergrund organisierten junge Menschen sich zwar häufig an traditionellen oder autoritären Mustern in ihren Verbänden oder Communitys reiben, sie aber dennoch als Teil ihrer Identität und Lebenswelt und als einen sie eher fördernden und unterstützenden als bremsenden und bevormundenden Rahmen erleben. Derartige Mechanismen sind im Übrigen auch in Strukturen der Mehrheitsgesellschaft nicht fremd, egal ob es sich um große, hierarchisch strukturierte Verbände, kirchliche Kontexte oder Verbände aus dem Feld politischer oder ökologsicher Bewegungen handelt.

Ebenso wie nicht wenige katholische Jugendliche vom Lande über die Katholische Landjugendbewegung (KLJB) mit Fragen der Energiewende, der biologischen Landwirtschaft oder ungerechter Strukturen im Welthandel in Berührung gekommen sind, die vielleicht in ihrer Herkunftsfamilie oder in ihrem Dorf zunächst keine große Rolle spielten, bieten auch die bundesweit tätigen Jugendverbände „mit Migrationshintergrund" oft eine wichtige und die eigene Perspektive erweiternde Orientierung über die Familie und die Community hinaus. Ob im Bund der Alevitischen Jugendlichen in Deutschland offen über Homosexualität gesprochen wird und schwule und lesbische junge Menschen selbstverständlich im Verband mitwirken, während sich viele alevitische Gemeinden vor Ort und leitende Geistliche damit noch schwer tun, ob in einem Landesjugendverband der DITIB (Türkisch-Islamische Union der Anstalt für Religion) selbstbewusste junge Frauen mit und ohne Kopftuch leitende Aufgaben übernehmen, während

Jugend und junges Erwachsenenalter 241

Frauen in manchen Moscheegemeinden noch eher in dienender und unterstützender Rolle gesehen werden, oder ob Mitglieder eines russischsprachigen Verbandes über die Mitgliedschaft in der djo (Deutsche Jugend in Europa) und den dadurch entstehenden Kontakt zu assyrischen und kurdischen Geflüchteten einen viel offeneren Blick auf die Flüchtlingsfrage gewinnen als die Erwachsenenverbände aus ihrer Community – all diese Aufbrüche und Zugänge machen Migrantenjugendorganisationen[1] zu einer wertvollen und wichtigen Sozialisationsinstanz und einem dankbaren Engagementfeld unter schwierigen, aber sich verbessernden Bedingungen.

Der oben genannte Bezug zur KLJB ist übrigens kein Zufall: In einem Projekt zum interreligiösen Dialog zwischen der Katholischen Landjugendbewegung und dem Bund der Alevitischen Jugendlichen stellte sich – manchmal schmunzelnd und manchmal ernsthaft – die Frage, welcher der beiden Verbände denn nun der exotischere sei oder sich stärker vom jugendkulturellen oder gesellschaftlichen Mainstream unterscheide. Und die gemeinsame Erfahrung, dass Teile der eigenen Lebensrealität und Herkunft gesellschaftlich nicht als „normal" empfunden wurden, verband junge Menschen aus beiden Verbänden durchaus.

3. Auswirkungen der Flüchtlingsfrage

Die Flüchtlingsfrage hat die Engagierten im Bereich der Vereine junger Menschen mit Migrationshintergrund in sehr unterschiedlicher Weise betroffen. Zum einen drohte die Flüchtlingsthematik das gerade aufkommende Thema der Interkulturellen Öffnung des Jugendverbandssystems für Migrantenjugendorganisationen zu verdrängen. Auch entstand bei manchem jungen Menschen mit Migrationshintergrund der Eindruck, auch er oder sie würde nun als Flüchtling oder noch einmal stärker als Muslim_a wahrgenommen. Und nicht wenige hier geborene junge Männer mit als arabisch gedeutetem Aussehen berichteten – nach den Übergriffen in der Kölner Silvesternacht – von neuen Vorbehalten auch ihnen gegenüber, die sich unmittelbar bis in die Alltagskontakte, Flirts oder aufs Nachtleben auswirkten – von den vielen nonverbalen und oft nicht eindeutig zu belegenden, sondern eher gefühlten Veränderungen in der Kommunikation ganz zu schweigen.

Zum anderen haben migrantische Communitys – oft wenig wahrgenommen – wichtige Aufgaben in der sogenannten Willkommenskultur für Geflüchtete übernommen, sei es weil sie als Assyrer_innen, Jesid_innen oder Christ_innen aus dem arabischen Raum ohnehin die ersten Ansprechpartner_innen für Geflüchtete aus kleinen und politisch im Herkunftsland besonders exponierten oder

---
1 Der Begriff „Migrantenjugendselbstorganisation" ist als Synonym zu verstehen.

bedrohten Gruppen waren, sei es, weil sie als Kurdisch- oder Arabischsprechende häufig die ersten Ansprechpartner_innen vor Ort waren, zu denen neu ankommende Geflüchtete Vertrauen gewonnen haben, etwa, wenn auf dem Bahnsteig bei Ankunft des Zuges mit Hunderten von Geflüchteten neben Polizist_innen in Uniform auch muslimische Studierende auftauchten, die nicht nur sprachlich für Orientierung sorgten, oder sei es, wenn Moscheegemeinden zu den ersten Anlaufpunkten für neu zugewiesene Geflüchtete in einer Stadt gehörten.

Nicht immer und überall wurden Selbstorganisationen aus migrantischen Kontexten ausreichend einbezogen, gewürdigt und gesehen, wenn es um bürgerschaftliches Engagement für Geflüchtete ging. Auch viele junge Menschen mit kulturellen oder religiösen Verbindungen zu den Herkunftsländern vieler Geflüchteter haben ihre oft spontane Hilfe nicht an die große Glocke gehängt, sondern als menschliche oder religiöse Selbstverständlichkeit begriffen. Hier und da entstand aber auch der Eindruck, dass die Mehrheitsgesellschaft und ihre Strukturen migrantische Organisationen mit besonderen Zugängen zu den Geflüchteten, ihren Sprachen, Religionen und Kulturen nicht eigenständig in diesen Kontexten agieren lassen wollten, sei es aus Angst vor (sprachlichem und politisch-religiösem) Kontrollverlust, sei es aus mangelndem Zutrauen zu ihrer verbindlichen Mitwirkung oder sei es, weil man die Setzung der neuen – und nun eben deutsch geprägten – Regeln für die ankommenden Geflüchteten im Sinne eines einseitigen Integrationsverständnisses bewusst nicht aus der Hand geben wollte.

Dabei mangelt es gerade in Flüchtlingsunterkünften nicht an Konfliktfeldern, die eher der kommunikativen und kultursensiblen Bearbeitung bedürfen und in denen Menschen mit Migrationshintergrund häufig eine besondere Verantwortung übernommen haben, oft unabhängig davon, ob sie wollten oder nicht und ob sie dafür zuständig waren oder nicht. Wie werden Jugendliche aus einer christlichen Familie aus Syrien in der Flüchtlingsunterkunft vor Übergriffen von muslimischen Jugendlichen geschützt, mit denen sie vielleicht zunächst sogar einen guten Kontakt hatten? Wie kann ein junger schwuler aserbaidschanischer Geflüchteter, der von Muslimen in der Unterkunft als Muslim identifiziert wird, seine Freiheit durchsetzen, nicht zum Gebet zu gehen oder sich die Fingernägel zu lackieren? Wie werden die Gestaltungsmöglichkeiten unterschiedlicher Männer- und Frauenrollen nicht als vermeintlich perfekt organisierte Freiheit einer vermeintlich gleichberechtigten deutschen Gesellschaft, sondern als komplizierter Aushandlungsprozess für Biodeutsche und Eingewanderte so dargestellt, dass auch für die Neuen ein positiver Umgang mit dieser Breite an Optionen entstehen kann?

Immer wieder werden Menschen mit (vermeintlich) muslimischen Wurzeln oder arabischem bzw. türkeistämmigem Migrationshintergrund dabei – oft ungefragt – in Vermittlerrollen geschoben und werden ihnen besondere Zugänge zu den Geflüchteten unterstellt. Zwar sind viele von ihnen aus ihrer eigenen Biografie den Umgang mit einer hybriden Identität gewohnt und viele agieren fast spielerisch in verschiedenen Kontexten in jeweils unterschiedlichen Rollen, ohne sich dabei selbst fremd zu werden. Aber gerade für junge Menschen ist die dauernde Konfrontation mit ihnen unterstellten oder für sie spürbaren kulturellen Unterschieden und kulturbedingten Ausgrenzungen auch ein Stressfaktor, den sie eher reduzieren als ausweiten möchten. Und gerade viele in Deutschland geborene Menschen mit Migrationshintergrund haben den Stimmungsumschwung nach den Übergriffen in der Silvesternacht und im Zuge der gesellschaftlichen Polarisierung des Themas Flucht und Asyl auch als zusätzlichen Stress für sie ganz persönlich erlebt. Derzeit scheint es wieder schwieriger zu werden, selbstverständlich muslimisch und deutsch und jugendkulturell modern zu sein und vielleicht ein Kopftuch zu tragen. Und so verwundert es nicht, dass auch in migrantischen Communitys bei aller Solidarität mit den Ankommenden sich auch Sorgen breit machen, wie die gesellschaftliche Auseinandersetzung über die Flüchtlingsfrage das eigene Leben negativ beeinflussen kann.

4. Migrantenjugendorganisationen und Interkulturelle Öffnung

Migrantenjugendorganisationen sind nicht das einzige, aber auf jeden Fall ein Organisationsmodell für junge Menschen, das es geben muss und das Unterstützung verdient. Es gibt so viele junge Menschen mit Migrationshintergrund, die sich bisher nicht engagieren, dass beide Modelle nebeneinander Platz haben – das einer vielfältigen Landschaft von Migrantenjugendorganisationen und das der Interkulturellen Öffnung der etablierten Verbände. Und auch die Frage, ob es sich bei Vereinen junger Menschen mit Migrationshintergrund um ein Organisationsmodell auf Zeit handelt, also etwa bis zur Überwindung von Rassismus und Diskriminierung, oder um ein Organisationsmodell auf Dauer, kann getrost offen bleiben, denn das entscheiden die jungen Menschen der nächsten Generationen selbst, solange gesellschaftliche und (förder)politische Offenheit für die von ihnen selbst gewählten Organisationsformen besteht. Auf Bundesebene und in mehreren Bundesländern haben die überregional organisierten Migrantenjugendorganisationen in den vergangenen Jahren beachtliche strukturelle und förderpolitische Fortschritte erzielt, die derzeit auch zunehmend in eine Integration in die bestehende Jugendverbandsförderung einmünden oder zu anderen stabilisierenden Lösungsansätzen geführt werden. Damit wird in der Jugendarbeit zumindest ansatzweise die gesellschaftlich längst überfällige Mitwirkung migrantisch geprägter Communitys erprobt.

Sehr schnell wird dabei deutlich, dass Migrantenjugendorganisationen – neben gemeinsamen und sie verbindenden Interessen – auch politische, gesellschaftliche und religiöse Gegensätze in die jugendpolitische Arena einbringen. Gerade diese bereits vorhandene Erfahrung macht es aber aus meiner Sicht auch den etablierten Jugendverbänden einfacher mit einem diversitätsbewussten Blick auf die Gruppen der geflüchteten jungen Menschen zu schauen und sie als heterogene Zielgruppe in einer schwierigen, aber hoffnungsvollen Lebenssituation auch jugendkulturell zu begleiten. Während in den Medien und der öffentlichen Meinung oft holzschnittartig das Bild des männlichen muslimischen Geflüchteten aus arabischen Ländern gezeichnet wird, hilft in einer diversitätsbewussten Perspektive das Wissen um ethnische, politische und religiöse Gegensätze in den Herkunftsländern der Geflüchteten bei der Wahrnehmung der Vielfältigkeit der Gruppen und der verschiedensten individuellen Fluchtgründe von politischer Verfolgung über Homosexualität bis zur drohenden Rekrutierung für Kriegshandlungen.

Wer mit dem geschärften Blick einer Jugendarbeit, die sich mit Diversität und Interkultureller Öffnung beschäftigt hat, mit jungen Geflüchteten in einer Unterkunft in Kontakt kommt, wird schnell realisieren, dass Menschen auf einem Zimmer oder zwischen denselben provisorischen Trennwänden leben, die vielleicht in ihrem gemeinsamen Herkunftsland gegeneinander gekämpft hätten, die unterschiedlichen Glaubensrichtungen angehören oder die sich vielleicht zurückgesetzt fühlen, weil Angehörige einer anderen Nationalität aufgrund der deutschen Flüchtlingspolitik an ihnen vorbeiziehen, Plätze in Sprachkursen erhalten oder ihnen wesentlich schneller eine Bleibeperspektive eröffnet wird. Wer mit diesem Blick auf den Alltag in den Unterkünften schaut, wird die Schutzbedürftigkeit von Frauen, Schwulen, Lesben, Minderjährigen und Angehörigen politischer, ethnischer und religiöser Minderheiten nicht übersehen oder geringschätzen. Daher haben viele Jugendverbände und Institutionen der Jugendarbeit und noch mehr Einzelpersonen aus der Jugendarbeit Verantwortung übernommen, um die Neuen und die Alten erfolgreich zusammenzubringen. Das größte Integrationshindernis wäre eine veränderungsunwillige Mehrheitsgesellschaft, die sich von rechtspopulistischen Positionierungen beirren und einschüchtern lässt und selbst keinen klaren Kompass für die Organisation eines vielfältigen neuen Zusammenlebens in Deutschland hat, sondern darauf setzt, dass Integration mit den vorhandenen Mitteln von selbst funktioniert. Diese Lücke zwischen Anspruch und Wirklichkeit könnte bürgerschaftliches Engagement nicht auf Dauer füllen.

Carina Großer-Kaya, Özcan Karadeniz
Väter auf dem Weg
Erfahrungen und Herausforderungen der interkulturellen Väterarbeit

1. Vorbemerkung

Väterspezifische Themen gelangen erst langsam in das Bewusstsein einer breiteren Öffentlichkeit. So ist es auch nicht verwunderlich, dass sich das Handlungsfeld der Väterarbeit erst seit wenigen Jahren herausgebildet hat. Geschlechter- und Familienverhältnisse haben sich gewandelt, Väter präsentieren sich heutzutage nicht nur zunehmend fürsorglich, sondern fordern auch aktiv Verantwortung für ihre Kinder ein. Auch Väter mit Migrationsgeschichte sind Teil einer Gesellschaft, in der die Rolle von Vätern als bedeutsame Bezugspersonen ihrer Kinder zu einem zentralen Thema der Familienpolitik geworden ist. In der Regel werden sie jedoch von ihr nicht mitgedacht und ihre spezifischen Lebenslagen und Bedürfnisse nicht thematisiert. Im Sinne von Teilhabe, Engagement und Familienbildung ist es jedoch erforderlich, die Interessen und Anliegen einer immer größer werdenden Gruppe von Vätern mit Migrationsgeschichte stärker zu berücksichtigen.[1] Unser Beitrag widmet sich den spezifischen Problemlagen, Ressourcen sowie Anliegen dieser Väter und diskutiert Erfahrungen und Handlungsansätze, die aus der Beratungs- und Projektarbeit heraus entwickelt wurden.[2]

Wenn wir von Vätern mit Migrationsgeschichte sprechen, so handelt es sich um eine sehr heterogene Gruppe. Nicht nur die Herkunftskultur, sondern auch Bildungsstand, soziale Schicht, religiöse Orientierung, regionale Herkunft, Familientraditionen und -kultur, aktuelle Lebenssituation etc. spielen eine gewichtige Rolle bei der Ausgestaltung des Vaterseins. Darüber hinaus sind die familiären Migrationsgeschichten und konkreten Migrationsverläufe zu berücksichtigen. Unabhängig davon, ob die Entscheidung zur Migration eine freiwillige war oder aufgrund einer Zwangssituation getroffen wurde, werden die Selbstverständlich-

---
1 Dies ist vor allem deshalb relevant, weil etwa 35 Prozent (Foroutan et al. 2014) der Bevölkerung in der Bundesrepublik Deutschland eine familiäre Migrationsgeschichte haben.
2 Das Projekt „Stark für Kinder – Väter in interkulturellen Familien" wurde von 2011 bis 2014 vom Verband binationaler Familien in Leipzig durchgeführt. Erfahrungen und Ergebnisse sind in dem Buch „Väter in interkulturellen Familien. Erfahrungen-Perspektiven-Wege zur Wertschätzung" (Großer-Kaya et al. 2014) zusammengefasst.

keiten des Alltags außer Kraft gesetzt und etablierte Sinnsysteme kommen abhanden. Ein neues Land, eine andere Sprache und unbekannte kulturelle Normen und Werte stellen gerade die Migrant_innen der ersten Generation vor große Herausforderungen bei der Ausgestaltung ihres Alltags. Entsprechend besteht eine aufwendige Aufgabe darin, sich neu zu organisieren und Handlungssicherheit wiederzuerlangen. Dieser Prozess ist mühsam und kann von einer Vielzahl von Missverständnissen, Konflikten und Frustrationen begleitet sein. Die Nichtanerkennung von beruflichen Erfahrungen und Abschlüssen, sprachliche Schwierigkeiten und soziale Abwertung können nicht nur ökonomische Zwänge bewirken, sondern auch das Selbstwertgefühl beeinträchtigen. Gerade Männer und Väter erfahren, dass sie eine auch in unserer Gesellschaft nach wie vor etablierte, männliche Versorgerrolle so u. U. nicht ausfüllen können. Dies kann ein prägendes Gefühl von Entmächtigung zur Folge haben.

2. Spezifische Problemlagen migrantischer Väter

Wenn es um migrantische Männer und Väter geht, ist zu beobachten, dass sie einer nach Herkunftskultur (Mittlerer Osten, Lateinamerika oder Südosteuropa) oder Religionszugehörigkeit (Muslime) unterschiedlichen stereotypen Wahrnehmung ausgesetzt sind. Die Überschneidung von negativen Zuschreibungen für Männlichkeit und Herkunft kulminiert in Bildern von frauenfeindlichen „Machos" und „Paschas" (Tunç 2014). Durch die vielfach undifferenzierte und negative mediale Berichterstattung über „den Islam" und „die Muslime" steht zurzeit insbesondere der muslimische Mann sinnbildlich für die historische Figur des fremden und gefährlichen Mannes (Scheibelhofer 2008). Unabhängig von religiöser Alltagspraxis sind muslimische Männer Adressaten rassistischer Zuschreibungen und islamfeindlicher Haltungen in der breiten Bevölkerungsmehrheit (Bertelsmann Stiftung 2015). Zudem stehen sie im Mittelpunkt von Debatten um Migration und die Gestaltung der Migrationsgesellschaft insgesamt.[3] Sie gelten als Gegenentwurf moderner Männlichkeit und dienen als Projektionsfläche, um die Überlegenheit der vermeintlich fortschrittlicheren christlich-europäisch gedachten Wir-Gruppe zu rechtfertigen. Für die betroffenen Männer und Väter haben die offenen und subtilen Pauschalisierungen z. T. erhebliche Folgen. Ihnen wird mit besonderer Skepsis begegnet, und in fast allen Lebenslagen ist ihre ver-

---

3 Hier setzt die Arbeit des aktuellen Modellprojekts an, in dem die Autor_innen tätig sind. Es wird im Schwerpunkt Islamfeindlichkeit des Bundesprogramms Demokratie leben! vom Bundesministerium für Familie, Senioren Frauen und Jugend (BMFSFJ) gefördert und entwickelt Weiterbildungen zur Sensibilisierung von Fachkräften im Hinblick auf die Zusammenhänge von Migration und Geschlecht und initiiert Aktivitäten gegen antimuslimischen Rassismus. Informationen zu den Projektinhalten und Angeboten unter: www.vaterzeit.info

meintliche Kultur das dominante Deutungsmuster für ihr Verhalten. Solche Abwertungsprozesse und Mikroaggressionen werden zumeist subtil reproduziert und liegen häufig unterhalb der Wahrnehmungsschwelle von Nichtbetroffenen (Louw 2014). Ein Bewusstsein für niedrigschwelligen Alltagsrassismus ist nach wie vor nur in geringem Maße vorhanden.

In der interkulturellen Väterarbeit stellen wir fest, dass migrantische Väter ihre eigenen Erziehungsvorstellungen vielfach nur sehr eingeschränkt umsetzen können. Gerade wenn es um den Lebensalltag in der Migrationsgesellschaft geht, stellt sich die Frage, in welcher Weise Werte sowie kulturelle und religiöse Alltagspraxis an die Kinder weitergegeben werden können. Unterschiedliche Erziehungsvorstellungen erfordern umfassende und langfristige Aushandlungsprozesse, die durch das gesellschaftliche Klima maßgeblich beeinflusst werden. Oft begegnen sich scheinbar einander zuwiderlaufende Vorstellungen von der richtigen Erziehung der Kinder, die nur schwer in Einklang zu bringen sind. Angesichts der Dominanz der Erziehungsvorstellungen der Mehrheitsgesellschaft fühlen sich migrantische Väter damit häufig überfordert. Ihre enormen Anstrengungen und Anpassungsleistungen werden kaum wahrgenommen, und ihre Sorgen um das Wohlergehen der Familie bleiben oft ungesehen. Finden sie für ihre Anliegen keine Unterstützung oder erfahren gar Abwertung und Missachtung, kann es mit der Zeit zu einem Gefühl der Entfremdung von den eigenen Kindern und zu hoher Frustration kommen.

Wenn es um muslimische Väter geht, beobachten wir, dass sie eher als Bedrohung denn als fürsorglicher Elternteil gesehen werden und dies selbst in juristische Bewertungen einfließt. Sie werden oft voreilig für Erziehungsprobleme verantwortlich gemacht und als konkrete Gefährdung (Entführungsgefahr!) wahrgenommen. Für muslimische Väter resultieren daraus diskriminierende Erfahrungen, die weitreichende Folgen für das Familienleben haben. In Konfliktfällen kann dies so weit gehen, dass ihnen die Befähigung, eine fürsorgliche Beziehung zu ihren Kindern aufbauen zu können, durch soziale Dienste und Gerichte abgesprochen wird. Aber auch jenseits dieser zugespitzten Einzelfälle führt die Präsenz von muslimischen Vätern in sozialen Einrichtungen (z. B. Kindertagesstätten, Horteinrichtungen, Grundschulen) zu Irritationen und Befürchtungen. Halten sich die Väter aus den Einrichtungen fern, wird ihnen schnell Desinteresse attestiert. Sind sie aber präsent und zeigen Interesse, wird ihr Auftreten häufig als autoritär wahrgenommen und als typisches und unveränderliches Kennzeichen ihrer islamischen und patriarchalen Haltung abgewertet. Angesichts der öffentlichen Debatte um Migration, die sich überaus stark auf muslimische Männer fokussiert, gibt es nur geringen Spielraum, als Vater bei alltäglich erscheinenden Aktivitäten überhaupt etwas richtig zu machen. Dies ist nur ein kleiner und verkürzter Einblick aus den Erfahrungen in der Projektarbeit, der verdeutlicht, welche Irritationen, Missverständnisse und Konflikte allein in diesem Teilbereich entstehen können.[4]

3. Empowermentansätze und Erfahrungen aus der praktischen Projektarbeit

Die Ansprache und Arbeit in der interkulturellen Väterarbeit gestaltet sich schwierig. Zum einen sind es Männer häufig nicht gewohnt, Adressaten von Angeboten zu sein und in den Fokus sozialer Arbeit gerückt zu werden. Zum anderen gibt es nicht „den" migrantischen Vater. Die Vorstellungen von guter Vaterschaft können zwar kultur- und milieugeprägt durchaus unterschiedlich sein, aber über alle Unterschiede hinweg haben Väter in der Regel großes Interesse, für ihre Kinder Verantwortung zu übernehmen und sich zu engagieren. Die eigene Einstellung spielt sicher eine gewichtige Rolle, häufig erschweren allerdings die strukturellen Rahmenbedingungen und das gesellschaftliche Klima die Umsetzung der eigenen Vorstellungen von guter Vaterschaft. Gerade das eingeschränkte Vertrauen in väterliche Kompetenzen in Kombination mit lebensweltbezogenen Belastungen wirkt hierbei einschränkend.

Väterspezifische Angebote müssen sich diesen Herausforderungen stellen. Um sich als Ansprechpartner für migrantische Väter zu etablieren, helfen zielgruppengerichtete Ansprachen und insbesondere Kenntnisse um soziale und familiärkontextuelle Besonderheiten und ihre Wechselwirkungen. Diskriminierende Alltagspraxis, unterschiedliche Wertehaltungen und die Anforderung selbstreflexiver Aushandlungsprozesse in Bezug auf Elternschaft stellen erfahrungsgemäß die größten Herausforderungen dar. Je nach Lebenslage sind migrantische Väter an der Vermittlung von Informationen, Kenntnissen und Fertigkeiten interessiert oder suchen Kontakt- und Austauschmöglichkeiten. Väter, die sich in Krisen befinden, haben zumeist konkrete Anliegen und brauchen Beratung, Begleitung und Verständnis. Ist dieser grundlegende Schritt erfolgreich vollzogen, sind die Väter in der folgenden Phase stark daran interessiert, ihre Situation weiter zu verbessern und entsprechend für andere Angebotsformate offen. Insbesondere erlebnisorientierte Veranstaltungen mit Kindern sind sinnvoll, da sie als niedrigschwelliger Türöffner wirken. In entspannter Atmosphäre mit körperorientierten Aktivitäten können die Väter mit den Kindern Spaß haben und sich langsam auf andere einlassen.

---

4 Aufgrund der Kürze des Beitrags verweisen wir an dieser Stelle auf die Fallbeispiele, die wir in der Publikation „Väter in interkulturellen Familien" (Großer-Kaya et al. 2014) präsentieren und analysieren.

„Es stärkt einen, wenn man sieht oder hört, okay, ich habe dieselben Probleme oder bei mir ist es auch ähnlich, ich hab die und die Schwierigkeiten."[5]

Insbesondere ein geschützter Raum eröffnet migrantischen Vätern neue Reflexions- und Gestaltungsspielräume. Eine rein migrantische Gruppe bringt unweigerlich eine Sensibilität für viele bedeutende Aspekte ihres Lebens mit sich und begünstigt spezifische Auseinandersetzungsprozesse. Es herrscht kein Erklärungsdruck und dennoch rücken kollektiv relevante Themen unweigerlich in den Fokus.

„Ich habe mich verstanden gefühlt und dann auch durch den Austausch mit anderen Vätern hatte ich noch mehr dieses Gefühl entwickelt, okay, vielleicht bin ich nicht völlig verrückt."

Das Teilen von Rassismuserfahrungen hat stärkende Momente. Dabei ist die Reduzierung einer Person auf einen Status als diskriminiertes „Opfer" nicht angemessen, da damit vorhandene Handlungsspielräume ausgeblendet werden. Es ist maßgeblich, dass alle Beteiligten reflektieren, wer sie selbst sind und wie die eigene Haltung und bewusst eingesetzte unterschiedliche Perspektiven im gemeinsamen Prozess ihre Wirkung entfalten. Die Erarbeitung einer eigenständigen Position der Stärke *(voice and choice)* unterstützt die migrantischen Väter, regt darüber hinaus aber auch die Fachkräfte in den Institutionen der sozialen Arbeit und Beratung dazu an, sich mit den eigenen Leerstellen auseinanderzusetzen (Louw 2014). Das Resultat eines solchen Prozesses ist ein Lern- und Kompetenzgewinn für alle Beteiligten.

4. Gesellschaftliche Herausforderungen für eine geschlechtersensible Arbeit mit migrantischen Vätern

Insgesamt stellt sich die Situation für migrantische Väter schwierig dar. Häufig werden sie in ihrem Bemühen um Engagement in Familie, Partnerschaft, Arbeitswelt und Gesellschaft und bei der Führung eines selbstbestimmten Lebens ausgebremst. Dies ist vor allem für eine Gesellschaft problematisch, in der Interkulturalität, Mehrsprachigkeit, kulturelle Unterschiede und religiöse Vielfalt zu selbstverständlichen Merkmalen des Alltags geworden sind. Trotz der dargestellten Barrieren zeigen die Beispiele aus der Projektarbeit, dass migrantische Väter ein großes Interesse daran haben, engagiert für ihre Kinder da zu sein. Während es hinsichtlich der Arbeit mit Müttern mit Migrationsgeschichte bereits eine Vielzahl von Erfahrungen gibt, steckt die Arbeit mit migrantischen Vätern allerdings noch in den Kinderschuhen und ist eingerahmt von einer gesellschaftlichen De-

---

5 Die Zitate stammen von Vätern, die an den Angeboten des Projektes „Stark für Kinder – Väter in interkulturellen Familien" teilgenommen haben und sind Bestandteil der Publikation „Väter in interkulturellen Familien" (Großer-Kaya et al. 2014).

batte um zugeschriebene Fremdheit und Gefährlichkeit. Hier ist ein differenzierter und geschlechtersensibler Blick erforderlich, der migrantische Männer nicht als Projektionsfläche für verallgemeinernde Zuschreibungen missbraucht. Jede Familie ist anders und damit sind es auch die Interessen und Bedürfnisse migrantischer Väter. Um Väter mit Migrationsgeschichte und ihre Familienangehörigen – insbesondere ihre Kinder – zu stärken und Kreisläufe negativer Selbst- und Fremdzuschreibungen zu unterbrechen, müssen die gesellschaftlichen Vorurteilsstrukturen klar benannt und verändert werden. Vorstellbar sind hier Öffentlichkeitskampagnen und eine breite Sensibilisierung von Fachkräften.

Im sozialen Bereich liegt es in der Verantwortung der Träger, mit Angeboten, Projekten und Konzepten die Interessen und Bedürfnisse migrantischer Väter zu bedienen. Die Verbindung der Handlungsfelder Väter und Migration greift dabei auch relevante Fragen zum zukünftigen Zusammenleben in der Gesellschaft auf, die in viele andere Bereiche hineinwirken können.

Literatur

Bertelsmann Stiftung 2015: Religionsmonitor – verstehen was verbindet. Sonderauswertung Islam 2015. Die wichtigsten Ergebnisse im Überblick, Online: https://www.bertelsmann-stiftung.de/fileadmin/files/Projekte/51_Religionsmonitor/Zusammenfassung_der_Sonderauswertung.pdf (25.05.2016).

Foroutan, Naika/Coskun, Canan/Arnold, Sina/Schwarze, Benjamin/Beigang, Steffen/Kalkum, Dorina 2014: Deutschland postmigrantisch I. Gesellschaft, Religion, Identität. Berliner Institut für empirische Integrations- und Migrationsforschung (Hrsg.). Berlin.

Großer-Kaya, Carina/Karadeniz, Özcan/Treichel, Anja 2014: Väter in interkulturellen Familien. Erfahrungen-Perspektiven-Wege zur Wertschätzung. Verband binationaler Familien und Partnerschaften (Hrsg.). Frankfurt/M.

Louw, Eben 2014: „Voice and Choice" oder das Gefühl, stark zu sein. In: Großer-Kaya, Carina/Karadeniz, Özcan/Treichel, Anja: Väter in interkulturellen Familien. Frankfurt/M., S. 178-184.

Scheibelhofer, Paul 2008: Die Lokalisierung des Globalen Patriarchen: Zur diskursiven Produktion des ‚türkisch-muslimischen Mannes' in Deutschland. In: Potts, Lydia/Kühnemund, Jan (Hrsg.): Mann wird man. Geschlechtliche Identitäten im Spannungsfeld von Migration und Islam. Bielefeld, S. 39-52.

Tunç, Michael 2014: Väterforschung im Einwanderungsland Deutschland – Ergebnisse, Rahmenbedingungen und Herausforderungen. In: Großer-Kaya, Carina/Karadeniz, Özcan/Treichel, Anja: Väter in interkulturellen Familien. Frankfurt/M., S. 41-53.

Autorinnen und Autoren

Alpbek, Mehmet, Dr., Bundesgeschäftsführer von FÖTED-Föderation Türkischer Elternvereine in Deutschland
Kontakt: mehmet.alpbek@foeted.de

Beck, Sebastian, Dipl.-Sozialwissenschaftler, wissenschaftlicher Referent im vhw Bundesverband für Wohnen und Stadtentwicklung e. V.
Kontakt: sbeck@vhw.de

Borchers, Kevin, Dipl.-Geograf, Teamleiter in der Servicestelle Kommunen in der Einen Welt von Engagement Global
Kontakt: kevin.borchers@engagment-global.de

Colinas, Carmen, Dr., freie Journalistin (SWR, Neue Deutsche Medienmacher)
Kontakt: colinas@scrito.de

Cortés Núñez, Sergio Andrés, Dipl.-Politikwissenschaftler, Referent für Migrationssozialarbeit im Paritätischen Wohlfahrtsverband e. V.
Kontakt: mig@paritaet.org

Drücker, Ansgar, Dipl.-Geograf, Geschäftsführer des Informations- und Dokumentationszentrums für Antirassismusarbeit e. V. (IDA)
Kontakt: ansgar.druecker@IDAeV.de

Fischer, Veronika, Prof. Dr., lehrt Erziehungswissenschaft an der Hochschule Düsseldorf
Kontakt: veronika.fischer@hs-duesseldorf.de

Foitzik, Andreas, Dipl.-Pädagoge, leitet den Bereich Praxisentwicklung beim Fachdienst Jugend, Bildung, Migration der BruderhausDiakonie Reutlingen und ist einer der Sprecher_innen des Netzwerks rassismuskritische Migrationspädagogik Baden-Württemberg
Kontakt: andreas.foitzik@bruderhausdiakonie.de

Gaitanides, Stefan, Dr., Prof. i. R., Mitglied des Direktoriums des Instituts für Migrationsstudien und Interkulturelle Kommunikation der Frankfurt University of Applied Sciences
Kontakt: gaita@fb4.fra-uas.de

Glaser, Uli, Dr., wissenschaftlicher Mitarbeiter in der Stabsstelle Bürgerschaftliches Engagement und „Corporate Citizenship" im Referat für Jugend, Familie und Soziales der Stadt Nürnberg
Kontakt: uli.glaser@stadt.nuernberg.de

Groß, Torsten, Dipl.-Pädagoge, Mitarbeiter im Landesnetzwerk Bürgerschaftliches Engagement Bayern e. V. und im Inter-Kultur-Büro/Amt für Kultur und Freizeit der Stadt Nürnberg
Kontakt: torsten.gross@stadt.nuernberg.de

Großer-Kaya, Carina, Dr., Projektmitarbeiterin im Verband binationaler Familien und Partnerschaften, iaf e. V. Geschäfts- und Beratungsstelle Leipzig, Projekt „Vaterzeit im Ramadan?!"
Kontakt: grosser-kaya@verband-binationaler.de

Hirseland, Katrin, M.A., Leiterin der Abteilung „Leitungsunterstützung, Grundsatz" im Bundesamt für Migration und Flüchtlinge
Kontakt: katrin.hirseland@bamf.bund.de

Hunger, Uwe, PD Dr., Institut für Politikwissenschaft der Westfälischen Wilhelms-Universität Münster
Kontakt: hunger@uni-muenster.de

Huth, Susanne, Dipl.-Soziologin, Geschäftsführerin der INBAS-Sozialforschung GmbH
Kontakt: susanne.huth@inbas-sozialforschung.de

Ichikawa, Jennifer, Master of Arts, Projektleiterin in der Servicestelle Kommunen in der Einen Welt von Engagement Global
Kontakt: jennifer.ichikawa@engagement-global.de

Jagusch, Birgit, Dr., Sozialwissenschaftlerin
Kontakt: birgit_jagusch@gmx.de

Kabis-Staubach, Tülin, Dipl.-Ing. Architektur, Vorstandsmitglied Planerladen e.V.
Kontakt: kabis-staubach@planerladen.de

Kalpaka, Annita, Prof. Dr., lehrt Soziale Arbeit an der Hochschule für Angewandte Wissenschaften Hamburg
Kontakt: annita.kalpaka@haw-hamburg.de

Karadeniz, Özcan, M.A., Projektkoordinator im Verband binationaler Familien und Partnerschaften, iaf e.V. Geschäfts- und Beratungsstelle Leipzig, Projekt „Vaterzeit im Ramadan?!"
Kontakt: karadeniz@verband-binationaler.de

Kirchhoff, Gudrun, Dipl.-Soziologin, wissenschaftliche Mitarbeiterin im Deutschen Institut für Urbanistik
Kontakt: kirchhof@difu.de

Klapproth, Christoph, Master of Arts, Projektreferent beim Deutschen Feuerwehrverband
Kontakt: klapproth@dfv.org

Klare, Heiko, Dipl.-Pädagoge, pädagogisch-wissenschaftlicher Mitarbeiter/Berater, Mitarbeiter der „Mobilen Beratung im RB Münster – Gegen Rechtsextremismus, für Demokratie" (mobim) und Sprecher im Bundesverband Mobile Beratung e.V.
Kontakt: klare@bundesverband-mobile-beratung.de

Klein, Ansgar, PD Dr., Geschäftsführer des Bundesnetzwerks Bürgerschaftliches Engagement (BBE), Privatdozent für Politikwissenschaft an der Humboldt-Universität zu Berlin und Publizist
Kontakt: ansgar.klein@b-b-e.de

Kofli, Evîn, Politikwissenschaftlerin (M.A.), Referentin für Migrationssozialarbeit im Paritätischen Wohlfahrtsverband e.V.
Kontakt: migsoz@paritaet.org

Autorinnen und Autoren

Kreutzberger, Stefan, Dipl.-Politikwissenschaftler, Journalist und Sachbuchautor
Kontakt: info@journalismus.de

May, Michael, Prof. Dr. habil., Dipl.-Pädagoge, Hochschule RheinMain, Fachbereich Sozialwesen, Institut Sozialer Arbeit für Praxisforschung und Praxisentwicklung
Kontakt: michael.may@hs-rm.de

Meinhold, Juliane, Dipl.-Juristin, BA Sozialwissenschaftlerin, Referentin für den Bundesfreiwilligendienst im Paritätischen Wohlfahrtsverband – Gesamtverband e. V.
Kontakt: bfd@paritaet.org

Metzger, Stefan, Dipl.-Sozialwissenschaftler, Doktorand am Institut für Politikwissenschaft der Westfälischen Wilhelms-Universität Münster
Kontakt: stefanmetzger@uni-muenster.de

Naumann, Siglinde, Prof. Dr., lehrt Soziale Arbeit an der Hochschule RheinMain, Fachbereich Sozialwesen
Kontakt: siglinde.naumann@hs-rm.de

Neubert, Katharina, M.A. Transnationale Literaturwissenschaften, wissenschaftliche Projektmitarbeiterin bei MOZAIK gemeinnützige Gesellschaft für interkulturelle Bildungs- und Beratungsangebote mbH
Kontakt: neubert@mozaik.de

Özer, Cemalettin, Dipl.-Ing., geschäftsführender Gesellschafter von MOZAIK gemeinnützige Gesellschaft für interkulturelle Bildungs- und Beratungsangebote mbH
Kontakt: oezer@mozaik.de

Reimann, Bettina, Dr., Soziologin, wissenschaftliche Mitarbeiterin im Deutschen Institut für Urbanistik
Kontakt: reimann@difu.de

Roth, Roland, Prof. Dr., lehrte bis Ende 2014 Politikwissenschaft an der Hochschule Magdeburg-Stendal, war sachverständiges Mitglied der Enquete-Kommission des Bundestages „Zukunft des Bürgerschaftlichen Engagements" und der Expertengruppe des 2. Freiwilligensurveys von 2004. Mitbegründer von DESI – Institut für Demokratische Entwicklung und Soziale Integration
Kontakt: roland.roth1@gmx.de

Schwesig, Manuela, Bundesministerin für Familie, Senioren, Frauen und Jugend

Stahl, Silvester, Prof. Dr., Sportsoziologe, Fachhochschule für Sport und Management Potsdam
Kontakt: stahl@sportfh-esab.eu

Staubach, Reiner, Prof. Dr., Dipl.-Ing. Raumplanung, Vorstandsmitglied und Mitbegründer des Planerladen e. V.
Kontakt: staubach@planerladen.de

Thränhardt, Dietrich, Dr., Prof. i. R., von 1980-2008 Professor für Vergleichende Politikwissenschaft und Migrationsforschung, Westfälische Wilhelms-Universität Münster
Kontakt: thranha@uni-muenster.de

Turac, Marissa Balkiz, Dipl.-Erziehungswissenschaftlerin, Interkulturelle Trainerin
Kontakt: marissa.turac@t-online.de

Wartumjan, Marion, Dipl.-Philologin, Geschäftsführerin der Arbeitsgemeinschaft selbstständiger Migranten e. V. (ASM)
Kontakt: marion.wartumjan@asm-hh.de

Weiss, Karin, Prof. Dr., Erziehungswissenschaftlerin, Ministerialdirigentin a. D.
Kontakt: info@karin-weiss.com

Werner, Robert, M.A. Social Sciences, Bundesgeschäftsführer der djo-Deutsche Jugend in Europa, Bundesverband e. V.
Kontakt: robert-werner@djo.de

WOCHENSCHAU VERLAG
... ein Begriff für politische Bildung

Engagement

INKA-Forschungsverbund (Hrsg.)

Impulse für ein zukunftsfähiges Freiwilligenmanagement

Wie können Strukturen geschaffen werden, die ein ehrenamtliches Engagement im Katastrophenschutz auch in Zukunft attraktiv machen? Wie können ungebundene Helferinnen und Helfer im Katastrophenfall gezielt integriert werden? Welche Rolle spielen dabei IT und Social Media? Dies sind nur einige Fragen, die auf Grundlage wissenschaftlicher Analysen und zahlreicher Beispiele aus der Praxis in diesem Buch diskutiert werden.
Der Band ist im Rahmen des Forschungsprojekts INKA (Professionelle Integration von freiwilligen Helfern in Krisenmanagement und Katastrophenschutz) entstanden. Er beinhaltet die facettenreichen Ergebnisse in den Bereichen Motivation der Freiwilligen, Freiwilligenmanagement in den Organisationen und die Rolle von Unternehmenskooperationen.

ISBN 978-3-7344-0125-1 (Print), 224 S., € 22,80
ISBN 978-3-7344-0126-8 (PDF), € 17,99

Rupert Graf Strachwitz

Accountability und Compliance in Non-profit-Organisationen

Auch und gerade zivilgesellschaftliche Akteure sollten sich der Forderung nach Transparenz nicht entziehen. Sie sind es ihrer eigenen Glaubwürdigkeit schuldig. Grenzen müssen jedoch gezogen werden, z. B. zum Schutz der Privatsphäre von Spendern und Stiftern. In jüngster Zeit kommt außerdem die Frage hinzu, ob und inwieweit staatliche Organe wie Geheimdienste nichtstaatliche Organisationen auskundschaften dürfen.
In seiner explorativen Studie untersucht Rupert Graf Strachwitz erstmals aus sozialwissenschaftlicher Perspektive eine Reihe von Aspekten und deckt Problemfelder des Non-profit-Bereichs auf. Handlungsempfehlungen runden die Untersuchung ab.

ISBN 978-3-7344-0150-3 (Print), 176 S., € 14,80
ISBN 978-3-7344-0151-0 (PDF), € 11,99

www.wochenschau-verlag.de   www.facebook.com/wochenschau.verlag   @wochenschau-ver

Adolf-Damaschke-Str. 10, 65824 Schwalbach/Ts., Tel.: 06196/86065, Fax: 06196/86060, info@wochenschau-verlag.de

WOCHEN SCHAU VERLAG
... ein Begriff für politische Bildung

Jahrbuch Engagementpolitik

2002 wurde das Bundesnetzwerks Bürgerschaftliches Engagement (BBE), auf Empfehlung des 14. Deutschen Bundestages, gegründet. Das Jahrbuch ist ein Forum für die Engagementpolitik. Es berichtet über die Arbeit des Netzwerks weit in alle gesellschaftlichen Bereiche hinein.

Zielgruppe sind die mit Engagementpolitik und Engagementförderung beruflich oder ehrenamtlich befassten Akteure in Wissenschaft, Medien, Verbänden, Stiftungen und Vereinen, Ministerien, kommunalen Fachstellen für Engagementförderung, in Freiwilligenagenturen und -zentren, Selbsthilfekontaktstellen, Seniorenbüros oder Bürgerstiftungen oder in engagementfördernden Unternehmen.

Jahrbuch Engagementpolitik 2017
Engagement für und mit Geflüchteten
ISBN 978-3-7344-0396-5, 208 S., € 22,80
Fortsetzungspreis: € 18,20
E-Book: 978-3-7344-0397-2 € 17,99

Jahrbuch Engagementpolitik 2016
Engagement und Partizipation
ISBN 978-3-7344-0117-6, 208 S., € 22,80
Fortsetzungspreis: € 18,20
E-Book: 978-3-7344-0118-3 € 17,99

Jahrbuch Engagementpolitik 2015
Engagement und Welfare Mix
ISBN 978-3-89974-993-9, 224 S., € 26,80
Fortsetzungspreis: € 21,80

Jahrbuch Engagementpolitik 2014
Engagement- und Demokratiepolitik
ISBN 978-3-89974-912-0, 240 S., € 26,80
Fortsetzungspreis: € 21,80

Jahrbuch Engagementpolitik 2013
Staat und Zivilgesellschaft
ISBN 978-3-89974-844-4, 302 S., € 29,80
Fortsetzungspreis: € 24,00

Bestellen Sie das Jahrbuch Engagementpolitik
zur Fortsetzung
direkt auf:

www.wochenschau-verlag.de   www.facebook.com/wochenschau.verlag   @wochenschau-ver

Adolf-Damaschke-Str. 10, 65824 Schwalbach/Ts., Tel.: 06196/86065, Fax: 06196/86060, info@wochenschau-verlag.de